W0233745

Das bunte
LEXIKON der TIERE

Über 500 Tierarten

Inhaltsverzeichnis

Abkürzungen und Symbole

Tu Tundra	**Ta** Taiga	**La** Laubwälder und Mischwälder	**Ts** Trockenwälder und Strauchvegetation	**Hl** Hartlaubwälder
Tr Tropische Regenwälder	**Rg** Regenwälder der gemäßigten Zone	**St** Steppen und Waldsteppen	**Sa** Savannen und Busch	**Pr** Prärie
Pa Pampa	**Wü** Wüsten und Halbwüsten	**Ge** Gebirge und Hochgebirge	**Fl** Flüsse, Seen und Feuchtgebiete	**Ku** Kulturlandschaften
Ma Mangroven	**Mk** Meeresküsten	**Om** offenes Meer	**Mb** Meeresboden	**Ko** Korallenriffe
Mi Mittelmeerländer	**Mg** Madagaskar	**An** Antarktis	**In** Inseln	**Tf** Tiefsee

Vom Aussterben
bedrohte Art

giftige Art

Bei den Angaben über Größe und Gewicht handelt es sich
um erwachsene Tiere. Die Angaben zu Größe, Gewicht, Jungtieren
und Alter haben wir aufgeführt, wenn es wissenschaftlich
nachgewiesene Werte gibt.

EUROPA

Fläche: 10 392 177 km²
Küstenlänge: ca. 37 900 km
Höchster Berg: Elbrus (5642 m)
Tiefster Ort: Kaspische
Mulde (–28 m)
Längster Fluss: Wolga
(3531 km)
Größter See: Ladoga-See
(18 390 km²)
Größte Insel: Großbritannien
(216 325 km²)
Einwohnerzahl:
687,7 Millionen

Tu – Tundra

Ta – Taiga

La – Laub- und Mischwälder

St – Steppen und Waldsteppen

Mi – Mittelmeerländer

Ge – Gebirge und Hochgebirge

Für die Menschen des Altertums war das Gebiet des heutigen Europas der nördliche Teil der Welt, das Land der Dunkelheit, dort wo die Sonne untergeht. Früher nannte man es „Ereb" bis die Griechen es in „Európos" umbenannten. So entstand der Name unseres Kontinents. Aus dem All betrachtet sieht Europa wie ein Ausläufer oder eine Halbinsel aus. Asien ist viermal so groß. Beide Kontinente verbindet vieles, vom geologischen Aufbau bis zur Natur und Landschaft. Die Grenze zwischen beiden Kontinenten ist nicht eindeutig bestimmt. Deshalb wird das größte Festland der Erde auch Eurasien genannt.

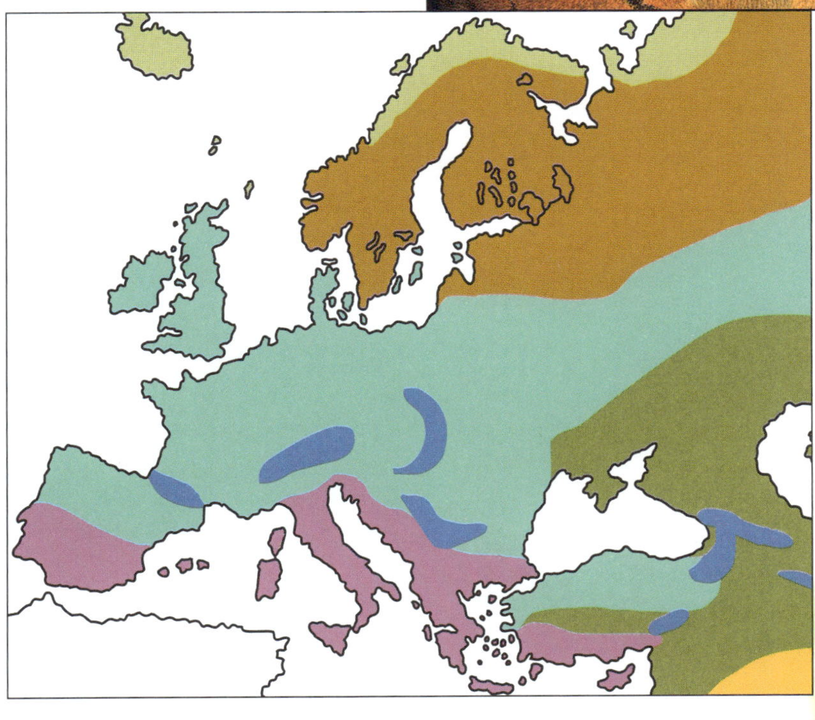

Rehbock

Charakteristisch für Europa sind die Meeresküsten mit zahlreichen Buchten, Landzungen und Halbinseln. Ein Drittel der Fläche nehmen Inseln und Halbinseln ein. Die größten Inseln sind Großbritannien, Island und Irland. Bei den Halbinseln sind es die Skandinavische Halbinsel, die Iberische Halbinsel und die Balkan-Halbinsel. Das mitteleuropäische Klima ist gemäßigt. Besonders Nord- und Nordwesteuropa spüren den günstigen Einfluss des warmen Golfstroms und atlantische Winde bringen milde Ozeanluft in das Binnenland. Deutlich wärmer ist das Klima in Süd- und Südosteuropa rund um den subtropischen Mittelmeerraum. Die höchste Temperatur wurde hier in Spanien (Sevilla) mit 47 °C gemessen. Im Gegensatz dazu wurde die niedrigste Temperatur in Russland am Fluss Petschora mit –70 °C verzeichnet. Am wenigsten regnet es im Flussdelta der Wolga (162 mm im Jahr), und die meisten Niederschläge fallen in Island, Schottland, Norwegen und in den Alpen. Auf Grund der Klimazonen wird auch die Vegetation in Regionen eingeteilt. Ganz im Norden ist die baumlose Tundra mit gefrorenen Böden. Von ihr erstreckt sich südlich eine Zone von Nadelwäldern, die Taiga genannt wird, und weiter nach Süden in Laub- und Mischwälder übergeht. Ähnliche Zonen sehen wir auch in den Gebirgen, wo mit der Höhe der Baumbewuchs abnimmt. Das Hochgebirge unterscheidet sich kaum mehr von der Tundra. Der europäische Süden hat sowohl eine subtropische Pflanzen- als auch Tierwelt. Einen großen Einfluss auf die Entwicklung der Vegetation hatte die Eiszeit. Damals bedeckten die Gletscher halb Europa. Heute ist Island am stärksten vereist, wo allein der Gletscher Vatnajökull eine Fläche von 8400 km² einnimmt. Der längste Gletscher in den Westalpen der Schweiz ist 26 km lang. In den letzten Jahrtausenden hat der Mensch immer mehr die Natur beeinflusst – nicht immer zum Besten. Auch wenn Europa von der Fläche her der zweitkleinste Kontinent nach Australien ist, so ist es von allen Kontinenten der am dichtesten bewohnte, denn auf 1 km² kommen 66 Einwohner. Die Bevölkerungsdichte ist nicht überall gleich. Während im überfüllten Monaco 15 000 Einwohner auf 1 km² „beengt" leben, wohnen in Skandinavien auf der gleichen Fläche 11 bis 15 Einwohner. Eine wirkliche Einöde ist Island mit 2 Bewohnern auf 1 km².

Der **Elch** ist der größte Vertreter der Hirsche. Bei 2,30 m Körperhöhe erreicht er eine Länge von 3 m. Die Silhouette erinnert eher an ein Pferd oder eine Kuh als an einen großen Hirsch. Er hat einen länglichen Kopf mit einer hervorstehenden Oberlippe, breiten Nasenlöchern und ausgeprägter Schnauze. Am Hals hängt ein lederartiger Beutel. Das Männchen trägt ein schaufel- oder stangenartiges Geweih. Die größte und bekannteste Trophäe stammt aus Kanada. Sie hat eine Breite von 2 m und wiegt 41 kg. Der Elch hält sich in Nadelwäldern, Laubwäldern und Mischwäldern mit Sümpfen auf. Die breiten Hufe erleichtern dem Tier das Gehen auf weichem Grund. Am liebsten frisst er Blätter, Sprossen und Rinde von Birken, Salweiden, Espen und Erlen. Die Elche sind bekannt als Landstreicher und sie legen große Strecken zurück. Wo es ihnen gefällt, halten sie sich längere Zeit auf. Der Elch hat einen ausgezeichneten Geruchssinn und hört auch sehr gut. Seine Sehkraft ist eher schwach. Deshalb ist es Jägern bei günstigem Wind möglich, sich bis auf kurze Distanz an ihn heranzuschleichen.

Elch
Alces alces
Ordnung: Paarhufer
Größe: 2–3 m
Gewicht: 300–600 kg
Jungtiere: 1–2

Der **Eisbär** ist ein unermüdlicher
Wanderer. Einsam durchstreift er die
Polargebiete rund um den Nordpol.
Der arktischen Kälte hält der Eisbär mit
einer 5–10 cm dicken Fettschicht unter
der Haut und mit einem dichten, bis
zu 15 cm langen Fell stand. Außer den
Nasenlöchern und Fußsohlen findet
man an ihm keine Stelle, an der sich
kein Fell befindet. Mit seinem langsamen Gang legt er täglich bis zu 100 km
zurück oder er lässt sich auf Eisschollen
treiben. Unter Wasser hält er es ohne
Luft ungefähr 2 Minuten aus. Das
scharfe Gebiss mit den großen, spitzen
Zähnen weist ihn als Raubtier aus. Er
stellt bevorzugt Robben, aber auch
Walrössern nach. Auf Robben lauert er
an deren Atmungsöffnungen im Eis
und tötet sie mit einem starken Schlag
seiner Pranke. Manchmal überrascht
er sie auch beim Ausruhen auf dem Eis.
Im Frühling sucht er nach Robbenjun-
gen in ihren Schneehöhlen. Im Wasser
hat der Eisbär allerdings keine Chance,
eine Robbe zu fangen. Auf seinem
Speiseplan findet man außerdem
Rentiere, Bisamratten, junge Meeresvögel und Aas. In Notzeiten fängt
er sogar Lemminge.

Eisbär

Sattelrobbe

Eisbär
Ursus maritimus
Ordnung: Raubtier
Gewicht: 300–650 kg
Größe: 2–2,5 m
Jungtiere: 1–4

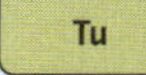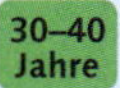
Tu · 30–40 Jahre

Sattelrobbe
Phoca groenlandica
Ordnung: Raubtier
Gewicht: 115–118 kg
Größe: 1,5–2,2 m
Jungtiere: 1

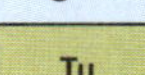
Tu · 30 Jahre

Vielfraß
Gulo gulo
Ordnung: Raubtiere
Gewicht: 7–32 kg
Größe: 0,6–1 m
Jungtiere: 1–3

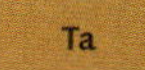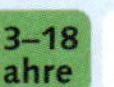
Ta · 13–18 Jahre

Die **Sattelrobbe** verbringt den größten Teil ihres Lebens im Wasser. Sie
schläft sogar dort. Vor der Kälte schützt
sie eine dicke Fettschicht. Die Robben
bewegen sich mit ihren Schwimmflossen. Sie schwimmt schnell und springt
über der Wasseroberfläche wie ein Delfin. Anders als im Wasser bewegt sich
die Sattelrobbe an Land sehr unbeholfen und langsam, da sie ihre hinteren
Schwimmflossen nicht unter den Körper
schieben kann. Wenn sie sich zum Ausruhen auf eine Eisscholle legt, entfernt
sie sich nie weit vom Wasser. Die Sattelrobbe kann jedoch in Tiefen bis 250 m
tauchen. Sie ernährt sich ausschließlich
von Fischen und kann lange auf Nahrung verzichten. Die Robben unternehmen Reisen über tausende von Kilometern – im Sommer in den Norden,
im Winter in den Süden. Das häufigste
Schwimmflossentier in Europa ist die
Ringelrobbe. Sie bewohnt die kühleren
Gebiete der nördlichen Halbkugel und
man kann sie oft an der Küste Groß-
britanniens, Deutschlands und der Nie-
derlande erblicken. Auf dem trockenen
Fell sind bei ihr hell-dunkle Flecken
mit helleren Ringen zu sehen.

Zum **Vielfraß** sagt man auch „Hyäne
des Nordens", weil er mit seiner riesigen Kieferkraft Knochen zermalmt, mit
denen nicht einmal ein Wolf fertig wird.
Er hat den Ruf eines wütenden Räubers
mit ungewöhnlich großem Appetit.
Als einziges marderartiges Raubtier
schafft er es angeblich, Rehe oder
Rentiere, die größer sind als er,
zu überwältigen. Zu seiner wichtigsten Beute gehören jedoch
Nagetiere und Kadaver.
Obwohl er unbeholfen aus-
sieht, ist er ein hervorragender
Kletterer und Schwimmer. Mit
seinen typischen Sprüngen kann
er ausdauernd rennen. An einem
Tag bewältigt er bis zu 70 km
und das auch im Winter, weil ihn
seine breiten Pfoten mit Spann-
häuten zwischen den Zehen vor
dem Einbrechen in den Schnee
schützen. Er hat keinen festen
Wohnort. Gelegentlich versteckt
er sich in Höhlen unter Windbrüchen
oder in Erdlöchern. Sein einziger natür-
licher Feind ist der Wolf. Beide Arten
gehen sich aus dem Weg. Beim Vielfraß
kommt auch Kannibalismus vor.

Vielfraß

Grasfrosch
Rana temporaria
Ordnung: Froschlurche
Gewicht: 20–100 g
Größe: 5–11 cm
Jungtiere: 1000–25 000

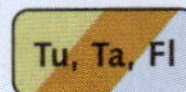 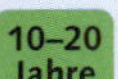
Tu, Ta, Fl | 10–20 Jahre

Schnee-Eule
Nyctea scandiaca
Ordnung: Eulen
Gewicht: 1–1,5 kg
Größe: 51–68 cm
Jungtiere: 3–13

 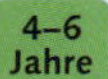
Tu, Ta | 4–6 Jahre

Berglemming
Lemmus lemmus
Ordnung: Nagetiere
Gewicht: 10–130 g
Größe: 7–15 cm
Jungtiere: 5–8

Tu, Ta | 1–2 Jahre

Schnee-Eule

Die **Schnee-Eule** ist nach dem Uhu die zweitgrößte europäische Eule. Sie jagt auch am Tag, weil die Sommernächte im Norden Europas sehr kurz sind. Täglich vertilgt sie mehrere Lemminge und sogar Hasen, Füchse und wilde Gänse können ihre Beute sein. Von Felsen oder Hügeln hält sie Ausschau auf Beute. Ihre Sehstärke ist 10-mal schärfer als beim Menschen, und ein kleines Nagetier sieht sie schon aus großer Entfernung genau. Da in der Tundra nur wenige Bäume wachsen, legt sie die Eier in Erdgruben oder auf Felsen. Die Anzahl der Jungen hängt von der Nahrungsmenge ab. In guten Jahren ernährt eine Eule 10–14 Jungtiere. Wenn keine Lemminge vorhanden sind, nistet die Schnee-Eule nicht.

Der **Grasfrosch** bewohnt als einziger Lurch die nördlichsten Gegenden Europas. Das ist möglich, weil er zwei Drittel des Jahres, von September bis Juni, im erstarrten Zustand in wenig durchgefrorenen Verstecken verbringt. Kaum erwacht, sucht er sich ein Weibchen, das nach der Paarung runde, gallertartige Eier in großen Büscheln im flachen Wasser des Uferbereichs ablegt. Die Eier sind ungewöhnlich widerstandsfähig und halten auch kurzzeitiges Gefrieren des Wassers aus. Je nach Temperatur des Wassers schlüpfen kleine Kaulquappen, die sich von Algen und Teilchen pflanzlicher und tierischer Herkunft ernähren. Nach knapp zwei Monaten wird aus den Kaulquappen ein kleiner Frosch.

Grasfrosch

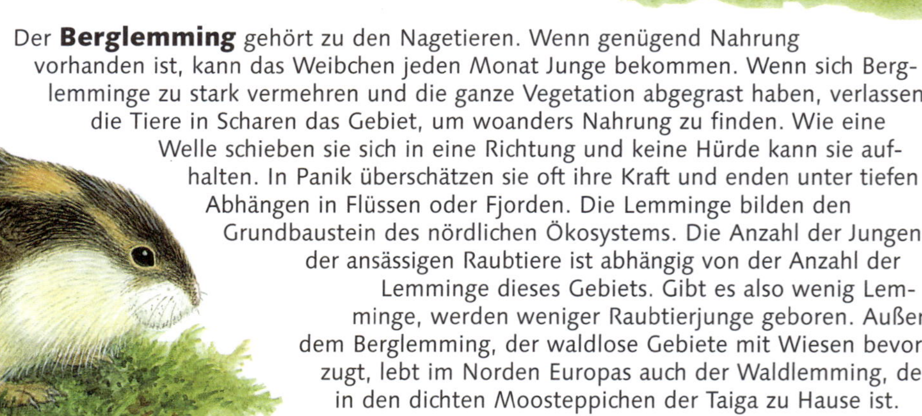

Berglemming

Der **Berglemming** gehört zu den Nagetieren. Wenn genügend Nahrung vorhanden ist, kann das Weibchen jeden Monat Junge bekommen. Wenn sich Berglemminge zu stark vermehren und die ganze Vegetation abgegrast haben, verlassen die Tiere in Scharen das Gebiet, um woanders Nahrung zu finden. Wie eine Welle schieben sie sich in eine Richtung und keine Hürde kann sie aufhalten. In Panik überschätzen sie oft ihre Kraft und enden unter tiefen Abhängen in Flüssen oder Fjorden. Die Lemminge bilden den Grundbaustein des nördlichen Ökosystems. Die Anzahl der Jungen der ansässigen Raubtiere ist abhängig von der Anzahl der Lemminge dieses Gebiets. Gibt es also wenig Lemminge, werden weniger Raubtierjunge geboren. Außer dem Berglemming, der waldlose Gebiete mit Wiesen bevorzugt, lebt im Norden Europas auch der Waldlemming, der in den dichten Moosteppichen der Taiga zu Hause ist.

Schneehase

Wären nicht an den Spitzen der Ohren schwarze Stellen, wäre der sonst weiße **Schneehase** in seinem Winterfell im Schnee kaum zu sehen. Im Sommer nach dem Fellwechsel bekommt der Hase ein rostbraunes Fell. Nur der Stummelschwanz bleibt das ganze Jahr weiß. Das dichte Fell bedeckt sogar die Pfoten von unten, damit ihm nicht zu kalt wird. Außer den nördlichen Gebieten bewohnt der Schneehase auch Schottland, Irland und die Alpen. Die ungleichmäßige Verbreitung dieser Tiere stammt noch aus der Zeit, als die Gletscher einen großen Teil Europas bedeckten. Als die Gletscher abschmolzen, zogen sich die Arten, die Kälte bevorzugen, in den Norden oder in das Gebirge zurück. Auch die Anzahl der Schneehasen und deren Feinde, vor allem Füchse und Luchse, ändert sich in etwa elfjährigen Abständen. Die südliche Verbreitung des Schneehasen reicht bis an den Rand der mittelasiatischen Steppe.

Schneehase
Lepus timidus
Ordnung: Hasen
Gewicht: 2–5,5 kg
Größe: 45–65 cm
Jungtiere: 2–5

Tu, Ta, Ge — 9 Jahre

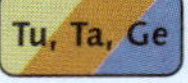
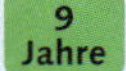

Polarfuchs
Alopex lagopus
Ordnung: Raubtier
Gewicht: 2–7 kg
Größe: 45–65 cm
Jungtiere: 6–8

Tu, Ta — 7–11 Jahre

Die **Tundra** bildet den Rand der nördlichen Küsten Europas. Moose, Flechten, Gräser, Kräuter, Sträucher, kleine Weiden und Birken bilden die Pflanzendecke dieses Gebiets. Hier wachsen keine Bäume, weil die Wurzeln den Permafrost, den dauernd gefrorenen Untergrund, nicht durchdringen können. Der Winter endet erst im Mai, aber schon Ende August meldet er sich mit dem ersten Schnee wieder zurück. Ganz im Norden ist es normal, dass die Temperatur in den Polarnächten bis auf –30 °C sinkt. Selbst im kurzen Sommer, wenn die Sonne fast 24 Stunden scheint, erwärmt sich die Erde nur wenig, weil es nicht wärmer als 10 °C wird. Der Boden taut nur an der Oberfläche auf und verwandelt sich in ein Mosaik aus Pfützen, Sümpfen und Morast. Auch wenn das Gebiet sehr ungemütlich wirkt, ist die Tundra bewohnt. Die Bewohner sind Kleintiere, vor allem Fliegen und Mücken, Milben, Spinnen und Krustentiere. Die größere Aufmerksamkeit kommt jedoch den viel auffälligeren Vögeln und Säugetieren zugute.

Polarfuchs

Der **Polarfuchs** tauscht für den Sommer sein weißes Fell gegen ein rauchgraues aus. Andere Arten wie zum Beispiel der Blaufuchs haben das ganze Jahr ein blaugraues Fell. Die Polarfüchse leben in Paaren und bleiben ihr Leben lang zusammen. Ihre weit verzweigten Höhlen und Labyrinthe benutzen sie mehrere Generationen lang. Einen besetzten Fuchsbau erkennen die Tiere am Geruch, den die Höhle ausströmt. Im Sommer besteht der Speiseplan aus Nagetieren, Hasen, Eiern und Küken. Zu einem Kadaver kommen die Füchse von weit her. Oft warten sie, wenn Eisbären ihre Beute jagen und hoffen auf Reste. Manchmal im Herbst ziehen die Polarfüchse, die aus den nördlichsten Gebieten kommen, zu hunderten bis tausenden mehrere hundert Kilometer in Richtung Süden. Gründe für diese Wanderung sind bis heute nicht bekannt.

Habicht
Accipiter gentilis
Ordnung: Greifvögel
Gewicht: 1–1,3 kg
Größe: 70 cm
Jungtiere: 3–4

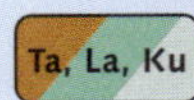 Ta, La, Ku 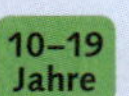 10–19 Jahre

Seidenschwanz
Bombycilla garrulus
Ordnung: Sperlingsvögel
Gewicht: 34–85 g
Größe: 18 cm
Jungtiere: 4–7

 Ta 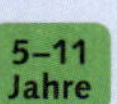 5–11 Jahre

Rothirsch
Cervus elaphus
Ordnung: Paarhufer
Gewicht: 90–300 kg
Größe: 1,4–2,5 m
Jungtiere: 1–2

 Ta, La 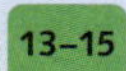 13–15

Habicht

Typisch für den **Habicht** sind die abgerundeten Flügel. Auf Beute lauert er in den Baumkronen oder er hält im Flug über den Wäldern Ausschau. Dann greift er blitzschnell aus dem Hinterhalt an. Mit ausgestreckten Krallen ermächtigt er sich des Opfers. Außer Vögeln, die so klein wie eine Lerche oder so groß wie ein Pfau sein können, jagt er auch kleinere Säugetiere, vor allem Eichhörnchen und Nagetiere. Er jagt auch Tiere, die größer sind als er. Dazu gehören Hasen, Eulen und Auerhähne. Das Habicht-Weibchen ist größer als das Männchen.

Der europäische **Seidenschwanz** lebt fast das ganze Jahr im Norden Europas und Asiens. Im Frühling meldet er sich mit einem leisen metallähnlichen Geräusch. Dieses Geräusch macht er gewöhnlich im Flug. In der Frühlings- und Sommerzeit ernährt sich dieser Vogel von Insekten, in der kalten Jahreszeit von Beeren und anderen Früchten. Wenn jedoch der Winter besonders kalt und streng ist und viel Schnee fällt, weicht er wegen Nahrungsmangel in den Süden aus und kommt manchmal sogar bis nach Mitteleuropa. Er erscheint sowohl vereinzelt als auch in Scharen, die fast an eine Invasion erinnern. Diese Vögel sind nicht besonders ängstlich und lassen einen Menschen bis auf ein paar Schritte an sich heran.

Seidenschwanz

Das Männchen des **Rothirsches** trägt ein bis zu zweieinhalb Meter langes Geweih, das mit mehr als zehn Spitzen auf jeder Seite geschmückt ist. Wenn ein Jäger über einen Zehnender spricht, meint er einen Hirsch, der fünf Enden, also Spitzen, auf jeder Seite hat. Der Unterschied zwischen Geweihen und Hörnern ist, dass der Hirsch jedes Jahr das Geweih abwirft. Sofort wächst ihm ein neues Geweih nach, das bis zum Ende des Sommers ausgewachsen ist. In der Brunftzeit ertönt vom Abend bis zum Morgen sein tiefes Röhren. Den Tag verbringt der Hirsch in Ruhezonen und nimmt fast keine Nahrung zu sich. Gleich nach der Brunftzeit zieht sich der abgemagerte und erschöpfte Hirsch zurück. Die Liebeszeit ist vorbei und er muss sich mästen und für den Winter vorbereiten. Er frisst Gras, Samen, Kräuter, Blätter und Waldfrüchte. Bei hoher Schneelage frisst der Hirsch die Rinde von Nadelbäumen, was für die Bäume sehr schädlich ist. Bei uns kommt der Rothirsch in allen größeren Wäldern und Gebirgen vor.

Rothirsch

Eichhörnchen

Das **Eichhörnchen** ist ein Tier der Baumkronen. Es hat lange und scharfe Krallen, die es ihm ermöglichen, auch auf Bäume mit glatter Rinde zu klettern. Genauso gut wie es klettert, kann es auch springen. Es springt von Baum zu Baum, wobei es die Richtung mit dem zottigen Schwanz steuert. In einem von ihm bewohnten Waldstück von ungefähr 50 Hektar baut sich ein Eichhörnchen mehrere unordentliche Nester aus Zweigen und Blättern, die je nach Bedarf benutzt werden. Manche Eichhörnchen sind rötlich, andere wieder braun oder schwarz, aber alle gehören zu einer Art. Das Eichhörnchen ist ein tagaktives Tier und es muss immer auf der Hut sein. Am Tag kann ein Habicht, in der Nacht ein Uhu oder ein Baummarder angreifen. Die Hauptbeutetiere eines Baummarders sind Nagetiere, Vögel und zur Not auch Insekten. Im Sommer und Herbst ergänzt er seine Nahrung mit Vogelbeeren, Erdbeeren und anderen Früchten des Waldes.

Baummarder

Das **Gleithörnchen** gehört zur Gattung der Eichhörnchen und besitzt an beiden Körperseiten, zwischen den Vorder- und Hinterpfoten, einen Fellsaum. Wenn es auf eine Baumkrone klettert und losspringt, trägt dieser Saum das Tier bis zu 40 m weit nach unten. Auf dem Boden jedoch ist es unbeholfen. Es bemüht sich stets, so schnell wie möglich wieder auf einen Baum zu kommen, denn der Faltensaum behindert es beim Laufen.

Gleithörnchen

Der **Auerhahn** hat kräftige Zehen, lange Schwanzfedern und einen mächtigen Schnabel. Damit kneift er Nadeln, Knospen und Palmzweige ab und pickt Beeren, Ameisen und andere Insekten auf. Der Auerhahn ist für sein Balzen im Frühling bekannt. Bei Tagesanbruch kann man im Wald ein wundervolles Schauspiel aus Schnalz- und Gurrlauten erleben. Es ist jedoch nicht leicht, einen Auerhahn zu beobachten, da er sehr scheu ist und bei der kleinsten Störung verstummt. Um den Nachwuchs kümmert sich nur die Henne. Sie legt das Nest wie eine flache Grube an, das sie ganz alleine baut. Sie brütet ungefähr vier Wochen auf den Eiern und führt dann die Küken aus dem Nest. Im Norden Europas sind die Auerhähne zahlreicher als bei uns, da es in Mitteleuropa an ruhigen, naturbelassenen Wäldern mangelt.

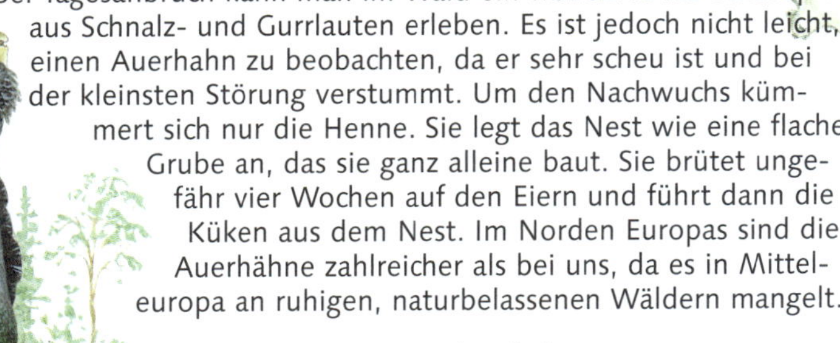

Auerhahn
Tetrao urogallus
Ordnung: Hühnervögel, **Gewicht:** 1,7–6 kg, **Größe:** 80–115 cm, **Jungtiere:** 4–12

Ge, Ta

12–18 Jahre

Auerhahn

Baummarder
Martes martes
Ordnung: Raubtiere
Gewicht: 0,8–1,8 kg
Größe: 40–55 cm
Jungtiere: 1–6

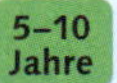
Ta, La — 5–10 Jahre

Gleithörnchen
Pteromys volans
Ordnung: Nagetiere
Gewicht: 95–170 g
Größe: 13–20 cm
Jungtiere: 1–5

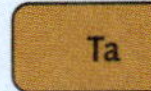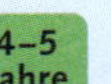
Ta — 4–5 Jahre

Eichhörnchen
Sciurus vulgaris
Ordnung: Nagetiere
Gewicht: 210–400 g
Größe: 28–33 cm
Jungtiere: 3–5

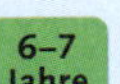
Ta, La, Ku — 6–7 Jahre

Die **Riesenholzwespe**
legt ihre Eier in das Holz der Nadelbäume. Die Larven fressen dann in das Holz kleine Gänge. Die Entwicklung von der Larve bis zur Wespe kann bis zu 3 Jahre dauern. Manchmal wird aus dem Holz, in dem die Riesenholzwespe ihre Larven legte, ein Möbelstück.

Riesenholzwespe
Urocerus gigas
Ordnung: Hautflügler
Größe: 2–4 cm
Flügelspanne: 5 cm
Jungtiere: mehrere hundert

 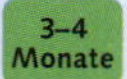

Das **Hermelin** oder Große Wiesel hat einen schmalen Körper, der zum Durchkriechen der Höhlen und Gänge von Nagetieren geeignet ist. Es frisst vor allem Nagetiere, die am Wasser leben. Wenn das Hermelin nach Beute Ausschau hält, stellt es sich auf die Hinterbeine und macht „Männchen", damit es eine eventuelle Gefahr rechtzeitig erkennen kann. Tag oder Nacht machen für das Hermelin keinen Unterschied. Es geht alle 3–4 Stunden auf die Jagd und zwischendurch ruht es sich aus. Sein kurzes braunes Sommerfell tauscht es im Winter gegen ein dichtes weißes aus, an dem nur die Schwanzspitze dunkel bleibt. Die Könige im Mittelalter schätzten das Winterfell für ihre Gewänder. Auch die Jungtiere des Hermelins sind nach der Geburt ganz weiß. Nach 3–4 Wochen sind sie bereits selbstständig.

Hermelin

Als **Taiga** bezeichnet man das riesige Waldgebiet aus Nadelbäumen, das sich fast durch ganz Eurasien sowie durch Kanada zwischen dem 60. und 70. Breitengrad zieht. Fichten, Tannen und Lärchen findet man dort sehr häufig. Die Bäume wachsen jedoch nur sehr langsam, weil der Winter mit viel Schnee sehr lang dauert (über 8 Monate) und die langsame Zersetzung der Nadelstreu dem Boden nur geringe Nährstoffe gibt. Mitten im Waldbestand, wo es das ganze Jahr nur Schatten gibt, sind Sträucher und Kräuter sehr schwach entwickelt. Am besten wachsen auf den sauren Böden der Taiga Heidelbeeren, Bärlapp, Farne und Erika. Überall findet man Moose und Flechten. Die Samen der Nadelbäume sichern den Bewohnern der Taiga die Nahrungsgrundlage. Sie sind so nährstoffreich, dass manche Vogelarten auch im Winter bleiben. Die Waldnagetiere sind Beutetiere der zahlreichen Greifvögel und Raubtiere. Auch größere Säugetiere wie Braunbären oder Elche leben hier.

Der **Dachs** gräbt unterirdische Höhlensysteme oder zieht in verlassene Fuchsbaue oder Felshöhlen ein. Manche der „Wohnsitze" reichen bis 3 m in die Tiefe, haben mehrere Etagen und Ausgänge und sind über mehrere Generationen bewohnt. In England wurde eine „Dachsburg" mit 124 Ausgängen und Gängen von 839 m Länge entdeckt. Der Dachs ist kein richtiges Raubtier, sondern ein Allesfresser. Er frisst Würmer, Schnecken, Insekten, Frösche, Vogeleier, Jungtiere und Kadaver, aber auch Beeren, Eichen, Oliven, Nüsse und andere Früchte. In der Nähe von Städten kann man den Dachs auf Müllhalden sehen. Im Norden fällt der Dachs in einen Winterschlaf, während er im Süden das ganze Jahr über wach ist. Er lebt verborgen und verlässt sein Versteck erst nach Sonnenuntergang. In der Nacht kann er bis zu 5 km zurücklegen. Der Dachs bevorzugt Laub- und Mischwälder als Lebensraum. Eine Dachsspur erkennt man am Abdruck der Vorderpfotenkrallen.

Dachs

Wisent

Der **Wisent** ist das größte Wildtier, das in Europa lebt. Er bewegt sich langsam und bedächtig. Er lebt in Wäldern mit Unterholz und vielen Lichtungen. Wisente ernähren sich von Gras, Baumsprossen und im Winter von Rinde und Baumbast. Ein ausgewachsener Wisent braucht täglich mehr als einen halben Zentner Futter. Die Herde, die aus 15–20 Tieren besteht, vereint Weibchen und junge Männchen. Die ausgewachsenen Stiere halten sich in kleineren Junggesellentrupps auf. Die alten Männchen bevorzugen die Einsamkeit. Erst vor der Brunftzeit zwischen August und September vereint sich die Herde wieder. Der Wisent war vom Aussterben bedroht. In der freien Natur ist das letzte Tier im Jahre 1921 erlegt worden, aber durch Aufzucht in Gefangenschaft ist es gelungen, den Wisent zu retten. Heute gibt es wieder ca. 3000 Tiere in freier Wildbahn. Der kaukasische Wisent mit größerem Kopf ist ausgestorben.

Die **Wildkatze** ist im Gegensatz zur Hauskatze größer und hat einen dickeren und zottigeren Schwanz. Am liebsten hält sie sich in Laub- oder Mischwäldern niederer oder mittlerer Lagen auf. Sie versteckt sich in Baumhöhlungen, in verlassenen Dachs- und Fuchsbauen und in Felshöhlen. Das ganze Leben lang, außer in der Paarungszeit am Ende des Winters, hält sie sich einzelgängerisch im selben Gebiet auf, das ein paar hundert Hektar groß ist. Nur selten unternimmt die Wildkatze längere Wanderungen. Sie jagt vor allem kleinere Nagetiere. Die Wildkatze ist kein Vorfahr der Hauskatze, auch wenn sie sich manchmal paaren. In Tschechien wurde die Wildkatze im vergangenen Jahrhundert ausgerottet, aber aus der Slowakei kommt sie manchmal in die südöstlichen Gebirge von Mähren. In Deutschland ist es gelungen, die Wildkatze wieder einzubürgern.

Wildkatze

Hermelin
Mustela erminea
Ordnung: Raubtiere
Gewicht: 100–350 g
Größe: 17–32 cm
Jungtiere: 6–8

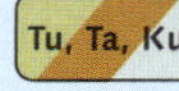
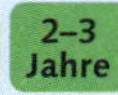
Tu, Ta, Ku | 2–3 Jahre

Dachs
Meles meles
Ordnung: Raubtiere
Gewicht: 10–20 kg
Größe: 56–90 cm
Jungtiere: 1–5

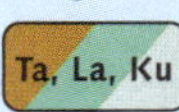
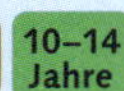
Ta, La, Ku | 10–14 Jahre

Wisent
Bison bonasus
Ordnung: Paarhufer
Gewicht: Bulle bis 1000 kg
Größe: 2–3 m
Jungtiere: 1

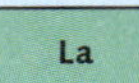
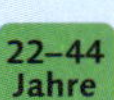

La | 22–44 Jahre

Wildkatze
Felis silvestris
Ordnung: Raubtier
Gewicht: 3–8 kg
Größe: 50–76 cm
Jungtiere: 3–4

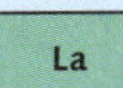
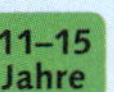

La | 11–15 Jahre
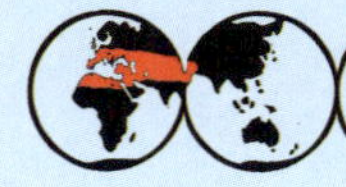

Uhu
Bubo bubo
Ordnung: Eulen
Gewicht: 2–4 kg
Größe: 46–71 cm
Jungtiere: 1–6

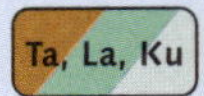 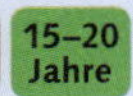

Hirschkäfer
Lucanus cervus
Ordnung: Käfer
Größe: Männchen 7,5 cm
Weibchen 4,5 cm
Jungtiere: 10–30

Braunbär
Ursus arctos
Ordnung: Raubtiere
Gewicht: 150–350 kg
Größe: 1,7–2,8 m
Jungtiere: 1–4

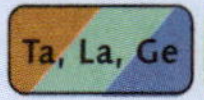 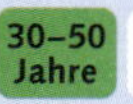 

Uhu

Der **Uhu** ist die größte europäische Eule mit einer Flügelspanne bis zu 1,70 m. Am Ende des Winters legt das Weibchen große weiße Eier in Felsnischen, Baumhöhlen oder einfach auf den Boden. Manchmal besetzt sie auch das Nest von einem Greifvogel. Das Weibchen übernimmt das Brüten auf den Eiern, das Männchen bringt die Nahrung. Der Uhu jagt in der Nacht in langsamem, lautlosem Flug dicht über dem Boden Feldmäuse, Igel, kleine Hasen oder Fasane.

Der **Hirschkäfer** gehört zu den größten europäischen Käfern. Die Männchen haben riesige Oberkiefer, wie „Geweihe", mit denen sie kämpfen. Die weiß schimmernde Larve ist nach 3–5 Jahren ausgewachsen. Sie ist dann 9–10 cm lang. Sie leben in modernden Baumstämmen der Buchen und Eichen. Die erwachsenen Käfer suchen Bäume auf, um den süßen Holzsaft mit ihrer rauen und dicken Zunge aufzulecken. Mit lautem Summen fliegen sie in den warmen Nächten von Mai bis Juli.

Hirschkäfer

Der **Braunbär** hat ein dichtes Fell, das an manchen Stellen bis zu 12 cm lang sein kann. Er ist ein typischer Allesfresser. Auf seiner Speisekarte stehen Heidelbeeren, Eicheln, Wildbienenhonig, Fische und Aas. Vereinzelt jagt er auch großes Wild. Zu seiner Beute gehören aber auch Schafe und Rinder. Im Herbst frisst sich der Braunbär eine Fettschicht an, damit er in einer Höhle den langen Winter überbrücken kann. Er fällt jedoch nicht in einen richtigen Winterschlaf, denn seine Körpertemperatur sinkt nur um ein paar Grad. Das Weibchen bringt in dieser Zeit ihre Jungen zur Welt. Bären sind unberechenbare Tiere, die auch für den Menschen gefährlich werden können. Ursprünglich besiedelte der Braunbär einen großen Teil der nördlichen Halbkugel. Heute ist der Braunbär in vielen Gebieten ausgestorben. In Kroatien, Slowenien oder der Slowakei kommen vereinzelte Populationen vor.

Braunbär

Buntspecht

Dem **Buntspecht** kann man fast überall in Stadt- und Waldparks begegnen. Als „Waldpolizist" bearbeitet er mit seinem langen spitzen Meißelschnabel das Holz der Bäume, um an Raupen, Maden, Larven und Schadinsekten heranzukommen. Im Sommer trommelt er an gut klingenden, trockenen Ästen oder an Masten, um zu zeigen, wer in diesem Gebiet den Ton angibt.

Buntspecht
Picoides major
Ordnung: Spechte
Gewicht: 65–100 g
Größe: 23–24 cm
Jungtiere: 4–7

Ta, La, Ku | 5–9 Jahre

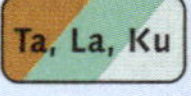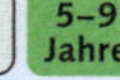

Der **Schwarzstorch** nistet als scheuer Bewohner ausgedehnter Wälder in Baumkronen oder in abgelegenen Winkeln auf unerreichbaren Felsen. Zur Nahrungssuche geht er ans Wasser, wo er regungslos in flachen Bächen und Teichen auf Beute wartet. Um einen Fisch oder Frosch zu fangen, sticht der Schwarzstorch mit seinem 20 cm langen Schnabel wie mit einer Harpune zu. Im Herbst fliegt er wie der Weißstorch über Gibraltar oder den Suezkanal nach Afrika. Bei uns hat sich der Schwarzstorch wieder gut eingelebt. Man schätzt, dass etwa 350 Brutpaare in Mittel- und Norddeutschland nisten.

Schwarzstorch

Schwarzstorch
Ciconia nigra
Ordnung: Schreitvögel
Gewicht: 2,5–3 kg
Größe: 95–100 cm
Jungtiere: 3–4

La, Ku | 10–18 Jahre

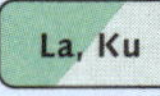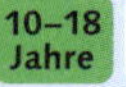

Wildschwein
Sus scrofa
Ordnung: Paarhufer
Gewicht: 50–350 kg
Größe: 0,9–1,8 m
Jungtiere: 4–8

Ta, La, Ku | 8–10 Jahre

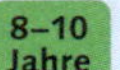

Das **Wildschwein** ist bekannt für seine Schlauheit und Wachsamkeit. Die Männchen (Keiler) als Einzelgänger und die in Gruppen lebenden Weibchen (Bachen) halten sich am Tag im Dickicht, in Weizen- und Maisfeldern versteckt. Sie gehen erst nach Sonnenuntergang auf Nahrungssuche. Einem aufmerksamen Beobachter entgeht jedoch die Anwesenheit eines Wildschweins nicht. Die auffälligen Spuren mit den Hufabdrücken oder die verschlammten Suhlen kann man gut erkennen. Das imposante Aussehen eines ausgewachsenen Keilers mit breitem Hals und starkem Brustkorb wird durch die bogenförmigen Hauer noch verstärkt. Es handelt sich um Eckzähne, die aus beiden Kiefern wachsen. Das Wildschwein ist ein typischer Allesfresser, dem Eicheln, Bucheckern, Waldfrüchte genauso wie Würmer, Insekten, Junge von Nagetieren und Kadaver sehr gut schmecken. Die Jungtiere (Frischlinge) kommen zwischen März und April zur Welt. Bis zu einem Alter von 3–5 Monaten haben die Jungen ein auffällig gestreiftes Fell. Bei uns ist das Wildschwein sehr häufig. Es dringt sogar schon bis in die Stadtgebiete vor, etwa in Berlin.

Wildschwein

Mäusebussard
Buteo buteo
Ordnung: Greifvögel
Gewicht: 0,5–1,3 kg
Größe: 50–57 cm
Jungtiere: 2–4

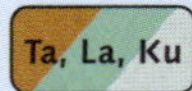 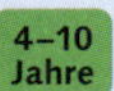
Ta, La, Ku | 4–10 Jahre

Fuchs
Vulpes vulpes
Ordnung: Raubtiere
Gewicht: 3–14 kg
Größe: 30–55 cm
Jungtiere: 3–6

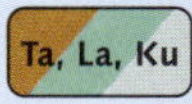 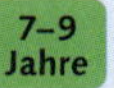
Ta, La, Ku | 7–9 Jahre

Mäusebussard

Der **Mäusebussard** ist ein weit verbreiteter Greifvogel. Man trifft ihn in vielen Gegenden an und es ist nicht schwer, ihn zu beobachten. Von Frühling bis Herbst kreist er laut rufend hoch in der Luft. Im Winter sitzt er auf Feldern oder an Straßenrändern und sucht nach Nahrung. Der Mäusebussard ernährt sich, wie der Name erraten lässt, überwiegend von Mäusen. Zum Jagen größerer Tiere ist er nicht angepasst, denn er fliegt sehr schwerfällig und hat nicht besonders gut entwickelte Krallen. Auch der Schnabel ist für größere Beutetiere nicht geeignet. Manche Jäger denken immer noch, dass der Bussard der Hauptfeind der Hasen und Fasane sei und bejagen ihn, auch wenn er fast überall unter Schutz steht.

Die immer weniger werdenden **Laub- und Mischwälder** bedeckten früher einen wesentlichen Teil Europas von den Britischen Inseln bis zum Ural. Die größte Verbreitung erreichten sie im Westen des Kontinents, im feuchten, gemäßigten atlantischen Klima mit regelmäßigem Niederschlag (750–1500 mm) und durchschnittlichen Jahrestemperaturen der Luft von 8–12 °C. Richtung Osten, wo das Klima kontinentaler wird, verengen sich die Waldgebiete der gemäßigten Klimazone und liegen wie ein Keil zwischen der Taiga im Norden und den trockenen Steppen im Süden. Die Laubwälder sind im Gegensatz zur eher eintönigen Taiga voller Leben und Abwechslung. Dank der artenreichen Vegetation, die in Form von Eicheln, Bucheckern, Haselnüssen und anderen Früchten und Samen genügend Nahrung bietet, ist auch die Tierwelt reicher vertreten. Manche Tierarten sind mit jeder Art von Wald zufrieden, während andere in ihrer Auswahl der Bäume und Sträucher sehr wählerisch sind.

Der **Fuchs** gilt als anpassungsfähigstes Raubtier Europas. Keine Umgebung ist ihm fremd. Er ist in der Lage, problemlos den stillen Wald gegen eine Feldlandschaft oder ein Ufer am Meer und sogar gegen den Krach in einer Großstadt auszutauschen. Er hat keine großen Ansprüche, was Nahrung betrifft. Er jagt Nagetiere, Hasen, Vögel in der Größe eines Fasans und andere kleine Tiere, aber auch kleine Schafe verachtet er nicht. In der Not gibt sich der Fuchs auch mit Würmern, Insekten, Schnecken und Kadavern zufrieden. Pro Tag braucht der Fuchs ein halbes Kilo Futter. Er lebt fast das ganze Leben lang als Einzelgänger und zurückgezogen. Sein Revier beläuft sich auf einen Durchmesser von 2,5–15 km. In lockere Erde gräbt sich der Fuchs einen Röhrenbau, der mehrere Ausgänge hat. Um die Jungen kümmern sich beide Elternteile, aber am Ende des Sommers löst sich die Familie auf. Der Fuchs ist ein Tollwutüberträger und ist als Jagdwild freigegeben.

Fuchs

Der **Schwarzspecht** wird so groß wie ein Rabe und ist von den europäischen Spechten der Größte. Vom Flachland bis ins Gebirge fehlt er in keinem größeren Wald. Während des Fluges kann man sein lautes Schreien hören. Mit seinem spitzen Schnabel meißelt sich der Schwarzspecht eine Nesthöhle, in deren Öffnung man eine Hand stecken könnte und die fast einen halben Meter tief ist. Dazu braucht er 2–4 Wochen. Das Klettern auf Bäume erleichtern ihm seine kurzen Beine, die mit zwei Vorder- und zwei Hinterzehen sowie mit scharfen Krallen ausgestattet sind. Seine festen Schwanzfedern helfen ihm, das Gleichgewicht zu halten und den Körper abzustützen. Die Larven zieht er mit seiner langen Zunge, die am Ende Widerhaken hat, aus Holz- und Rindengängen. Der Specht hält sich meistens an einem Ort auf. Nur wenn das Nahrungsangebot knapp ist, fliegt er kleinere Strecken. Wie alle Spechtarten zieht der Schwarzspecht seine Jungen in einer Baumhöhle auf.

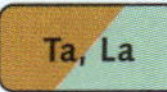

Schwarzspecht

Früher war der **Buchfink** nur im Wald heimisch, weil er sich aber allmählich an das Leben in der Nähe der Menschen gewöhnt hat, kann man ihn heute überall sehen. Die Weibchen sind im Gegensatz zu den Männchen graugrün gefärbt. Das schöne schüsselförmige Nest eines Buchfinks kann man daran erkennen, dass er zum Auslegen Fellhaare, Federn, Moose und Flechten benutzt. Er ernährt sich von Samen und Sprossen, und im Herbst kommen noch Beeren, Früchte, Insekten und Spinnen dazu.

Buchfink

Beim **Feuersalamander** ist das auffällig gefärbte Hautkleid aus schwarzen und gelben Flecken nicht einheitlich, das Muster hängt vom Lebensraum ab. Bei den bei uns lebenden Exemplaren sind die Flecken rundlich, bei den in den Pyrenäen lebenden verschmelzen sie zu Längsstreifen. Der Feuersalamander verlässt nachts sein feuchtes Versteck. Seine langsame Fortbewegung erlaubt ihm nur langsam kriechende Beute zu fangen, die aus Schnecken, Raupen und anderen Larven, Tausendfüßern, Würmern und Spinnen besteht. Manchmal frisst er seine eigenen Jungen (Kannibalismus). Die Haut scheidet giftige Sekrete aus. Wenn sie ein Mensch durch Berührung ins Auge oder in den Mund bekommt, ruft das Gift brennende Schmerzen hervor. Beachtenswert bei Salamandern ist, dass sich die Eier im Körper des Weibchens entwickeln, das dann kleine Larven zur Welt bringt.

Feuersalamander

Schwarzspecht
Dryocopus martius
Ordnung: Spechte
Gewicht: 250–360 g
Größe: 47–50 cm
Jungtiere: 3–5

Ta, La — 20–30 Jahre

Buchfink
Fringilla coelebs
Ordnung: Sperlingsvögel
Gewicht: 20–28 g
Größe: 15 cm
Jungtiere: 3–6

Ta, La, Ku — 10–14 Jahre

Feuersalamander
Salamandra salamandra
Ordnung: Schwanzlurche
Gewicht: 20–60 g
Größe: 12–28 cm
Jungtiere: 20–30

La — 10–18 Jahre

Bienenfresser

Der hübsche, farbenfrohe **Bienenfresser** fängt im Flug sehr geschickt Bienen, Wespen, Hummeln und andere Insekten und manchmal sogar Libellen und Heuschrecken. Am liebsten bewohnt er gegliederte Landschaften an Flüssen, in deren Steilufer er bis einen Meter lange Nisthöhlen gräbt. Er kommt aber auch im Flachland zurecht, wo er seine Nisthöhle in die Bodenoberfläche gräbt. Der Bienenfresser arbeitet vor allem mit dem Schnabel, mit den Beinen hebt er die Erde an. Diese Tiere sind sehr gesellig und nisten in Kolonien.

Mauergecko

Der **Mauergecko** ist beim Klettern auf Wänden und sogar auf Fensterglas ein Meister. Die Haftung ermöglichen ihm die von Lamellen unterbrochenen Unterseiten der Zehen, die mit unzähligen haftenden Härchen durchsetzt sind. Oft ist er in den Wohnvierteln von Ortschaften zu sehen, wo er Insekten auf warmen Häuserwänden fängt. Ähnlich wie Eidechsen ist er im Stande, bei Gefahr ein Stück seines Schwanzes abzubrechen, der ihm aber wieder nachwächst. Die Tiere vermehren sich durch Eier, die das Weibchen in Wandritzen, unter Steinen oder im Sand versteckt. Kleine Mauergeckos schlüpfen aus den Eiern nach 3–4 Monaten und haben eine Größe von 5 cm. Besonders in den warmen Mittelmeerländern ist der Mauergecko oft anzutreffen.

Die **Steppe** ist eine Landschaftsform, die nur im Osten der Karpaten und im ungarischen Tiefland (Puszta) vorkommt. Dort herrscht ein trockenes kontinentales Klima (im Jahr fällt nur 200–400 mm Regen) mit großen Temperaturunterschieden. Heiße Sommer gehen schnell in eiskalte Winter über (bis −30 °C), die Schneedecke ist meist sehr dünn. Der stets wehende Wind nimmt auf Kahlflächen ständig kleinste Humusteilchen kilometerweit mit. Dank der fruchtbaren Schwarzerde gehört die Steppe mit ihren weiten Grasländern zu den wertvollsten Ökosystemen. Holzgewächse sind selten. Die Tiere der Steppe haben eine dem hellbraunen Grasland angepasste Tarnfärbung. Ein weiteres gemeinsames Merkmal ist, dass sie sich auf dem Boden sehr gut bewegen können. Selbst die Vögel, z. B. Wachteln, Steppenhühner, Trappen und Haubenlerchen laufen lieber als zu fliegen. Die Säugetiere, wie Hamster und Ziesel, bauen ihre Verstecke in Erdhöhlen. Ein scharfer Gehörsinn und ein gutes Sehvermögen sind wichtige Eigenschaften, die den Steppentieren das Überleben sichern.

Feldhase

Der **Feldhase** ruht sich am Tag in seinem Bau aus, um in der Nacht auf Äsung zu gehen. Das gilt jedoch nicht in der Zeit der Fortpflanzung, wenn die Männchen von den Weibchen bedrängt werden. Wenn die Männchen miteinander kämpfen, erinnert das Spektakel an einen Boxkampf. Der Feldhase hat eine gute Tarnfarbe, einen ausgezeichneten Gehör- und Geruchssinn und er kann sehr schnell rennen. Er erreicht ohne weiteres 70 km/h. Seine Hinterpfoten, die länger als die Vorderpfoten sind, ermöglichen ihm das effektive Hakenschlagen, das blitzartige Ändern der Laufrichtung. Wenn ein Hase Männchen macht, gibt er damit einem Fuchs oder einem anderen Räuber zu erkennen, dass er ihn entdeckt hat und er sich eine Verfolgung sparen kann. Die Jungtiere kommen mit Fell zur Welt, können sehen und bereits nach einer halben Stunde laufen. Interessant ist bei den Hasen die Möglichkeit der wiederholten Befruchtung während der Tragezeit, was bei anderen Säugetieren nicht möglich ist.

Bienenfresser
Merops apiaster
Ordnung: Rackenvögel
Gewicht: 44–78 g
Größe: 23–25 cm
Jungtiere: 4–10

 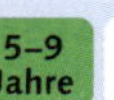 

Feldhase
Lepus europaeus
Ordnung: Hasentiere
Gewicht: 2,5–7 kg
Größe: 48–76 cm
Jungtiere: 1–7

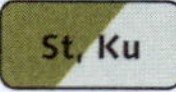 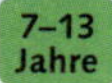

Die **Ginsterkatze** sieht aus wie
ein gefleckter Marder, verwandt ist sie
aber mit den Zibetkatzen. Höhlen gräbt
sie nicht aus, deshalb sucht sie hohle
Bäume, Felsöffnungen und andere natürliche Verstecke auf. Ihr Revier kennzeichnet die Ginsterkatze mit Hilfe der
Geruchsdrüsen nahe des Afters. Als Jäger
kleinerer Tiere richtet sie sich nach dem
Angebot. Manchmal sind es überwiegend Nagetiere, dann wieder Eidechsen,
Schlangen oder Insekten. Im alten Ägypten wurden die Ginsterkatzen in Palästen
gehalten und gezüchtet, um Mäuse
und Ratten zu fangen. In Europa kommt
sie nur im Süden und Südwesten des
Kontinents vor.

Ginsterkatze

Die **Großtrappe** erinnert an einen
Truthahn auf langen Beinen, aber ihre
Verwandten sind Kraniche und Rallen.
Das Fliegen fällt ihr schwer und deshalb
hält sie sich lieber auf dem Boden auf.
Viele Stunden steht sie auf einer Stelle
oder geht mit ihrem lang gestreckten
Hals spazieren und beobachtet die Umgebung. Die Großtrappen sind sehr scheue
und aufmerksame Tiere. Auch wenn ihre
Stimme nicht besonders auffällig ist, lohnt
es sich, den Balzgesängen zuzuhören.
Der balzende Hahn bläst den Kehlsack
auf und verbeugt den Kopf. Wie ein
Fächer breitet er seinen Schwanz aus, bis
er schließlich mit einem Ruck die helle
Unterseite der Flügel nach oben dreht
und sich in einen Ball aus weißen Federn
verwandelt. Großtrappen ernähren sich
von Samen, Grassprossen, Käfern, Heuschrecken und anderen größeren Insekten
und manchmal auch von Mäusen und
Fröschen. Bei uns sind die Großtrappen
vom Aussterben bedroht, nur in Sachsen-
Anhalt gibt es noch einige Paare.

Großtrappe

Der **Ziesel** ist eine Art Erdhörnchen.
Er hat einen lang gestreckten Körper, ein
anliegendes Fell und einen kurzen Schwanz,
der auf seine Lebensweise in unterirdischen Höhlengängen angepasst ist. Über
der Erde rennt er nur kurze Strecken und
macht ständig Männchen, damit er sich
versichern kann, dass ihm keine Gefahr
droht. Er ist ein sehr geselliges Tier. Er lebt
in Kolonien mit bis zu 100 Artgenossen.
Der Ziesel ist ein großer Schläfer, der zwei
Drittel des Jahres von September bis April
im Winterschlaf verbringt. Früher wurde
er als Schädling bekämpft, heute dagegen
ist er streng geschützt.

Ziesel

Mauergecko
Tarentola mauritanica
Ordnung: Schuppen-
kriechtiere
Gewicht: 20–35 g
Größe: 10–15 cm
Jungtiere: 2

Mi | 10–20 Jahre

Ginsterkatze
Genetta genetta
Ordnung: Raubtiere
Gewicht: 1–2,3 kg
Größe: 40–55 cm
Jungtiere: 2–3

Mi | 10–15 Jahre

Ziesel
Spermophilus citellus
Ordnung: Nagetiere
Gewicht: 240–350 g
Größe: 18–24 cm
Jungtiere: 4–6

St./Ku | 4–6 Jahre

Großtrappe
Otis tarda
Ordnung: Kranichvögel
Gewicht: 3,5–18 kg
Größe: 75–105 cm
Jungtiere: 2–3

St./Ku | 28–50 Jahre

Bezoarziege

Aus der **Bezoarziege** entwickelte sich vor etwa 12 000 Jahren die Hausziege. Die Männchen tragen 1,3 m lange, gebogene und an den Seiten auffällig zerknitterte Hörner. Den Weibchen wachsen nur 20 cm lange Hörner. Fast kein anderer Pflanzenfresser stellt dermaßen bescheidene Ansprüche an die äußeren Lebensbedingungen. Sparsam verbrauchen die Tiere die Pflanzen der Umgebung, die Sträucher und niedrigen Bäume, auf die sie auch hinaufklettern können. Sie leben in kleinen Herden von 25 Tieren und bewegen sich täglich in einem Gebiet von etwa 2 km². Wenn die jungen Männchen nach einem Jahr erwachsen werden, müssen sie die Familie verlassen. Die meisten Bezoarziegen sind heute mit den Hausziegen gekreuzt.

Bezoarziege
Capra aegagrus
Ordnung: Paarhufer
Gewicht: 25–95 kg
Größe: 1,2–1,6 m
Jungtiere: 1–3

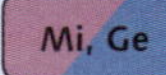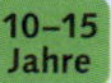

Stachelschwein
Hystrix cristata
Ordnung: Nagetiere
Gewicht: 10–15 kg
Größe: 57–70 cm
Jungtiere: 1–4

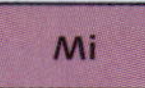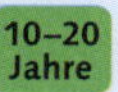

Damhirsch
Dama dama
Ordnung: Paarhufer
Gewicht: 40–70 kg
Größe: 1,3–1,5 m
Jungtiere: 1–2

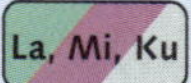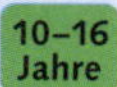

Die **Stachelschweine** kommen am häufigsten in Nordafrika und in Italien vor. Zoologen sind davon überzeugt, dass sie im Mittelalter dort ausgesetzt wurden. Sie breiten sich immer mehr nach Norden aus. Während das Tier am Tage in großen Höhlen schläft, läuft es nachts trotz seines etwas pummeligen Körpers bis zu 2 km weit. Es sucht Wurzeln, Zweige, Blätter und andere Früchte. Am besten schmecken ihm Knollen und Wurzelstöcke. Darüber hinaus geht das Stachelschwein auch auf die Felder, um Körner und Samen z. B. von Sonnenblumen zu finden. Wenn es in Gefahr ist, stößt das Stachelschwein mit seinen Stacheln nach dem Angreifer. Verletzungen, die durch die Stacheln hervorgerufen werden, können eitern und zu Komplikationen führen. Die längsten Stacheln sind 30 cm lang und 2,5–3 mm stark. Die Jungtiere haben kurz nach der Geburt 3 cm lange, weiche und kurz anliegende Stacheln.

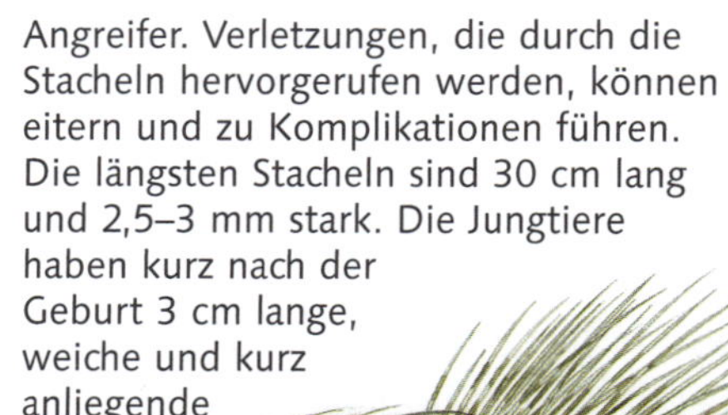

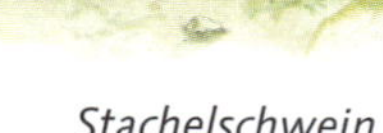

Stachelschwein

Damhirsch

Der **Damhirsch** unterscheidet sich vom Rothirsch nicht nur durch seine kleinere Körpergröße, sondern hauptsächlich durch das schaufelförmige Geweih, das gefleckte Fell und seinen längeren Schwanz. Auch die Brunftzeit ist nicht so stürmisch. Ursprünglich bewohnte der Damhirsch die Mittelmeerländer, breitete sich aber als Gehegetier und später in der freien Natur allmählich über ganz Europa aus. Dieser Hirsch bevorzugt Laub- und Mischwälder mit dichtem Unterholz. Das erste einfache Geweih wächst dem Männchen im zweiten Lebensjahr. Erst bei dreijährigen Damhirschen erscheinen dann die ersten Andeutungen der typischen Schaufeln.

Die **Blauelster** ist wegen ihres ungewöhnlichen Verbreitungsgebiets ein zoologisches Rätsel: Sie kommt in Europa nur in Spanien und Portugal, und sonst im tausenden von Kilometern entfernten Mittel- und Ostasien vor. Wie andere Rabenvögel auch gehört die Blauelster zu den Sperlingsvögeln. Männchen und Weibchen sind äußerlich nicht zu unterscheiden. Um die Nahrung macht sich die Blauelster keine Sorgen. Wenn es keine Eicheln oder Kastanien gibt, sucht sie Beeren, fängt Insekten oder plündert Vogelnester.

Blauelster

Mufflon

Das **Mufflon** gab Zoologen lange Rätsel wegen seiner Herkunft auf. Ursprünglich glaubte man, dass es der Vorfahre der Hausschafe ist, aber vor kurzem wurde das Gegenteil bewiesen. Es handelt sich um ein verwildertes Hausschaf, das vor etwa 9000 Jahren die damaligen Bauern auf Sardinien und Korsika aussetzten. Das Männchen trägt bis zu 1 m große robuste, sichelförmig gedrehte Hörner mit auffälligen Kerben, die das Mufflon zu einem beliebten Jagdtier machen. Das Weibchen hat kurze Hörner, manchmal fehlen sie auch. Die Mufflons, die bei uns gezüchtet werden, haben die schönsten Hörner. Sie leben in Herden von 20–30 Tieren. Das Männchen ist ein Einzelgänger, während der winterlichen Brunftzeit schließt es sich jedoch den gemischten Herden an. Auf ruhigen Plätzen weiden sie auch am Tag. Mufflons sind sehr aufmerksame Tiere, die sich bei der kleinsten Störung auf die Flucht begeben.

Blauelster
Cyanopica cyana
Ordnung: Sperlingsvögel
Gewicht: 62–88 g
Größe: 34–35 cm
Jungtiere: 5–7

Ta | 10–15 Jahre

 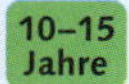

Mufflon
Ovis musimon
Ordnung: Paarhufer
Gewicht: 20–60 kg
Größe: 0,8–1,3 m
Jungtiere: 1–2

La, Mi, Ku | 10–14 Jahre

 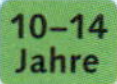

Pardelluchs
Lynx pardina
Ordnung: Raubtiere
Gewicht: 11–15 kg
Größe: 0,8–1,1 m
Jungtiere: 2–3

Mi | 10–15 Jahre

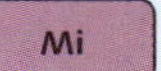 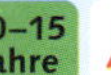 

Der **Pardelluchs** hat im Gegensatz zu anderen Luchsen eine rötliche Färbung mit kontrastreicheren Flecken, ein kürzeres Fell, längere Ohren und einen auffälligen, bis 8 cm langen Backenbart. Er ist aber auch kleiner. Versteckt und unauffällig lebt er in Unterholz und Waldgebieten und manchmal sogar in Sümpfen. Seine Hauptnahrung besteht aus Wildhasen und kleineren Nagetieren. Auch Enten, Gänse und Wildhühner sind vor seinen Krallen nicht sicher. Von den größeren Tieren greift er höchstens die Jungtiere der Rothirsche oder der Damhirsche an. Seine Jungen zieht er im Schutz von Felsen oder ausgehöhlten Baumstämmen auf.
Der stärkere **Luchs** *(Lynx lynx)* bewohnte ursprünglich größere Gebiete Europas. Sein Speiseplan ist abwechslungsreich. Er besteht aus Wirbeltieren wie zum Beispiel Nagetiere, Hasen, Rehböcke und Damhirsche. Dieses Tier wandert sehr gern. In einer Nacht legt er bis zu 20 km zurück. Bei uns wurde der Luchs ausgerottet, aber in den 1980er-Jahren ist es gelungen, ihn im Böhmerwald und Bayerischen Wald wieder anzusiedeln. Von dort hat er sich auch in andere Waldgebiete verbreitet.

Pardelluchs

Gänsegeier
Gyps fulvus
Ordnung: Greifvögel
Gewicht: 6–11 kg
Größe: 0,9–1,1 m
Jungtiere: 1

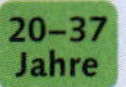
Mi | 20–37 Jahre

Maurische Landschildkröte
Testudo graeca
Ordnung: Schildkröten
Gewicht: 0,3–1 kg
Größe: bis 30 cm
Jungtiere: 2–7

 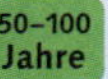
Mi | 50–100 Jahre

Ringdrossel
Turdus torquatus
Ordnung: Sperlingsvögel
Gewicht: 90–100 g
Größe: 24 cm
Jungtiere: 4–6

Ge | 5–9 Jahre

Kolkrabe
Corvus corax
Ordnung: Sperlingsvögel
Gewicht: 1–1,5 kg
Größe: 64–66 cm
Jungtiere: 4–6

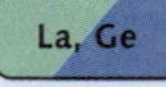 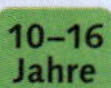
La, Ge | 10–16 Jahre

Den **Gänsegeier** erkennt man an den langen und breiten Flügeln mit einer Spannweite von 2,5 m. Er hat fingerförmig ausgestreckte Handfittiche und einen kurzen, geraden Schwanz. Gemeinsam in Kolonien nisten die Tiere auf Felsen oder Klippen und manchmal auch auf Bäumen. Der Gänsegeier ernährt sich vom Aasfleisch großer Tiere, lebende Beute jagt er nicht. Um Nahrung zu finden, fliegt er mehr als 10 km weit vom Nest entfernt. Ohne die Flügel zu bewegen, kreist er mehrere Stunden in der Luft. Sein scharfes Auge lässt ihn die Beute aus großer Höhe erspähen. Dann sinkt er kreisförmig und sanft zu Boden, anders als die meisten Geier, die sich steil nach unten fallen lassen. Der Salzburger Tierpark betreibt ein erfolgreiches Projekt mit einer halb wild lebenden Kolonie von Gänsegeiern.

Die **Mittelmeerländer** oder **mediterranen Gebiete** reichen von beiden Seiten des Mittelmeers von Marokko bis in die Türkei. Ihre Vegetation ist abwechslungsreicher als die nördlich gelegenen Gebiete in Europa. Der Einfluss des subtropischen Klimas bewirkt einen ungewöhnlich heißen und trockenen Sommer und einen milden, regenreichen Winter, in dem 90 % des Jahresniederschlags fallen. Ursprünglich sahen die Mittelmeerländer anders aus als heute. Es waren große Waldflächen mit immergrünen Wäldern aus Eichen, Olivenbäumen, Lorbeeren, die sich mit schirmartigen Pinien und Kiefern abwechselten, begleitet von Wachholdern und Pistazien. Heute wächst an Stelle dieser Wälder dorniges Dickicht, das die Italiener „Macchia", die Spanier „Matorral" und die Griechen „Phrygana" nennen. Große Teile dieses Gebiets wurden nach dem Abholzen durch Erosion und Abspülung zu nackten Hängen und Felsgebieten.

Die **Maurische Landschildkröte** bewohnt trockene Orte mit viel Dickicht. Sie ernährt sich hauptsächlich von Pflanzen, manchmal auch von Schnecken, Regenwürmern, Insekten und vom Aasfleisch kleiner Tiere. Das Tier ist stark von der Wärme abhängig. Wenn es im Sommer plötzlich kalt wird, wird es erheblich in seiner Bewegung beeinträchtigt. Im Herbst gräbt die Schildkröte ein Loch in die Erde, wo sie in Winterstarre die Kälte überlebt. Die Maurische Landschildkröte vermehrt sich durch Eier, die sie im Sand vergräbt. Ihr bedächtiger Fortbewegungsstil wirkt sich auf die Lebensdauer aus. Sie lebt gewöhnlich 50 Jahre, mitunter auch deutlich mehr. Es gibt eine Menge von Unterarten, die sich alle sehr ähnlich sehen. In Südeuropa sind die Landschildkröten geschützt und das Einsammeln und Mitnehmen dieser Tiere ist streng verboten.

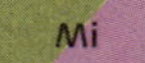
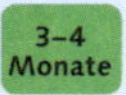

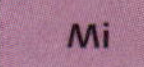
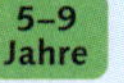

Gottesanbeterin
Mantis religiosa
Ordnung: Fangschrecken
Größe: 4–7,5 cm
Flügelspanne: 9–10 cm
Jungtiere: 30–100

Chamäleon
Chamaeleo chamaeleon
Ordnung: Echsen
Gewicht: bis 500 g
Größe: 25–30 cm
Jungtiere: 15–45

Ringdrossel

Die **Ringdrossel** ist sehr scheu und trotz ihres hübschen Gefieders wird sie in der Regel nicht leicht wahrgenommen. Man kann sie auf Gebirgsweiden und Wiesen entdecken, wo sie Nahrung sucht. Im Frühling kann man das Männchen beobachten, wie es von Felsen oder hohen Bäumen herab einen flötenartigen Gesang von sich gibt. Wegen des weißen Flecks auf dem Brustkorb, der wie ein Halbmond aussieht, nannte man die Ringdrossel auch Türkendrossel, jedoch kommt sie in der Türkei kaum vor. Den Winter verbringt sie nicht bei uns. Sie fliegt ab September oder Oktober in die Mittelmeergebiete.

Das **Chamäleon** bewegt sich sehr langsam und vorsichtig auf größeren Sträuchern und Bäumen und beobachtet die Umgebung. Seine Augen können sich unabhängig voneinander bewegen. Auf Beutetiere „schießt" es seine lange Zunge ab, die eingerollt im Kehlsack ruht und mit einer klebrigen Oberfläche ausgestattet ist. Das Opfer klebt fest und wird blitzschnell geschnappt. Der ganze Vorgang dauert weniger als $5/100$ Sekunden. Der Körper des Chamäleons ist an der Seite auffällig abgeflacht. Seine Beine haben am Ende zangenförmige Zehen und es hat einen ringelförmigen Schwanz, der zum Festhalten dient.

Bei Gefahr kann das Tier die Hautfarbe wechseln, die von Grün über Gelb bis Braun oder Bunt reicht.

Die **Gottesanbeterin** sitzt ohne sich zu bewegen auf einer Stelle und beobachtet die Umgebung. Sie ist meist kaum zu entdecken, da sich ihr gut getarnter Körper der Vegetation, in der sie lebt, anpasst. Wenn ein Beutetier in ihre Nähe kommt, schnellen die mit Haken ausgestatteten Fangbeine blitzschnell vor, um es zu ergreifen. Die Gottesanbeterin ist keine gute „Ehepartie", da das Weibchen oft nach der Paarung das Männchen auffrisst. Die Gottesanbeterin ist eine Bewohnerin der Mittelmeerländer, in Deutschland kommt sie vereinzelt am Kaiserstuhl und im Saarland vor. Auf sonnigen Hängen erscheinen im Sommer Larven, die aus den Eiern des Vorjahres geschlüpft sind. Im Gegensatz zu erwachsenen Tieren haben die Jungtiere schwache Beine und ernähren sich z. B. von Blattläusen. Erst am Ende des Sommers werden sie erwachsen und pflanzen sich fort.

Der **Kolkrabe** hat einen kräftigen, leicht gebogenen Schnabel. Während des Fluges ist der Schwanz keilförmig ausgebreitet. In der Luft erinnert er an einen Greifvogel, denn er ist in der Lage schnell und ausdauernd zu fliegen und ohne Flügelschlag über der Erde zu kreisen. Zur Balzzeit wird aus ihm ein richtiger Flugakrobat, der auch Sturzflüge mit Saltos zum Besten gibt. Lange bevor man den Kolkraben am Himmel entdeckt, kann man seinen typischen Ruf („kroak, kroak") hören. Entgegen aller verbreiteten Vorurteile ist der Kolkrabe fürsorglich und verlässt seine Jungtiere nie. Dieses Tier ist ein Allesfresser, auch wenn er Fleisch bevorzugt. Er jagt Nagetiere, Eidechsen, Insekten, Schnecken und Jungtiere anderer Vögel.

Kolkrabe

Chamäleon

Steinbock
Capra ibex
Ordnung: Paarhufer
Gewicht: 35–120 kg
Größe: 1,2–1,6 m
Jungtiere: 1–3

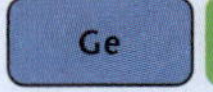
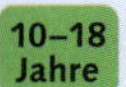

Die **Gämse** holt auf Felshängen keiner ein. Die ausgezeichnete Körperbeherrschung und Gewandtheit verdankt sie dem muskulösen und kraftvollen Körper, die Trittsicherheit den scharfen Kanten ihrer Hufe. Beide Geschlechter tragen hakenförmig gebogene Hörner, die 10–20 cm lang werden können. Im Sommer sind die Tiere auf Gebirgswiesen zu sehen. Bis zum Einbruch des Winters steigen sie bis an die obere Waldgrenze hinab. Am meisten gefällt es den Gämsen in Rotten, die aus 30 Tieren und mehr bestehen. Nur die alten Männchen bevorzugen die Einsamkeit. Im Sommer fressen die Gämsen Gräser, Kräuter und Flechten. Im Winter müssen sie mit Knospen und der Rinde von Salweiden oder Ebereschen auskommen. Die Jungtiere kommen von Mai bis Juni zur Welt.

Der **Steinbock** wirkt im Vergleich zu den Gämsen eher schwerfällig. Stattlich ist sein mächtiges Gehörn mit einer Länge von 1 m und 15 kg Gewicht. Trotz seines gedrungenen Körperbaus rennt er über die steilen Felswände mit einer bewundernswerten Leichtigkeit und Sicherheit. Er steigt sogar höher als die Gämsen, im Sommer bis 3000 m über dem Meeresspiegel. Nach der Ausrottung der großen Raubtiere ist der Mensch der Hauptfeind der Gebirgshuftiere geworden, die dadurch stark dezimiert wurden. Seit einiger Zeit ist der Steinbock jedoch geschützt und erfolgreich in italienischen und bayerischen Nationalparks der Alpen angesiedelt worden.

Steinbock

Gämse

Die **Kreuzotter** war früher über ganz Europa verbreitet, heute hat sie sich auf Grund von Verfolgung und Verlust ihres Lebensraumes in abgelegene Gebiete zurückgezogen. Sie ernährt sich von Mäusen und Fröschen. Das Gift der Kreuzotter wirkt auf die Beute in wenigen Sekunden bis Minuten. Dabei kommt es auf die Stelle des Bisses an. Die Spitzen der Giftzähne sind im geschlossenen Maul nach hinten geklappt. Erst wenn sie das Maul öffnet, richten sich die Zähne auf. Das Gift läuft durch einen Kanal im Zahn in die Wunde. Die Kreuzotter gehört zu den lebend gebärenden Tieren. Beim Durchgang durch die Kloake werden die Eier aufgerissen und die Jungtiere kommen zur Welt.

Kreuzotter

Der **Bisamrüssler** erinnert uns mit seinem beweglichen Rüssel an eine Riesenspitzmaus. In Wirklichkeit ist er ein Verwandter der Maulwürfe. Den größten Teil seines Lebens verbringt er im Wasser. Er bewegt sich mit Hilfe der hinteren Gliedmaßen, die zwischen den Zehen mit Schwimmhäuten ausgestattet sind. Die Steuerung übernimmt der lange und an der Seite abgeflachte Schwanz. Seine Nahrung sucht er am Grund, wo er mit seinem Rüssel den Schlamm nach Larven, Würmern, Weichtieren oder Krustentieren aufwirbelt. Manchmal fängt er kleine Fische, Frösche oder einen Molch. Er gehört zu den seltensten Säugetieren, denn wegen seines begehrten Fells wurde er fast ausgerottet. Aber auch die Regulierung der Flüsse und das Austrocknen der Sumpfgebiete entziehen ihm den Lebensraum.

Alpenmurmeltier

Das **Alpenmurmeltier** ist ein aufmerksames Tier. An den Hängen der Gebirge passt es vor seinem Bau auf, um Menschen oder Raubtiere schon von weitem auszumachen. Sein durchdringendes und warnendes Pfeifen belebt die sonst ruhigen Hänge der Gebirge. Das Alpenmurmeltier bevorzugt die Wiesen und Schutthänge im Bereich der Latschenregion. Den Höhenrekord hält es in den Schweizer Alpen, wo es bis in eine Höhe von 2800 m vorkommt. Die Alpenmurmeltiere leben in Kolonien. Sie bewohnen unterirdische Labyrinthe, die 10–20 m lang und bis zu 3 m tief sind. Die Ein- oder Ausgänge der Höhlen sind meist unter großen Steinen versteckt. Im Sommer fressen sie sich einen Winterspeck an und im Herbst werden die Öffnungen mit Gras, Steinen und Erde verstopft. Winterschlaf halten die Tiere von Oktober bis Mai, den sie alle 15 Tage für den Toilettengang unterbrechen.

Bisamrüssler

Gämse
Rupicapra rupicapra
Ordnung: Paarhufer
Gewicht: 20–50 kg
Größe: 0,9–1,4 m
Jungtiere: 1–3

Ge | 15–17 Jahre

Kreuzotter
Vipera berus
Ordnung: Schuppenkriechtiere
Gewicht: 60–160 g
Größe: 55–80 cm
Jungtiere: 10–20

Ta, La, Ge | 10–15 Jahre

Alpenmurmeltier
Marmota marmota
Ordnung: Nagetiere
Gewicht: 3,5–8 kg
Größe: 40–60 cm
Jungtiere: 2–7

Ge | 10–15 Jahre

Russischer Desman
oder **Bisamrüssler**
Desmana moschata
Ordnung: Insektenfresser
Gewicht: 200–400 g
Größe: 18–22 cm
Jungtiere: 1–5

Fl | ca. 4 Jahre

Lachmöwe
Larus ridibundus
Ordnung: Regenpfeifervögel
Gewicht: 200–320 g
Größe: 37–43 cm
Jungtiere: 1–3

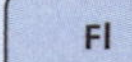 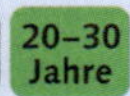

Fl | 20–30 Jahre

Fischotter
Lutra lutra
Ordnung: Raubtiere
Gewicht: 2–6,5 kg
Größe: 57–80 cm
Jungtiere: 2–3

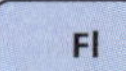 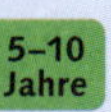 

Fl | 5–10 Jahre

Laubfrosch
Hyla arborea
Ordnung: Froschlurche
Gewicht: 8–15 g
Größe: 5–6 cm
Jungtiere: 1000

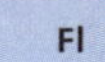 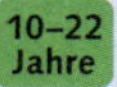

Fl | 10–22 Jahre

Eisvogel
Alcedo atthis
Ordnung: Rackenvögel
Gewicht: 37–56 g
Größe: 16–17 cm
Jungtiere: 6–8

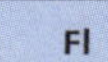 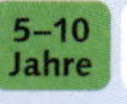 

Fl | 5–10 Jahre

Die **Lachmöwe** hält sich überall am Wasser auf. Die Vögel schreien laut, und wenn man in ein Gebiet kommt, wo sie zu hunderten nisten, beginnen sie sofort zu kreischen. Sie ernähren sich von kleinen Lebewesen. Während der Paarungszeit hat die Lachmöwe einen schwarzen Kopf, nach der Nistzeit verliert sie diese Pracht wieder. In dieser Zeit geht sie auf Wanderschaft. Manche Schwärme bleiben den Winter über an den Flüssen in der Nähe der Städte, andere dagegen fliegen ans Meer.

Lachmöwe

Hochgebirge nehmen nur 2 % der Fläche Europas ein. Trotzdem gehören sie vom wissenschaftlichen Standpunkt gesehen mit ihren extremen Bedingungen zu den interessantesten Gebieten. Die Vegetationszeit ist kürzer als 60 Tage im Jahr. Dafür ist der Winter lang, streng und schneereich. Die durchschnittliche Jahrestemperatur der Luft liegt unter 2,5 °C. Dagegen erreichen im Jahr die Regen- und Schneeniederschläge 1500 mm. In der Gipfelregion halten sich Firnschnee und Gletscher das ganze Jahr über. Im Hochgebirge weht ständig Wind und die Sonneneinstrahlung ist sehr intensiv. In den europäischen Hochgebirgen verändert sich die Art der Pflanzen- und Tierwelt mit der Höhe. Je höher, umso härter sind die Lebensbedingungen. In den Gipfelregionen schaffen es nur noch ausgesprochene Überlebenskünstler, den Widrigkeiten der Natur zu trotzen.

Fischotter

Der **Fischotter** ist ein ausgezeichneter Taucher, und unter Wasser hält er es 2–3 Minuten ohne zu atmen aus. Im Wasser dient ihm sein muskulöser Schwanz zum Steuern. Sehr von Vorteil sind für die Fischotter auch die kurzen Beine, die mit Schwimmhäuten ausgestattet sind. Die langen Tasthaare an der Schnauze sind wichtig für die Orientierung in trüben Gewässern oder Höhlen. Der Fischotter braucht täglich ein halbes Kilogramm Fisch. Die Tiere sind nicht wählerisch und fangen das, was sich gerade in ihrer Nähe aufhält. Den Speiseplan bessert der Fischotter mit Nagetieren, Fröschen, Krebsen und großen Insekten auf. An Flüssen oder Teichen legt der Fischotter seinen Bau unter der Wasseroberfläche im Uferbereich an, oft unter großen Baumwurzeln. Die Jungtiere wagen sich erst nach 10 Wochen in das Wasser. In Gefangenschaft gewöhnt sich der Fischotter an den Menschen und kann auch gezähmt werden.

Der **Eisvogel** ernährt sich von Fischen. Er sitzt auf Ästen und beobachtet die Wasseroberfläche. Wenn er einen Fisch entdeckt, stürzt er sich mit einem steilen Sturzflug auf die Beute, die er im Wasser bis zu einem halben Meter tief fangen kann. Selbst im Winter geht er an nicht zugefrorenen Bächen oder kleinen Flüssen zum Fischen. Um satt zu werden braucht er am Tag mindestens 5 Fische. Zum Brüten sucht der Eisvogel steil aufragende weicherdige Ufer, in die er meterlange Nisthöhlen baut.

Eisvogel

Der grasgrüne **Laubfrosch** klettert mit Hilfe seiner Haftscheiben an den Zehen auf Sträucher und Bäume. Im Frühling zur Zeit der Paarung machen die Männchen mit einem monotonen „Äpp-äpp-äpp" auf sich aufmerksam. Der Resonanzsack an der Kehle verstärkt seine Stimme. Oft hört man sie die ganze Nacht. Zur Eiablage geht das Weibchen in den Uferbereich von sauberen Weihern und Teichen. Auch wenn die Laubfrösche wetterbedingte Veränderungen wahrnehmen, kann man sich auf ihre Vorhersage nicht unbedingt verlassen.

Laubfrosch

Weißstorch
Ciconia ciconia
Ordnung: Schreitvögel
Gewicht: 2–4,5 kg
Größe: 0,6–1 m
Jungtiere: 4

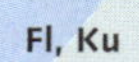 Fl, Ku 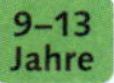 9–13 Jahre

Karpfen
Cyprinus carpio
Ordnung: Karpfenfische
Gewicht: 2–10 (30) kg
Größe: 0,5–1,2 m
Jungtiere: mehrere Zehntausend

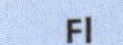 Fl 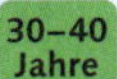 30–40 Jahre 

Fließende und stehende **Gewässer** werden von hunderten von Tierarten bewohnt, von unsichtbaren Mikroorganismen bis hin zu Großtieren. In kalten Quellen, die arm an Nährstoffen sind, halten es nur anspruchslose Krustentiere, Weichtiere und Blattwanzen aus. Die Gebirgsbäche bieten deutlich mehr: In dem sauberen sauerstoffreichen Wasser leben Larven und andere zweiflügelige Insekten, die nicht nur von Forellen als Beute gefangen werden. Wenn die Bäche zu Flüssen anschwellen, verlieren sie an Geschwindigkeit und werden immer breiter und tiefer. Sie enthalten viele Nährstoffe, die zum Teil noch aus den Gebirgsgegenden, zum Teil aus der Umgebung stammen. Wenn sie von den Menschen nicht verschmutzt sind, bieten Flüsse den Lebensraum für viele Organismen. Nicht weniger bedeutsam für die Pflanzen- und Tierwelt sind die stehenden Gewässer wie Tümpel, Weiher, Teiche, Seen oder Stauseen, die künstlich errichtet worden sind.

Der **Karpfen** ist ein Fisch der Weiher und Teiche. Eigentlich lebte er wild in Flüssen, wurde aber schon im Mittelalter in Klöstern als Fleischersatz zur Fastenzeit gezüchtet. Die Wildkarpfen unterscheiden sich von den Teichkarpfen durch den niedrigen Körper, den großen Kopf und die regelmäßige Anordnung der Schuppen. Ein erwachsener Karpfen erreicht eine Länge von einem halben Meter und ein Gewicht von 10–15 kg. Der größte Karpfen wurde in Frankreich gefangen. Er wog fast 35 kg.

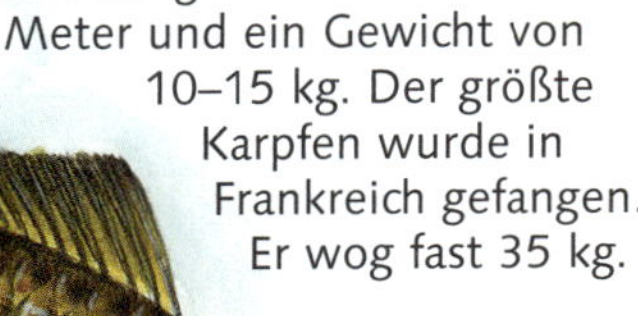

Karpfen

Der **Weißstorch** nistet von Natur aus auf hohen Bäumen, als Kulturfolger bevorzugt er aber inzwischen Schornsteine oder Dächer. Im Frühling besetzt das Männchen als Erster ein vorjähriges Nest. Männchen und Weibchen begrüßen sich mit einem lauten Schnabelklappern, wobei sie den Kopf bis auf den Rücken zurückbeugen. Zur Nahrungssuche fliegt der Storch auf feuchte Wiesen und Felder und fängt Frösche, Mäuse, Schlangen, Maulwürfe oder Jungvögel. Vor dem Winter ziehen die Störche in den Süden bis nach Afrika. Diese Orte sind 11 000 km von der Neststelle entfernt. Im Frühling kommen viele Paare an den gleichen Ort zurück.

Weißstorch

Ringelnatter

Ästhe
Thymallus thymallus
Ordnung: Lachsfische
Gewicht: 1–2,5 kg
Größe: 30–60 cm
Jungtiere: 1000–6000

 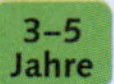

3–5 Jahre

Ringelnatter
Natrix natrix
Ordnung: Schuppen-
kriechtiere
Gewicht: 70–320 g
Größe: 70–90 cm
Jungtiere: 30–100

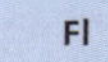 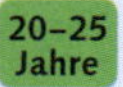

20–25 Jahre

Wasseramsel
Cinclus cinclus
Ordnung: Sperlingsvögel
Gewicht: 46–84 g
Größe: 18 cm
Jungtiere: 3–6

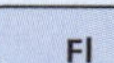 

5–8 Jahre

Bachforelle
Salmo trutta m. fario
Ordnung: Lachsfische
Gewicht: 0,5–2 kg
Größe: 20–60 cm
Jungtiere: einige tausend

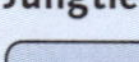 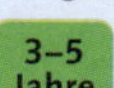

3–5 Jahre

Die **Ringelnatter** ist zwar ungiftig, wenn sie sich aber angegriffen fühlt, scheidet sie eine stinkende Flüssigkeit aus einer Drüse an der Kloake aus. Kennzeichnend ist ein gelber Halbmond im Nacken. Als bekannteste europäische Schlange bewohnt sie die Ufer der Flüsse und Teiche oder Sümpfe und Moore. Erst im Herbst sucht sie sich einen Ort zum Überwintern, der vom Wasser weiter entfernt liegt. Das kann unter Felsen, Steinhaufen, in hohlen Bäumen oder Höhlen von Nagetieren sein. Manchmal verbringen mehrere Ringelnattern zusammen den Winter in einem Versteck. Als Beute jagt sie kleinere Fische oder Frösche.

Die **Bachforelle** ist ein anspruchsvoller Wildfisch der Bäche und Flüsse in Mittel- und Hochgebirgen. Die Tiere bevorzugen schnell fließendes Wasser, das reich an Sauerstoff ist und viele Verstecke aufweist. Diese Bachzone nennt man Forellenregion. Forellen sind elegante Raubfische, die sich auf Kleingetier und fliegende Insekten stürzen. Bevor viele Flüsse verbaut und gestaut wurden, gingen die Forellen im Herbst stromaufwärts auf Wanderschaft, um sich in kleinen Zuflüssen zu paaren. Stauwehre behindern heute diese Routen, weshalb man so genannte Fischtreppen baute, um die Hindernisse für die Forellen überwindbar zu machen. Eine Gefahr für die Bachforelle ist das Einsetzen von Nahrungskonkurrenten wie z. B. der Regenbogenforelle.

Auch die **Äschen** brauchen klare und saubere Gewässer. Ihr Gebiet, die Äschenregion, liegt unterhalb der Forellenregion und ist mit ruhigen Wasseroberflächen, langen Stromschnellen und kieseligem Grund weniger wild. Die Äschen sind schlanke Raubfische mit silbrigem Glanz und einer hohen, flaggenartigen Schwimmflosse auf dem Rücken. Sie leben in kleinen Verbänden und jagen nach Kleinlebewesen sowie kleineren Fischen wie zum Beispiel Barsche oder Jungfische. Das Männchen legt zur Paarungszeit sein farbiges Hochzeitskleid an. Später legt das Weibchen die Rogen (Fischeier) zwischen Flussgeröllen ab.

Der **Flusskrebs** war früher oft zu sehen, aber durch die Gewässerverschmutzung und die Zerstörung der natürlichen Ufer zog er sich in abgelegene, unbewohnte Gegenden zurück. Im Wasser kann er schnell schwimmen. Am Grund ist er in der Lage, langsam nach allen Seiten zu krabbeln, selbst rückwärts. Manchmal verlässt er auch den schützenden Wasserbereich. Er ernährt sich von Würmern, Schnecken und Muscheln, aber auch von toten Fröschen und Fischen. Sein Weichteilkörper wird von einem harten Panzer geschützt und wenn er wächst, häutet er sich mehrmals im Jahr. Eine abgerissene Krebsschere wächst in 3–4 Jahren wieder nach.

Die **Wasseramsel** ist ein sehr scheuer Vogel mit einer ungewöhnlichen Lebensweise. Sie lebt nur an sehr klaren Gebirgsbächen. Dort fliegt sie schnell und knapp über dem Wasser, rennt über Steine und spreizt die Schwanzfedern nach oben ab. Auffällig ist ihr ständiges Pfeifen. Auf der Suche nach Nahrung inspiziert sie jede Ritze am Ufer und oft taucht sie auch unter. Auf ihren Tauchgängen schafft sie es sogar, Steine umzudrehen. Auf diese Weise sammelt sie Krustentiere, Larven und andere Insekten auf. Das rundliche Nest bauen die Vögel unter Brücken oder überhängenden Ufern aus Moos, Zweigen und Wurzeln. Die Wasseramseln bleiben den Winter über bei uns.

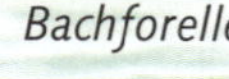

Höckerschwan

Der **Höckerschwan** stammt ursprünglich aus dem Norden. Mit einer Flügelspanne über 2 m ist er der größte Wasservogel Europas. Er fliegt sehr elegant mit nach vorn gestrecktem, gekrümmtem Hals. Der Start macht ihm allerdings viel Mühe. Er muss lange auf dem Wasser rennen und heftig mit den Flügeln schlagen, um abzuheben. Das Nest des Höckerschwans ist ein Haufen aus zusammengetragenen Wasserpflanzen, der manchmal auch auf dem Wasser treibt. Um die Jungtiere kümmern sich beide Elternteile. Das Männchen greift Eindringlinge sofort mit aufgerissenem Schnabel und mit Flügelschlägen an. Noch vor 50 Jahren lebte der Höckerschwan als „Ziervogel" in Schlossgärten und Seen. Dann breiteten sich die Tiere allmählich über das ganze Land aus, und heute kann man sie fast überall antreffen. Im Winter finden sie sich gerne an eisfreien Flussabschnitten in den Städten ein, wo sie von vielen gefüttert werden.

Die **Tafelente** verdankt den Namen ihrem wohlschmeckenden Fleisch. Sie gehört zu den Tauchenten und sucht ihre Nahrung vor allem unter der Wasseroberfläche in einer Tiefe bis über 5 m. Sie ernährt sich von Pflanzenteilen, Schnecken, Muscheln, Würmern und von Insektenlarven. Tafelenten erkennt man an ihrem untersetzten Körper, dessen Schwerpunkt samt Beinansatz auffällig nach hinten versetzt ist. An Land ist sie deshalb recht schwerfällig, sodass sie sich lieber im Wasser aufhält. Sie nistet im dichten Uferbestand von Teichen und Seen und überwintert auf unseren Gewässern.

Tafelente

Die **Flussperlmuschel** hat länglich ovale und auffällig starke Klappen, die bis zu 6 cm breit sind. Vergraben im Sand oder verkeilt zwischen Steinen lebt sie in den schattigen und eher flachen Teilen von Bächen und Flüsschen. Wenn in die Muschel Verunreinigungen gelangen, umhüllt sie die Partikel mitunter mit Perlmuttschichten. Das passiert aber sehr selten, etwa in einem Promille aller Fälle. Deshalb waren früher Süßwasserperlen sehr wertvoll. Heute ist die Flussperlmuschel sehr selten geworden und deshalb streng geschützt.

Wasseramsel

Flussperlmuschel

Höckerschwan
Cygnus olor
Ordnung: Entenvögel
Gewicht: 6–15 kg
Größe: 1,2–1,6 m
Jungtiere: 3–7

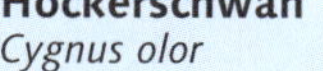
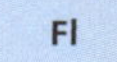 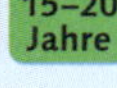
Fl — 15–20 Jahre

Flussperlmuschel
Margaritifera margaritifera
Ordnung: Süßwassermuscheln
Gewicht: 20–140 g
Größe: 9,5–14 cm
Jungtiere: einige Millionen

 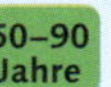
Fl — 50–90 Jahre

Tafelente
Aythya ferina
Ordnung: Entenvögel
Gewicht: 0,5–1,3 kg
Größe: 42–58 cm
Jungtiere: 6–10

 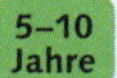
Fl — 5–10 Jahre

Flusskrebs
Astacus astacus
Ordnung: Zehnfußkrebse
Gewicht: 15–80 g
Größe: 10–20 cm
Jungtiere: 30–150

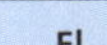 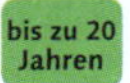
Fl — bis zu 20 Jahren

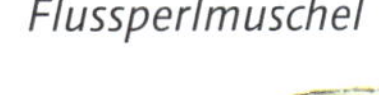

Igel
Erinaceus europaeus
Ordnung: Insektenfresser
Gewicht: 0,3–1,3 kg
Größe: 19–31 cm
Jungtiere: 2–10

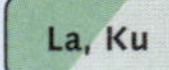 La, Ku 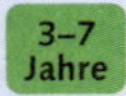 3–7 Jahre

Iltis
Mustela putorius
Ordnung: Raubtiere
Gewicht: 0,5–2 kg
Größe: 31–48 cm
Jungtiere: 3–9

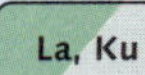 La, Ku 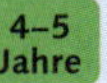 4–5 Jahre

Reh, Rehwild
Capreolus capreolus
Ordnung: Paarhufer
Gewicht: 15–35 kg
Größe: 0,6–1,2 m
Jungtiere: 1–3

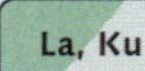 La, Ku 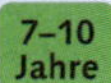 7–10 Jahre

Der **Igel** hat auf seinem Körper 5000–7000 Stacheln. Wenn er sich in Gefahr wähnt, rollt er sich zusammen und verlässt sich auf sein Stachelkleid. Er braucht am Tag 70 g Nahrung, die sich aus Würmern, Insekten oder Nacktschnecken zusammensetzt. Aber auch Aasfleisch und Küchenabfälle verschmäht er nicht. Der Igel ist aus der Sicht der Menschen ein fauler Geselle, denn er verschläft ein Fünftel des Tages. Sein Versteck verlässt er erst nach Sonnenuntergang und läuft nur einige hundert Meter. Im Spätherbst vergräbt er sich in einem Laub- oder Reisighaufen, wo er in den Winterschlaf fällt und seine Körpertemperatur auf 4 °C absinkt. Die Neugeborenen haben keine Stacheln.

Iltis

Der **Iltis** hat einen gedrungenen Körper auf kurzen Beinen, sodass dieser beim Laufen fast die Erde berührt. Er ist kein besonders flinker Jäger, aber er hat sich als Kulturfolger an die in der Nähe der Menschen zu findende Nahrung gewöhnt. Seine Verstecke legt er sich in alten Häusern oder auf Dachböden an – sehr zum Leidwesen der Bewohner.

Igel

Außerhalb menschlicher Siedlungen jagt er Mäuse, Frösche und Kröten. Die gezähmte Form der Iltisse sind die Frettchen, die der Wildform sehr ähnlich sind. Früher wurden sie zum Aufscheuchen von Kaninchen gezüchtet, heute dagegen hält man sie als Haustiere. Entläuft ein Frettchen seinem Besitzer, so verwildert es.

Das **Reh** ist der kleinste Vertreter der europäischen Hirsche. Es kommt von der Küste bis zum Hochgebirge praktisch in allen Landschaftsgebieten vor. Es hat ein einfaches Geweih mit höchstens sechs Enden, drei auf jeder Seite. Es bevorzugt offene Wälder mit Wiesen und Feldern. Zur Äsung geht es entweder am frühen Abend oder in der Morgendämmerung. Bei der Wahl der Pflanzen ist es sehr wählerisch, es nimmt nur die saftigsten Gräser und Kräuter. Der Bock macht in der Brunft mit einem starken Geräusch, das einem Bellen ähnelt, auf sich aufmerksam. Den Winter über verbringen die Rehe gemeinsam in Herden. Im Frühling kommen die Kitze zur Welt, die von der Mutter, der Ricke, aufmerksam bewacht werden. Wenn die Mutter durch einen Unfall ums Leben kommt, wird das Junge manchmal von Menschen aufgezogen. Das kleine Tier verliert dann allerdings seine natürliche Scheu und wird sich später kaum an das Leben in der freien Wildbahn gewöhnen.

Reh

Turmfalke

Der **Turmfalke** ist einer der wenigen Greifvögel, der in der Nähe der Menschen lebt. Die Waldsteppen und Felsen hat er gegen Felder, verlassene Steinbrüche und Städte eingetauscht. Er hat sich nicht nur an die veränderte Nahrung, sondern auch an die Art und Weise zu nisten angepasst. Sein unordentliches Nest aus Ästen baut er auf Dachgesimse, in Mauerwölbungen oder in verlassene Dachstühle von Türmen. Nagetiere, die er im freien Feld jagt, ersetzt er in den Städten durch Tauben und Spatzen. Seine Beute beobachtet er von einem erhöhten Platz oder aus der Luft. An größere Beutetiere traut er sich nicht heran. Die Turmfalken sind Strichvögel, sie ziehen umher. Im Norden Europas sind sie im Winter Langstreckenzieher, weiter im Süden sind sie Teilzieher oder bleiben sogar standorttreu.

Die **Rauchschwalbe** ist ein beliebter Bewohner in den Dörfern. Ihre napfförmigen Nester aus Lehmteilchen, vermischt mit Wasser und Speichel, klebt sie in den Ställen an Wänden und Decken fest. Das Bauen des Nestes dauert zwei Wochen. Bei uns nistet sie zweimal im Jahr, weiter im Norden nur einmal. Über zwei Drittel der Jungtiere sterben innerhalb des ersten Lebensjahrs, oft auf dem jährlichen Flug zum Überwintern nach Afrika. Die Mehlschwalbe ist eine ähnliche Art, hat jedoch einen kürzeren Schwanz. Sie baut Kugelnester mit einer kleinen Öffnung. Diese werden stets an die Außenmauern von Gebäuden geklebt. Rauch- und Mehlschwalben sind schnelle und geschickte Flieger, die ihre Beute, Fliegen und Mücken, in der Luft schnappen.

Rauchschwalbe

Der **Fasan** ist kein ursprünglicher Bewohner des europäischen Kontinents. Er stammt aus den Ländern Vorder- und Mittelasiens, woher ihn schon die Griechen und Römer wegen seines schmackhaften Fleisches importierten und züchteten. Bei uns wurde er ab dem 17. Jahrhundert in Fasanerien gezüchtet, um ihn vor fürstlichen Jagdveranstaltungen freizulassen. Er bevorzugt als Lebensraum offene Wald- und Gebüschflächen und Hügellandschaften. Der Hahn lebt polygam mit mehreren Hühnern zusammen. Im Lauf des Jahres ändert er seinen Speiseplan: Im Sommer sucht er Insekten, Würmer, Larven, im Winter ernährt er sich von Unkrautsamen und anderen Pflanzenteilen. Die Balzzeit der Hähne, die von heftigem Kampfgetümmel begleitet wird, dauert von Ende März bis Mitte Mai. Die Weibchen legen bis zu 15 Eier.

Fasan

Turmfalke
Falco tinnunculus
Ordnung: Greifvögel
Gewicht: 110–300 g
Größe: 32–39 cm
Jungtiere: 3–6

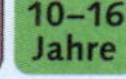

St, Ku, Mi — 10–16 Jahre

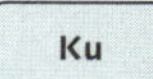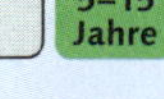

Rauchschwalbe
Hirundo rustica
Ordnung: Sperlingsvögel
Gewicht: 11–28 g
Größe: 17–19 cm
Jungtiere: 4–6

Ku — 5–15 Jahre

Fasan
Phasianus colchicus
Ordnung: Hühnervögel
Gewicht: 0,6–2 kg
Größe: 53–89 cm
Jungtiere: 5–15

La, Ku — 5–8 Jahre

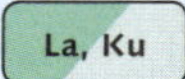

Admiral

Brauner Bär

Totenkopfschwärmer

Kohlweißling

Segelfalter

Mehlzünsler

Abendpfauenauge

Blaues Ordensband

Tagpfauenauge

Stachelbeerspanner

Oleanderschwärmer

Großes Ochsenauge

Nachtpfauenauge

Kleiner Fuchs

Großer Wanderbläuling

Monarchfalter

Monarchfalter
Danaus plexippus
Ordnung: Schmetterlinge
Flügelspanne: 7,5–10 cm
Jungtiere: 10–50

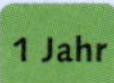

Ku | 1 Jahr

Rebhuhn
Perdix perdix
Ordnung: Hühnervögel
Gewicht: 0,3–0,45 kg
Größe: 29–31 cm
Jungtiere: 5–17

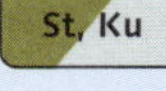  

St. Ku | 5–7 Jahre

Die **Schmetterlinge** gehören überall auf der Welt mit Abstand zu den beliebtesten Insekten. Bei uns leben 3000 Arten, von denen nur ein Teil zu den Tagfaltern gerechnet wird. Die Schmetterlinge, die nur in der Nacht fliegen, sind die Nachtfalter. Diese lassen sich vom süßen Geruch des Nektars zu den Blüten leiten, wo sie mit ihrem Saugrüssel den Saft saugen. Die Schmetterlinge, die am Tag fliegen, orientieren sich nach der Blütenfarbe. Es ist weitgehend unbekannt, dass manche Schmetterlinge, wie z. B. der Totenkopfschwärmer oder der Admiral, ähnlich wie die Zugvögel Wanderungen unternehmen. Ein Exot in der europäischen Schmetterlingswelt ist der **Monarchfalter**, der eigentlich aus Nordamerika stammt, aber bereits in Großbritannien, den Beneluxländern, Ungarn und in Spanien gesichtet worden ist. Man nimmt an, dass ihn Westwinde über den Atlantik bis nach Europa getragen haben.

Rebhuhn

Stieglitz

Honigbiene

Der **Stieglitz** oder **Distelfink** ist zwar kleiner als ein Spatz, mit seinem schönen bunten Federkleid übertrifft er ihn aber optisch. Im Sommer fällt er als Einzelvogel nicht besonders auf, aber im Winter kann man die Vögel in Schwärmen sogar singen hören. Er hält sich in Gärten, Parks und auf Müllhalden auf, wo er Unkrautsamen sehr geschickt aufpickt. Schon zu Anfang des Frühlings fängt der Stieglitz mit dem Nestbau an, das er hoch in den Baumkronen anlegt.

Das **Rebhuhn** fliegt zwar schnell, aber nicht besonders wendig. Die Flugstrecken, die es zurücklegt, sind auch eher kürzer. Wenn jemand diesen Vogel aufscheucht, ist damit zu rechnen, dass der Störer gehörig erschrickt. Das Rebhuhn lebt das Jahr über in Familienverbänden, die zur Balzzeit im Frühling auseinander gehen. Das unauffällige Nest in Form einer flachen Schüssel baut das Rebhuhn perfekt getarnt in Sträuchern und ins hohe Gras. Um die Küken kümmern sich beide Elternteile. Das Männchen erkennt man an dem dunkelbraunen, hufeisenförmigen Fleck auf der Brust. In den letzten vier Jahrzehnten sank der Rebhuhnbestand beständig.

Die **Honigbiene** ist das bekannteste Insekt, das Staaten baut. An der Spitze eines solchen Bienenstaats steht das Eier legende Weibchen, die Königin. Den großen Rest bilden die bis zu 80 000 Arbeiterinnen mit nicht entwickelten Geschlechtsorganen und im Sommer die Drohnen, die männlichen Bienen. Die Arbeiterinnen bauen aus Wachs die Waben, in denen der gesammelte Nektar gelagert wird. Zum Honig wird der Nektar erst, nachdem er mehrmals von den Bienen eingesaugt und wieder ausgewürgt wurde. Aus den 3000 Eiern, welche die Königin jeden Tag legt, entwickeln sich nach 3 Wochen aus befruchteten Eiern Arbeiterinnen, aus unbefruchteten Drohnen. Besonders gefütterte Maden entwickeln sich zu jungen Königinnen, die nach dem Heranwachsen mit einem Teil des Staates ausschwärmen, um einen neuen Staat zu gründen. Neben der Erzeugung von Honig sind die Bienen auch wichtig für das Bestäuben und damit Befruchten der Blüten.

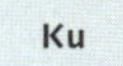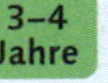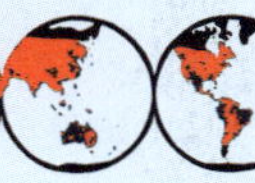

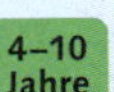

Der **Feldhamster** gehört zur Verwandtschaft der Wühlmäuse. Er ist hervorragend an seine Lebensweise in den Grasfluren und Getreidefeldern angepasst. Sein gelbbraunes Fell tarnt ihn, und in seinen Backentaschen sammelt er Körner und Früchte, die er in seinen Bau schleppt. Der Feldhamster reagiert auf Störungen seines Territoriums mitunter sehr aggressiv. Auf den Feldern führt er ein einsames Leben in 2 m tiefen Erdlöchern. Im Frühling nach der Paarungszeit gehen Weibchen und Männchen eigene Wege. Im Sommer ernähren sich die Tiere von Frischpflanzen, sie fangen aber auch Insekten und kleine Nager. Im Herbst sammeln sie Kartoffeln, Mais und andere Körner auf den Feldern. Ein Teil dieser Vorräte speichert der Feldhamster in seiner Höhle, damit es ihm an nichts fehlt, wenn er aus dem Winterschlaf erwacht. Die Vorräte können 10–16 kg betragen. In Europa sind die Feldhamster sehr selten geworden. Früher wurden sie als Nahrungskonkurrent des Menschen verfolgt, heute leiden sie sehr unter den Agrargiften. Ähnlich wie das Ziesel wurde auch der Feldhamster unter Artenschutz gestellt.

Feldhamster

Schleiereule
Tyto alba
Ordnung: Eulen
Gewicht: 0,2–0,4 kg
Größe: 35–40 cm
Jungtiere: 3–13

Ku | 10–18 Jahre 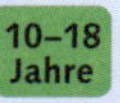 

Feldsperling
Passer montanus
Ordnung: Sperlingsvögel
Gewicht: 20–39 g
Größe: 14–15 cm
Jungtiere: 3–5

Ku | 5–10 Jahre 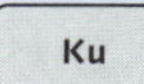 

Weinbergschnecke
Helix pomatia
Klasse: Schnecken
Gewicht: 15–50 g
Größe: 3–5 cm
Jungtiere: 20–60

Ku | über 6 Jahre 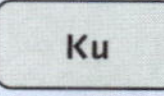 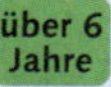

Hausmaus
Mus musculus
Ordnung: Nagetiere
Gewicht: 9–25 g
Größe: 7–10 cm
Jungtiere: 4–9

Ku | 2–4 Jahre 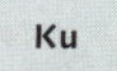 

Schleiereule

Die **Schleiereule** fliegt auf ihren Jagdflügen geräuschlos knapp über dem Boden. Am Tage verbirgt sie sich im dichten Wald und verlässt ihr Versteck erst nach der Dämmerung. Beobachtern verrät sich ihr Revier durch herumliegende „Gewölle", walzenförmige Gebilde aus herausgewürgten Fell- und Knochenresten kleiner Nagetiere, aus denen ihre Hauptnahrung besteht. Ihr Nest aus Ästen und Zweigen baut sie in Wäldern oder sie nistet in leer stehenden Gebäuden oder Türmen. Die Schleiereule liebt warm gemäßigte Gebiete. Bei uns gibt es sie eher selten.

Der **Feldsperling** ist ein weit verbreiteter Vogel. Er ist sogar mit dem afrikanischen Webervogel verwandt. Der ihm ähnliche Haussperling hält sich meistens in Städten und Dörfern auf. Bei der Platzwahl für sein Nest ist er sehr erfinderisch. Er nutzt Wandrisse und Balkenritzen, Dachrinnen, Vogelhäuschen oder leere Schwalbennester, brütet aber auch auf Bäumen, Strommasten oder unter Brücken. Für den Nestbau nutzt er zum Beispiel Fäden, Papiere, Pflanzenstiele oder Textilreste – alles, was sonst keiner mehr braucht.

Feldsperling

Weinbergschnecke

Die **Weinbergschnecke** ist eine der größten europäischen Schnecken. Ihr Häuschen aus Kalkmineralien hat 4–5 Rechtswindungen. Schneckenhäuser mit Linkswindungen, wie auf dem Bild zu sehen ist, gibt es höchstens einmal unter einer Million Schnecken. Diese Tiere kommen meist an Orten mit Kalkböden vor. Sie ernähren sich von Blättern und Pflanzen, die sie mit ihrer Raspelzunge zerkleinern. Schnecken sind Zwitter, also beiderlei Geschlechts. Die Eier, die einen Durchmesser von 1 mm haben, vergraben sie in der Erde.

Tiere, die wie die **Hausmaus** eng mit den Menschen zusammenleben, nennt man Kulturfolger. Ihre Anpassungsfähigkeit kennt kaum Grenzen. Sie kann in ständiger Dunkelheit ebenso wie in Kühlhallen mit Temperaturen unter dem Gefrierpunkt überleben. In Häusern ist sie nicht gerade beliebt. Sie nagt alles Fressbare an und verschmutzt ihr Revier mit ihrem Urin und dem bekannten „Mäusedreck". Mit ihren Ausscheidungen können sich auch Krankheitserreger verbreiten. Ihre Fruchtbarkeit ist sprichwörtlich. Schon 7 Wochen nach der Geburt sind die Weibchen geschlechtsreif. Pro Wurf bekommen sie 4–8 Junge, und das bis zu achtmal im Jahr!
Ein anderes Nagetier ist die Wanderratte. Sie stammt aus den Sümpfen Südostasiens, von wo sie sich im Mittelalter durch den Schiffsverkehr und später durch den Eisenbahnverkehr über die ganze Welt verbreitet hat. Sie übertrug im Mittelalter die Pest, weil auf ihr Flöhe nisteten, die den Pesterreger in sich trugen.

Hausmaus

ASIEN

Fläche: 41 410 000 km²
Küstenlänge: ca. 69 000 km
Höchster Berg: Mt. Everest
(8848 m)
Niedrigster Ort: Totes Meer
(−394 m)
Längster Fluss: Yangtze
(6300 km)
Größter See: Kaspisches Meer
(371 000 km²)
Größte Insel: Borneo
(734 000 km²)
Einwohnerzahl: 3,15 Milliarden

Tu – Tundra

Ta – Taiga

La – Laub- und Mischwälder

Tr – Tropische Regenwälder

St – Steppen und Waldsteppen

Wü – Wüsten und Halbwüsten

Ma – Mangroven

Ge – Gebirge und Hochgebirge

Das Land der aufgehenden Sonne oder auch „asu" nannten die alten Assyrer das riesige Festland, über dem jeden Tag die Leben spendende Sonne aufging. Heute nennen wir diesen Erdteil, der ein Drittel des gesamten Festlands einnimmt, Asien. Er ist ungefähr viermal so groß wie Europa. Dem entspricht auch das abwechslungsreiche Gesicht dieses Kontinents. Hier finden wir unzugängliche Gebiete wie die sibirische Taiga, rauchende Vulkane, endlose Steppen, liebliche Heiden, lange Ströme und Seen in Meeresgröße, die höchsten Gebirge und die am tiefsten gelegenen Orte der Erde, undurchdringliche tropische Urwälder und lebensfeindliche Sandwüsten.

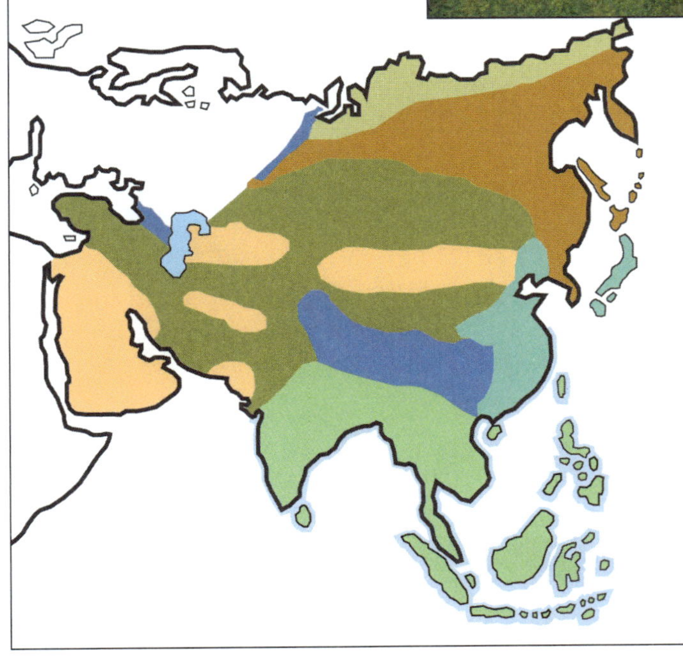

Unglückshäher

Asien ist von Nordamerika durch eine 70–90 km breite Meerenge, die Beringstraße, getrennt. Die Grenze zu Afrika bilden das Rote Meer und der Suezkanal. Unklarheiten bleiben nur zwischen Europa und Asien, denn Meinungen, wo Asien beginnt und Europa aufhört, sind verschieden. Im Allgemeinen akzeptiert sind der Ural und der Bosporos. In drei Himmelsrichtungen stößt Asien an drei Ozeane: Im Norden an das Nordpolarmeer, im Osten und Südosten an den Pazifischen Ozean und im Süden an den Indischen Ozean. Die asiatische Küste ist ca. 80 000 km lang. Die wichtigsten Halbinseln sind Taimir, Tschuktschen-Halbinsel, Kamtschatka, Korea, Malaysia, Vorderindien, Kleinasien und die Arabische Halbinsel. Außerhalb des Festlands gehören auch die Inseln Sachalin, Taiwan, Sri Lanka (früher Ceylon) sowie viele Inselgruppen, auf denen sich Staaten wie Japan oder die Philippinen befinden, zu Asien. Bei dieser Fläche gibt es auch viele unterschiedliche Klimazonen. Die höchste Lufttemperatur von 50,5 °C wurde in Bagdad gemessen und die niedrigste mit −78 °C in Ostsibirien bei Werchojansk. Den unglaublichen Unterschied von 130 °C gibt es sonst nirgendwo auf der Welt, nicht einmal in der Antarktis. Typisch für Südostasien sind die Monsune. Sommerwinde wehen vom Meer und bringen Regenwolken mit sich. Die Regenzeit beginnt. Im Winter dagegen strömt trockene und kalte Luft vom Binnenland nach Süden. Es herrscht Trockenzeit. Nordsibirien ist der „Kühlschrank" Asiens, denn in seiner Tundra herrscht Dauerfrost mit fast ganzjährig gefrorenem Boden. Südlich davon erstreckt sich der Taiga-Gürtel mit seinen Nadelwäldern. Zwischen ihm und den Hochgebirgen ist das Klima sehr trocken und es gibt verbreitet Wüsten und Halbwüsten. Südlich des Himalajas beginnen die Subtropen und Tropen mit Trocken- und Regenwäldern. Damit ist auch die abwechslungsreiche Welt der Pflanzen und Tiere verbunden. Die Zoologen teilen Asien in zwei tiergeografische Hauptgebiete auf. Das nördlich gelegene Paläarktische Gebiet umfasst außer einem großen Teil Asiens auch Europa und Nordafrika (52 Millionen km²). In diesem Gebiet überwiegen das kalte und das gemäßigte Klima mit einer eher weniger abwechslungsreichen Tierwelt. Das Indomalayische Gebiet dagegen liegt südlich des Himalajas und ist zwar der Fläche nach klein (8 Millionen km²), aber die verschiedenen Landschaftstypen mit ihrer reichhaltigen Pflanzen- und Tierwelt zählen zu den „Schatzkammern" der Erde. Im größten Teil dieses Gebiets herrscht nämlich tropisches und subtropisches Klima, denn es wird vom Norden vor dem Einfluss des rauen kontinentalen Klimas durch die hohen Gebirge geschützt. Außerdem konzentrieren sich auf Asien drei Fünftel der Weltbevölkerung.

Das **Burunduk** oder **Sibirische Streifenhörnchen** ist ein Bewohner der Taiga. Auch am Tag ist das Tierchen flink und munter auf Nahrungssuche. Oft macht es mit einem lauten Pfeifen auf sich aufmerksam. Auf dem Speiseplan stehen vor allem Nüsse, Eicheln, Bucheckern und Samen von Tannenzapfen. In seinen Backentaschen sammelt es 5–10 kg dieser Früchte und versteckt sie als Vorrat für den langen Winter. Das Burunduk ist äußerst bewegungsfreudig. Es gibt kein Hindernis, das es nicht bewältigt. Es erkundet Höhlen, zwängt sich durch Felsspalten, springt von Ast zu Ast und klettert auf hohe Bäume. Wenn es in Gefahr ist, dann springt das Hörnchen auch aus einer Höhe von 30 m in die Tiefe, um seinem Verfolger zu entwischen. Es muss sich vor allem vor den Mardern in Acht nehmen.
Der **Zobel** gehört zu den Mardern und hat einen etwas kürzeren Schwanz, eine stumpfe Schnauze, größere Ohrmuscheln und mit Fell bedeckte Pfoten. Er klettert nicht auf Bäume, sondern hält sich lieber auf dem Boden auf, sogar im tiefen Schnee.

Burunduk oder **Sibirisches Streifenhörnchen**
Tamias sibiricus
Ordnung: Nagetiere
Gewicht: 50–120 g
Größe: 13–16 cm
Jungtiere: 4–6

5–7 Jahre | Ta | 10–15 Jahre

Zobel
Martes zibellina
Ordnung: Raubtiere
Gewicht: 0,7–1,8 kg
Größe: 35–56 cm
Jungtiere: 1–5

*Hainparadies-
schnäpper*

Der **Hainparadiesschnäpper** ist ein Insekten fressender Vogel. Während das Weibchen und die jungen Männchen eher rostbraun sind, erstrahlt das Federkleid der Männchen nach dem vierten Lebensjahr in vielen Farben. Das auffälligste Merkmal sind jedoch die sichelförmigen Schwanzfedern, die während des Flugs flattern. Aus den feuchten schattigen Wäldern kommt der Hainparadiesschnäpper gerne auf Plantagen und in Gärten. Er gehört nicht zu den Zugvögeln und hält sich in den meisten Gebieten, in denen er vorkommt, das ganze Jahr über auf. Insekten fängt er weniger auf der Erde als im Flug. Seine körbchenförmigen Nester baut er aus Gräsern und feinen Zweigen, die er mit Moos und Spinnweben auskleidet.

Der **Dollarvogel** hat einen kurzen, flachen und an der Wurzel breit ansetzenden Schnabel. Weibchen und Männchen unterscheiden sich kaum in der Farbgebung. Der Dollarvogel hält sich in lichten Laubwäldern der gemäßigten Klimazone sowie in den Tropen auf. Stundenlang sitzt er auf Ästen. Wenn er ein Insekt erblickt, verfolgt er es im Sturzflug, schnappt es und setzt sich danach wieder auf den gleichen Platz. Typisch für diesen Vogel ist seine Beweglichkeit im Flug, selbst die Paarung findet in der Luft statt. Auf seinem Hochzeitsflug führt er verschiedene Kunstflugfiguren vor, die von einem besonderen Geschrei begleitet werden. Im Flug kann man in der Mitte des Flügels einen hellen, silberblauen, kreisförmigen Fleck sehen. Daher stammt auch der Name „Dollarvogel". Er nistet in natürlichen Hohlräumen von Laubbäumen.

Der **Unglückshäher** ist ein typischer Bewohner der eurasischen Taiga. Für einen Häher erreicht er nur eine bescheidene Größe, denn er ist um ein Drittel kleiner als unsere Häher. Die Lautstärke seiner Stimme allerdings ist anderen Hähern ebenbürtig. Er fliegt schnell und leise, wobei er seine Schwanzfedern wie einen Fächer auseinander zieht. Dieser Vogel ernährt sich von Zapfensamen, die er mit seinem kegelförmigen Schnabel herauspickt. Im Frühling plündert er oft die Nester anderer Vögel. Sein Nest baut er in einer geringen Höhe von 2–6 m. Wenn die Jungen des Unglückshähers das Nest verlassen, liegt in der Taiga oft noch Schnee. Deshalb polstern die Vogeleltern das Nest vorsorglich mit einer wärmenden Lage aus Moos, Federn und Haaren, die sie im Wald aufsammeln.

Unglückshäher

Hainparadiesschnäpper
Terpsiphone paradisi
Ordnung: Sperlingsvögel
Gewicht: 60–75 g
Größe: 20 cm
Jungtiere: 3–4

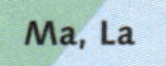

Dollarvogel
Eurystomus orientalis
Ordnung: Rackenvögel
Gewicht: 85–130 g
Größe: 25–34 cm
Jungtiere: 3–4

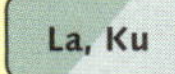

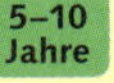

Dollarvogel

Unglückshäher
Perisoreus infaustus
Ordnung: Sperlingsvögel
Gewicht: 73–90 g
Größe: 30–31 cm
Jungtiere: 3–4

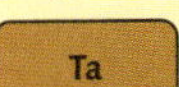

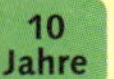

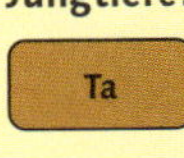

Goldstumpfnase
Pygathrix roxellana
Ordnung: Primaten
Gewicht: 10–15 kg
Größe: 57–76 cm
Jungtiere: 1–2

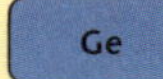  
Ge | 20–30 Jahre

Schneeleopard
Uncia uncia
Ordnung: Raubtiere
Gewicht: 25–75 kg
Größe: 1–1,3 m
Jungtiere: 2–3 (1–5)

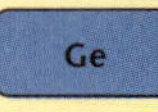 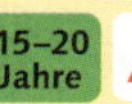 
Ge | 15–20 Jahre

Bartgeier
Gypaetus barbatus
Ordnung: Greifvogel
Gewicht: 4–7 kg
Größe: 1–1,1 m
Jungtiere: 1–2

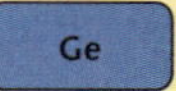 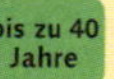
Ge | bis zu 40 Jahre

Goldstumpfnase

Die seltene **Goldstumpfnase** bewohnt als einziger Halbaffe Nadelwälder hoch im Yun-Ling-Gebirge im Süden Chinas. Nicht einmal hoher Schnee und eisiger Wind bringen ihn dazu, nach unten zu steigen. Sein dickes Fell schützt ihn vor Kälte. Er ernährt sich von Flechten, die in Fahnen an den Ästen hängen. Auch wenn die Flechten nicht gerade schmackhaft aussehen, sind sie für diese Tiere eine leicht erreichbare Nahrung, die sie auch gut verdauen können. Da die Flechten recht langsam wachsen, im Jahr kaum einen Zentimeter, müssen die Affen sie sehr vorsichtig „ernten" und deshalb benötigen die Goldstumpfnasen sehr große Gebiete. In Trupps bis zu 180 Tieren bewegen sie sich auf einem Gebiet von 40 km², das viel größer ist als bei seinen verwandten Affen, die in tropischen Regenwäldern leben.

Asien wird von riesigen **Hochgebirgen** durchzogen, die sich inmitten des Kontinents im so genannten Pamirknoten treffen. Mit Recht nennt man es das „Dach der Welt". Nach Westen hin erstreckt sich eine Kette über den Hindukusch, den nordiranischen Elburs bis zum Kaukasus. Nach Osten gibt es drei Gebirgsketten: Die nördlichste davon besteht aus dem Tien Shan, Altai und den Gebirgszügen am Baikalsee, die mittlere wird von der Kun Lun-Kette gebildet und der südliche Ast ist der mächtigste mit Karakorum, Himalaja und den ostchinesischen Gebirgsstöcken. Zwischen diesen langen Ketten liegen oftmals karge Hochebenen, deren größte und bekannteste das Hochland von Tibet ist. Die Naturverhältnisse der einzelnen Teilgebirge unterscheiden sich je nach Richtung der Hauptkämme, nach Neigung der Abhänge, nach den Klimabedingungen und vielen anderen Umständen. Während im Himalaja die Schneegrenze in ungefähr 4500 m Höhe liegt, befindet sie sich in Mittelasien (Karakorum) um 2000 m höher und in Kleinasien (Taurus) nur 3500 m über dem Meeresspiegel.

Schneeleopard

Der schnelle und bewegliche **Schneeleopard** überquert mit Leichtigkeit einen 10 m breiten Graben. Er bewegt sich sehr leise, weil seine Pfoten mit dichtem Fell bewachsen sind. Sein hochwertiges Fell mit den 5 cm langen Haaren ist typisch für ihn, da er das ganze Jahr über der Waldgrenze lebt. Auf seine Beute lauert er in einem Versteck, oder er schleicht sich von hinten an. Wenn er bei der Jagd nach Steinböcken oder Wildschafen nicht erfolgreich ist, jagt er Fasane oder Hasen. Es kommt aber auch vor, dass er in die Herden von Hausschafen und Hausziegen einbricht. Ein Schneeleopard bejagt eine Fläche von über 30 km².

Der **Bartgeier** bewohnt die Hochgebirge und ist auf Grund des geringen Gewichts ein ausgezeichneter Segler. Wenn er die schmalen und spitzen Flügel auseinander streckt, erreicht er eine Breite von 3 m. Auffällig sind sein starker Schnabel und die Beine. Hauptsächlich ernährt er sich von den Knochen verunglückter Tiere, deren Kadaver er auf seinen ausgedehnten Rundflügen mit seinem ausgezeichneten Scharfblick zielsicher auffindet. Die großen, hohlen Knochen lässt er auf Felsen hinabfallen, damit sie auseinander brechen, um dann die zerbrochenen Stücke zu schlucken. Auf diese Weise zerkleinert er selbst Schildkröten.

Bartgeier

Der **Große Panda** ernährt sich fast nur von Bambussprossen und Blättern und ist damit ein Vegetarier unter den Raubtieren. Er füllt seinen Speiseplan nur sehr selten mit anderen Pflanzen auf. Kein anderes Säugetier außer ihm und dem Rotpanda hat einen „sechsten Finger", den verlängerten Handwurzelknochen, mit dem er sehr geschickt den Bambus festhält. Auf Grund des geringen Nährwerts muss der Große Panda täglich die Hälfte seines Gewichts an Bambus vertilgen. Man muss sich also nicht wundern, dass er sich zwei Drittel seines Lebens, also 15 Stunden am Tag, dem „Futtern" widmet. In der Natur leben höchstens noch 1500–2000 Große Pandas. Wegen seines schönen Aussehens ist der Große Panda zum Symbol für alle vom Aussterben bedrohten Tiere geworden.

Großer Panda
Ailuropoda melanoleuca
Ordnung: Raubtiere
Gewicht: 75–160 kg
Größe: 1,2–1,5 m
Jungtiere: 1–2

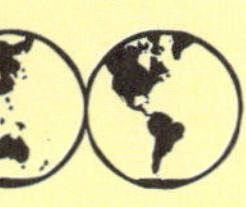

Kragenbär
Ursus thibetanus
Ordnung: Raubtiere
Gewicht: 40–170 kg
Größe: 1,2–1,8 m
Jungtiere: 1–3

Kragenbär

Der **Kragenbär** ist in den mittelasiatischen Gebirgen zu Hause. Sehr geschickt klettert er auf Bäume und sucht sich dort den Großteil seiner Nahrung. Er ist hauptsächlich Vegetarier und frisst junge Pflanzen, vor allem Bambus, Eichen, Vogelbeeren, Nüsse und andere Beeren, Früchte und Wurzeln. Wenn er ein Bienennest findet, leckt er den Honig bis zum letzten Tropfen aus. Er meidet Fleisch als Nahrung und frisst höchstens Aasfleisch, das er findet. Den Winter verbringt der Kragenbär in seiner Höhle, die er erst im April wieder verlässt.

Großer Panda

Himalaja-Agame
Laudakia himalayana
Ordnung: Schuppen-
kriechtiere
Gewicht: bis zu 60 g
Größe: 30 cm
Jungtiere: 5–7

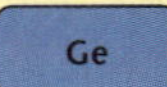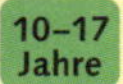

Ge | 10–17 Jahre

Tigerpython
Python morulus
Ordnung: Schuppen-
kriechtier
Gewicht: über 100 kg
Größe: 6 (8) m
Jungtiere: 20–80

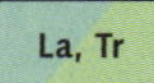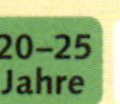

La, Tr | 20–25 Jahre

Die **Himalaja-Agame** kann man bis in einer Höhe von 3000 m antreffen. Neben ihrer Verbreitung im Himalaja besiedelt sie noch andere Gebirge in Mittelasien. Minutenlang sitzt die Echse regungslos an einem Ort, den gehobenem Oberkörper von den Vorderbeinen gestützt, was eine typische Stellung für sie ist. Es ist nicht leicht, sich an sie heranzuschleichen, denn sie nimmt die kleinste Bewegung auf große Entfernung wahr. Auf Felsen und Steinen bewegt sie sich äußerst flink und geschickt. Sie ist hinter Insekten her, besonders den Fliegen, Käfern, Ameisen und Grashüpfern. Gelegentlich bessert sie ihren Speiseplan mit Beeren und Grünpflanzen auf.

Himalaja-Agame

Quer über das Binnenland Asiens von Westsibirien über die Mongolei bis nach China verläuft die Vegetationszone der **Steppen**. Typisch für die Steppen ist die zusammenhängende Grasdecke, die im Norden oder am Fuß der südlich gelegenen Hochgebirge in die Waldsteppen übergeht. Die für die Landwirtschaft reichsten Steppen befinden sich in Westsibirien auf fruchtbaren Schwarzerdeböden. Zur Mitte des Kontinents hin wird der Boden immer nährstoff- und wasserärmer, die Gräser werden immer kleiner und seltener, bis die Steppe in eine **Halbwüste** übergeht. Die Fauna in der so genannten Langgrassteppe ist sehr reichhaltig entwickelt, weil sie eine unerschöpfliche Menge von Grünpflanzen aufweist. Es leben nicht besonders viele Tierarten in der Steppe, aber dafür sind sie in diesem Gebiet sehr zahlreich vertreten. Außer den Huftieren finden wir noch Boden bewohnende Nagetiere, Samen fressende Vögel, Eidechsen und Wanderheuschrecken. Die ursprüngliche Steppe ist einer vom Menschen stark beeinflussten Kultursteppenlandschaft gewichen.

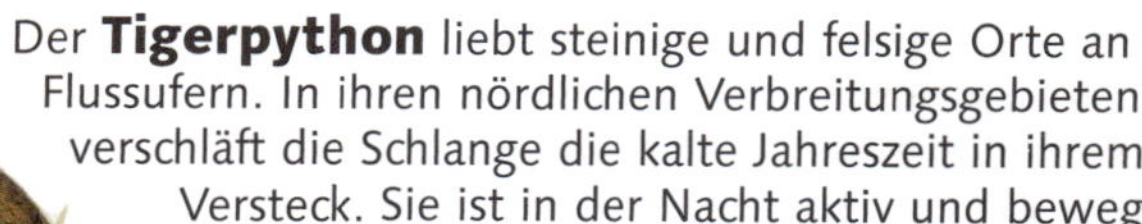

Der **Tigerpython** liebt steinige und felsige Orte an Flussufern. In ihren nördlichen Verbreitungsgebieten verschläft die Schlange die kalte Jahreszeit in ihrem Versteck. Sie ist in der Nacht aktiv und bewegt sich eher auf Bäumen als auf der Erde. Sie jagt verschiedene Wirbeltiere. Als typische Würgeschlange erfasst sie ihre Beute mit dem Maul, umschlingt sie und erstickt sie. Das Opfer schluckt sie im Ganzen herunter, denn die Kieferknochen sind aus ihrer Gelenkverankerung lösbar und der Schlund ist sehr weit dehnbar. Das Weibchen, das seine lederartigen Eier behütet und wärmt, was bis zu zwei Monaten dauern kann, frisst in dieser Zeit nicht. Es verlässt seine Eier nur kurz, wenn es sich zum Trinken schlängelt oder sich in der Sonne zusätzlich aufwärmen möchte, um eine höhere Körpertemperatur zu erreichen.

Der **Wildjak** ist das größte Tier der zentralasiatischen Gebirge. Er steigt
bis in Höhen von 6100 m über dem Meeresspiegel auf. Nur die Pfeifhasen
leben in noch höheren Regionen. Beim Wildjak stechen zwei Dinge ins Auge:
Die bis zu 90 cm langen, sich zur Seite drehenden Hörner sowie das dichte,
feine, lange, bis zur Erde reichende Fell. Dieses Fell ermöglicht dem Wildjak
die extremen Winter mit bis zu –40 °C zu überstehen. Wenn er im Sommer
haart, verliert er sein Fell in großen Büscheln. Auch wenn der Wildjak äußerlich etwas unbeweglich wirkt, läuft er auf steilen Gebirgshängen genauso
gut wie Gebirgsschafe, wenn auch viel langsamer. Was die Nahrung anbelangt,
sind die Tiere sehr genügsam und grasen alles ab, was ihnen die karge Natur
in diesen Gegenden anbietet. Kurze Gräser, Kräuter und Flechten stehen auf
dem Speiseplan. Normalerweise bilden 20–200 Tiere eine Herde und nur
selten sind es mehr. Alte Männchen leben allein oder in einer „Männergesell-
schaft". Früher lebte der Wildjak in großen Herden in Tibet und im Himalaja.
Heute ist er sehr selten. Fast überall hat ihn der Hausjak ersetzt, der von
den Menschen in diesen Gebieten wegen des Fleisches, der Milch, der Wolle,
der Haut, des Kots (getrockneter Kot dient zum Heizen) und als Arbeitstier
gezüchtet wird.

Wildjak

Wildjak
Bos mutus
Ordnung: Paarhufer
Gewicht: 600–800 kg
Größe: 3,2–3,5 m
Jungtiere: 1

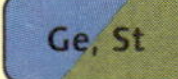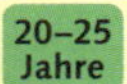

Takin
Budorcas taxicolor
Ordnung: Paarhufer
Gewicht: 250–350 kg
Größe: 1–1,4 m
Jungtiere: 1

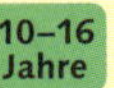

Der **Takin** ähnelt in seinem Körperbau einer Gämse. Er hat einen untersetzten,
etwa 1 m hohen Körper mit quer nach hinten geneigtem Rücken, einen
kurzen Schwanz und dickes, dichtes Fell. Weibchen und Männchen haben
starke leierförmige Hörner, die 60 cm lang sind. Kleine Takin-Gruppen
vereinen sich oft zu großen Herden, in denen einige hundert Tiere leben.
Fast das ganze Jahr leben die Takine in den schwer zugänglichen, meist
nebeligen Gebirgstälern Chinas mit dichten Rhododendron- und
Bambusgewächsen, die in Gebieten von 2000–3000 m über dem
Meeresspiegel wachsen. Sie können ohne Probleme die steilen
Hänge bewältigen. Im Sommer grasen sie auf Gebirgsweiden
oder steigen bis über die Waldgrenze (4500 über dem
Meeresspiegel) auf. Im Winter ernähren sie sich von
Sprossen und Astrinde. Ihre abgeschiedene Lebensweise und ihre scheue Art sind dafür verantwortlich,
dass diese Tierart nur wenig bekannt ist. In Gefangenschaft werden diese Tiere sehr selten genommen,
aber wenn sie gut gepflegt werden, können sie sich
dort sogar vermehren.

Takin

Blauvogel
Irena puella
Ordnung: Sperlingsvögel
Gewicht: 60–80 g
Größe: 25–30 cm
Jungtiere: 2 (3)

Tiger
Panthera tigris
Ordnung: Raubtiere
Gewicht: 65–300 kg
Größe: 1,4–2,8 m
Jungtiere: 2–3 (1–6)

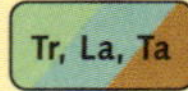 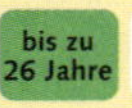 

Blauvogel

Der **Blauvogel** ernährt sich von Früchten, Knospen und Samen. In den dichten Wäldern ist das Männchen relativ unauffällig, aber wenn es auf freie Plätze fliegt und von der Sonne angestrahlt wird, wirken seine Federn wie glänzender Stahl. Das Weibchen ist unauffällig graugrün gefärbt. Zum Nestbau legt der Blauvogel entweder die Eier in ein schüsselförmiges Nest, oder er legt sie auf einen einfachen Platz, den er mit Ästen umgibt. Die Blauvögel leben nur in Asien und dort sind 14 Arten bekannt.

Der **Tiger**, die größte Wildkatze, lebt nur in Asien. Er braucht Gebiete mit zahlreichen Versteckmöglichkeiten, viel Nahrung und Wasser, in dem er gern badet. Das Klima schränkt ihn nicht ein. Er passt sich an die Wärme der Tropen und an die sibirische Kälte an. Er führt ein eher einzelgängerisches Leben auf einem Gebiet, das bis zu 100 km² Fläche und mehr hat. Beim Jagen lässt er sich durch sein scharfes Gehör und seinen feinen Geruchssinn leiten. Seine Hauptnahrung besteht aus Huftieren wie Schweinen, Antilopen, Hirschen und Büffeln, manchmal auch aus Haustieren. Am Tag braucht er 18 kg Fleisch. Einige wenige Exemplare fressen auch Menschen („man eater"). Im 20. Jahrhundert sank die Anzahl der Tiger um 95 % auf gegenwärtig 7500 Tiere. Tiger aus verschiedenen Gebieten, von unterschiedlicher Größe und Verfärbung brachten die Zoologen dazu, weitere acht Unterarten zu beschreiben. Der größte von ihnen ist der Sibirische Tiger (auch Amur- oder Ussuritiger genannt), der in den Flussgebieten des Amurs lebt und mit einem dichten Fell, das bis zu 10 cm lang sein kann, ausgestattet ist. Der Indische Tiger ist die häufigste Unterart und lebt in Vorderindien und im nordwestlichen Burma. Der mittelasiatische Turantiger ist wahrscheinlich schon 1970 ausgestorben.

Tiger

Rotschnabelkitta

Die **Rotschnabelkitta** ist im südöstlichen Asien das attraktivere Abbild unserer Elster. Sie fliegt genauso ruckartig, springt auf dem Boden mit erhobenem Schwanz herum und schreit mit einer krächzenden Stimme. Sie ist sehr aufmerksam und mit einem Warnruf verrät sie sich nähernden Raubtieren und Menschen. Sie ernährt sich von kleinen Bodentieren und fleischigen Früchten, die sie auf der Erde sucht. Die Rotschnabelkitta wird sehr oft in Gefangenschaft gezüchtet.

Wenn man die Vögel der asiatischen Gebirge aufzählt, sollte man die Fasane nicht vergessen, von denen es fast 50 Arten gibt. Die Männchen tragen stets bunte Farben, die Weibchen sind eher unauffällig. Einige Arten sind durch ihr vielfältiges Federkleid, die Federhaube, den Halskragen und die Schwanzfedern so unterschiedlich, dass man kaum sagen kann, wer von ihnen am schönsten ist. Einer der möglichen Gewinner könnte der **Diamantfasan** sein, der einen über 1 m langen Schwanz hat. Er kommt in Bambuswäldern vor. Außerhalb der Brutzeit lebt er einsam, im Winter leben die Vögel in kleinen Gruppen. Der **Königsfasan** hat einen noch längeren Schwanz, der eine Länge von 1,5–1,8 m erreicht. Er ist sozial sehr unverträglich und verjagt andere Fasane aus seiner Umgebung. Der Schwanz des **Silberfasans** misst höchstens 75 cm und die Form der Federn erinnert uns an einen Haushahn. Im Himalaja ist er weit verbreitet.

West-Satyrhuhn

Königsfasan

Silberfasan

Glanzfasan

Der **Glanzfasan** ist ein weiterer Kandidat für den Titel „schönster Fasan". Seine Federn glänzen je nach Lichtfall in vielen Farben, seinen Kopf schmücken fächerförmige Haubenfedern, die am Ende breiter werden. Das **Satyrhuhn** ist durch den kahlen Kehlbeutel und lange Auswüchse über dem Auge, die es in der Balzzeit anhebt, gekennzeichnet. Ein typisches Merkmal sind die hellen Tupfen auf dunklem Untergrund, die fast über den ganzen Körper verteilt sind. Im westlichen Teil des Himalaja leben nur etwa 5000 Exemplare dieser Tiere.

Diamantfasan

Rotschnabelkitta
Urocissa erythrorhyncha
Ordnung: Sperlingsvögel
Gewicht: 220–230 g
Größe: 66–78 cm
Jungtiere: 3–5

La, Ge

Diamantfasan
Chrysolophus amherstiae
Königsfasan ▲
Syrmaticus reevesii
Silberfasan
Lophura nycthemera
Glanzfasan
Lophophorus impejanus
West-Satyrhuhn ▲
Tragopan melanocephalus
Ordnung: Hühnervögel
Gewicht: 0,5–2,5 kg
Größe: 60–210 cm
Jungtiere: 2–12

La, Ge   2–12 Jahre

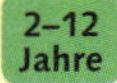

Rothund

Der **Rothund** ist ein Wildhund und gehört zu den hundeartigen Raubtieren wie Wolf, Schakal oder Kojote. Im Rudel, das 5–30 Tiere zählen kann, gehen die Tiere auf Hetzjagd nach Hasen, Vögeln, Wildschweinen und Rotwild. Selbst vor größeren Raubtieren haben sie wenig Respekt und versuchen mitunter, ihnen die Beute abzunehmen. In gegliederten Landschaften, die er bevorzugt, nutzt er natürliche Verstecke wie Höhlen, Felsvorsprünge und die dichte Vegetation als Deckung aus. Zur Aufzucht ihrer Jungen graben sie sich bis zu 30 m lange Höhlenlabyrinthe, die dann von vielen Generationen genutzt werden. Weil die Rothunde auch Schafe und Ziegen jagen, werden sie von den Menschen verfolgt. In manchen Gebieten hat man sie bereits vertrieben, dort kommen sie nur noch selten vor.

Rothund
Cuon alpinus
Ordnung: Raubtiere
Gewicht: 15–21 kg
Größe: 0,8–1,1 m
Jungtiere: 4–6 (2–9)

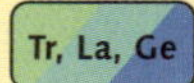 Tr, La, Ge 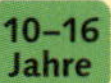 10–16 Jahre

Gebänderter Krait
Bungarus fasciatus
Ordnung: Schuppenkriechtiere
Gewicht: bis 1 kg
Größe: bis 2,1 m
Jungtiere: 6–15

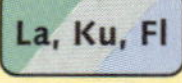 La, Ku, Fl 

Rattenigel
Echinosorex gymnurus
Ordnung: Insektenfresser
Gewicht: 0,5–2 kg
Größe: 25–46 cm
Jungtiere: 1–2

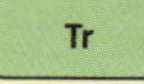 Tr 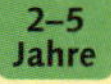 2–5 Jahre

Die **Laubwälder** der gemäßigten Klimazone in Asien erstrecken sich größtenteils von der Mandschurei bis Korea, nach Sachalin und den Kurilen und bis hin zu den Japanischen Inseln. Die wichtigsten Baumarten sind Buche, Ahorn, Hainbuche, Ulme, Linde, Hasel, Esche, Götterbaum, Kastanie sowie andere Nussbaumarten. In diesen Gegenden wachsen auch sehr viele Straucharten, die wir aus unseren Gärten und Parks kennen. Kletterpflanzen wie die Waldrebe umschlingen mit ihren Ranken andere Bäume und Sträucher. Das dichte Unterholz, durchsetzt von Farnen und Moosen, ist die Folge der ganzjährigen Niederschläge. Im Fernen Osten Asiens fehlen West-Ost verlaufende Gebirge, sodass dieser Teil des Kontinents dem Sommermonsun und im Winter den kalten arktischen Winden ausgesetzt ist. Die Folge davon ist, dass die Tierwelt des rauen Nordens und die südliche Fauna der Subtropen und Tropen in unmittelbarer Nachbarschaft zueinander lebt und miteinander verzahnt ist.

Der **Gebänderte Krait** hat ein auffällig gelb-schwarz gefärbtes Schuppenkleid, das als Warnfarbe zu deuten ist. Er gehört zu den giftigsten Schlangen Asiens. Dennoch zählt er eher zu den nicht aggressiven Schlangen. Vor allem am Tag ist er beißfaul, sodass ihn manche Menschen sogar in die Hand nehmen. In der Nacht, wenn er auf Jagd geht, kann er dem Menschen allerdings gefährlich werden, besonders wenn man ungewollt auf ihn tritt. Der Gebänderte Krait jagt kleine Wirbeltiere bis zur Größe einer Ratte und Fische. Die Giftzähne sind klein, weshalb er mehrfach zubeißt, um das Gift sicher in das Opfer zu injizieren.

Gebänderter Krait

Der **Rattenigel** gehört mit dem Tanrek aus Madagaskar zu den größten Insektenfressern überhaupt. Auf den ersten Blick glaubt man kaum, dass er etwas mit den Igeln gemein hat. An Stelle des üblichen Stachelkleids hat er ein grobes, borstiges Fell. Während er wegen Größe und Aussehen an eine Ratte erinnert, gleicht sein Verhalten eher einer Spitzmaus. Flink und ruckartig läuft er durch das Unterholz, um nach Nahrung zu suchen. Sein bevorzugter Lebensraum sind stark verwachsene Uferböschungen von Flüssen.

Rattenigel

Der **Asiatische Elefant** hat im Gegensatz zum Afrikanischen Elefanten kleinere, dreieckig geschnittene Ohrlappen, einen glatten Rüssel mit einem Fühlfinger, zwei auffällige Wölbungen auf dem Schädeldach und einen untersetzten Körper mit einem geraden oder leicht gewölbten Rücken. Die Stoßzähne fehlen nicht nur den Weibchen, sondern auch manchen Männchen. Die Verbreitung des Asiatischen Elefanten erstreckte sich einst vom Gelben Fluss in China bis nach Mesopotamien. Die gegenwärtige Population beträgt 30 000–40 000 Elefanten. Sein Lebensraum von gegenwärtig ca. 500 000 km² wird von Jahr zu Jahr kleiner. Zu seiner Nahrung gehören große Mengen Gras und auch Rinde, Äste, Blätter und Feldfrüchte. Sein täglicher Bedarf liegt bei 100–150 kg Nahrung und 60–180 Liter Wasser. Die Elefanten erreichen ein respektables Alter von 69 bis 77 Jahren. Die Tragezeit der Weibchen beträgt zwischen 20 und 22 Monaten. In Indien und anderen südasiatischen Ländern nutzt man die gezähmten Tiere hauptsächlich für Transportarbeiten, besonders in der Forstwirtschaft. Die Elefanten dienen auch Jägern und Besuchern der Nationalparks als Reittiere.

Asiatischer Elefant
Elephas maximus
Ordnung: Rüsseltiere
Gewicht: 2–5,4 t
Größe: 5,5–6,4 m
Jungtiere: 1

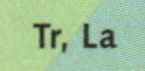 Tr, La 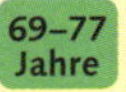 69–77 Jahre 

Mandarinente
Aix galericulata
Ordnung: Entenvögel
Gewicht: 0,4–0,5 kg
Größe: 41–51 cm
Jungtiere: 9–12

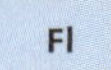 Fl 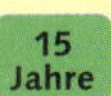 15 Jahre 

Asiatischer Elefant

Während die schöne **Mandarinente** oft als Ziervogel gezüchtet wird, ist sie in freier Natur eher seltener zu sehen. Zum Nisten braucht sie alte Baumhöhlen. Die frisch geschlüpften Entlein erwartet gleich die erste Lebensprüfung. Ohne Hilfe der Eltern müssen die Kleinen aus dem Nest springen, das manchmal 10 m hoch ist. Da sie sehr leicht sind und die harte Landung mit ihren Flügelbewegungen abbremsen, verläuft diese Prüfung meistens problemlos.

Mandarinente

Doppelhornvogel

Dem **Doppelhornvogel** schmecken überreife Feigen und andere Waldfrüchte, die er mit seinem bis zu 34 cm langen Schnabel pflückt, was auch von den dünnsten Ästen möglich ist. Die Nahrung verschlingt er nicht sofort, sondern er schleudert sie in die Luft und lässt die Frucht tief in den Hals fallen. Diese Vögel verbringen ihr Leben lang zusammen. In der Nistzeit mauert das Männchen sein Weibchen mit einer Mischung aus Lehm und Kot in eine kleine Baumhöhle ein. In diesem „Gefängnis" verbringt das Weibchen die Brutzeit sowie noch ein paar Tage nach dem Schlüpfen der Jungen. Das Männchen versorgt sie in dieser Zeit mit Nahrung. Auch wenn die Knochensubstanz auf dem monströsen Schnabel mit vielen Luftkammern durchsetzt ist, muss er aufpassen, dass er im ruhigen Zustand und vor allem im Flug nicht das Gleichgewicht verliert.

Der **Sambarhirsch** ist in Indien sowie in Südostasien und auf den vorgelagerten Inseln verbreitet. Außer mit seinem robusten Körperbau hebt er sich noch durch sein grobes Fell, seine großen Ohrmuscheln und sein einfach aufgebautes Geweih mit grober Oberfläche hervor. Die Jungtiere haben keine Flecken. Sie leben einzeln oder in Paaren, nur selten in kleinen Gruppen. Er gehört zu den häufig vorkommenden Hirschen, und im „Dschungelbuch" von R. Kipling wurde über ihn geschrieben. Im Gegensatz zum Sambarhirsch gehört der **Axishirsch** zu den schönsten Hirschen, vor allem wegen seines schlanken Körpers und der attraktiven Flecken, aber auch wegen seines elegant geformten Geweihs. Der Axis lebt bevorzugt in Herden, in denen sich beide Geschlechter mit über 100 Tieren aufhalten. Der **Muntjak** ist eine ganz andere Hirschart mit einem einfachen kleinen Geweih, das aus ungewöhnlichen Ansätzen herauswächst. Das Weibchen hat dagegen kleine Aufwölbungen, die mit pinselförmigen Haaren besetzt sind. Die Männchen haben überdies scharfe Spitzeckzähne, die aus dem Maul ragen. Im Gegensatz zum Axishirsch lebt der Muntjak einzelgängerisch, aber auch manchmal paarweise. Er macht mit einer scharfen „Stimme" auf sich aufmerksam, die durchaus an einen bellenden Hund erinnert. Deshalb werden sie oft auch die „bellenden Hirsche" genannt.

Die Ähnlichkeit zwischen dem **Bankivahuhn** und unseren Haushühnern ist kein Zufall, denn sie sind deren wilde Vorfahren. Wann es genau dazu kam, dass diese Vögel als Haustiere gezüchtet wurden, ist nicht bekannt. Es gibt Meinungen, die besagen, dass es ungefähr im 3. bis 2. Jahrhundert vor unserer Zeitrechnung geschah. Das wilde Bankivahuhn ist schlanker und die Hähne haben einen viel kleineren Kamm und fleischigere Läppchen an der Schnabelwurzel. Als scheue Vögel suchen sie dichtes Unterholz und undurchdringliche Bambusgehölze auf. Die meiste Zeit halten sich die Vögel auf dem Boden auf. In der Nacht suchen sie sich einen Schlafplatz hoch in den Ästen der Bäume.

Doppelhornvogel
Buceros bicornis
Ordnung: Rackenvögel
Gewicht: 3 kg
Größe: 1,2 m
Jungtiere: 1–3

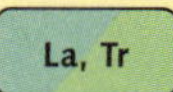 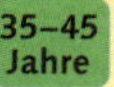
La, Tr | 35–45 Jahre

Sambarhirsch
Cervus unicolor
Ordnung: Paarhufer
Gewicht: 110–310 kg
Größe: 1,6–2,5 m
Jungtiere: 1

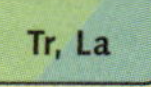 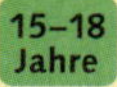
Tr, La | 15–18 Jahre

Axishirsch
Axis axis
Ordnung: Paarhufer
Gewicht: 87–110 kg
Größe: 1–1,8 m
Jungtiere: 1

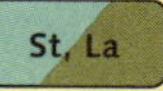 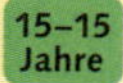
St, La | 15–15 Jahre

Muntjak
Muntiacus muntjak
Ordnung: Paarhufer
Gewicht: 14–35 kg
Größe: 0,8–1,3 m
Jungtiere: 1–2

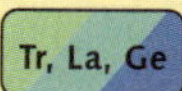 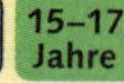
Tr, La, Ge | 15–17 Jahre

Sambarhirsch

Muntjak

Axishirsch

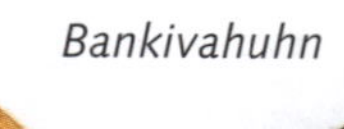
Bankivahuhn

Pfau

Bankivahuhn
Gallus gallus
Ordnung: Hühnervögel
Gewicht: 0,5–1,5 cm
Größe: 42–75 cm
Jungtiere: 4–9

Tr, La | 4–6 Jahre

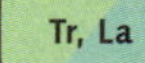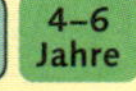

Pfau
Pavo cristatus
Ordnung: Hühnervögel
Gewicht: 3–6 kg
Größe: 0,9–2,3 m
Jungtiere: 6–6 (8)

La | 10 Jahre

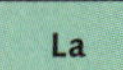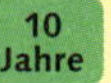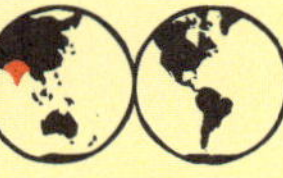

Bartaffe
Macaca silenus
Ordnung: Primaten
Gewicht: 5–10 kg
Größe: 45–61 cm
Jungtiere: 1

Tr, La | bis 20 Jahre

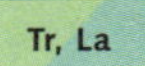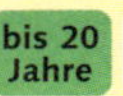

Der **Pfau** mit seiner Krone auf dem Kopf und mit seinen 1,5 m langen
Schwanzfedern, die er in der Balzzeit zu einem Fächer ausbreitet, tut sich mit
dieser prächtigen „Ausstattung" leicht, bei den Weibchen Aufmerksamkeit
zu wecken. Trotz des umfangreichen Schmucks kann er gut fliegen. Auch wenn
die Federn beim Gehen schnell abgenutzt werden, werden sie nur einmal im
Jahr erneuert. Die Menschen schreiben dem Pfau Stolz und Eitelkeit zu, was
aber nicht der Wahrheit entspricht. Vielmehr dient er den anderen Tieren
der indischen Wälder als Warnrufer. Er ist sehr vorsichtig und mit einem lauten
Schrei, ähnlich wie dem unserer Häher, warnt er vor Gefahr. Schon über drei
Jahrtausende lang züchtet man ihn als Hausvogel, der sich selbst vor jungen
Kobras nicht fürchtet.

Der **Bartaffe** ist die schönste und seltenste der 14 Makaken-Arten, die in
Süd- und Ostasien leben. Seinen Namen bekam er dank seiner dichten Mähne,
die bei den erwachsenen Männchen wie ein Mähnenkranz das ganze Gesicht
umrahmt. Der Schwanz ist ungefähr 30 cm lang und nur wenig mit Fell bedeckt. Am Schwanzende geht das Fell in lange Fransen über. Der Bartaffe
bewegt sich sehr geschickt auf Bäumen, wo er auch seine Nahrung wie
süße Feigen und andere Früchte sucht. In der freien Natur leben nur noch
höchstens 3500 dieser Affen. Das ist die Folge der dramatisch sinkenden
Waldbestände, die man Zug um Zug in Plantagen umwandelt. In Gefangenschaft wird er selten gehalten. Der häufigste der asiatischen Primaten
ist der Rhesusaffe. Er ist von Afghanistan bis Vietnam in den Monsunwäl-
dern sowie oft auch in der Nähe von Menschensiedlungen, in Tempeln, auf
Märkten und Straßen zu sehen. Er ist etwas kleiner als der Bartaffe und hat
keine Mähne. Man „benutzt" ihn oft in Laboratorien als Versuchstier.

Bartaffe

Baumschnüffler
Ahaetulla nasuta
Ordnung: Schuppen-
kriechtiere
Gewicht: bis 700 g
Größe: bis 1,5 m
Jungtiere: 8–23

Tr · ca. 10 Jahre

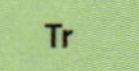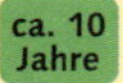

Indische Stabheu-
schrecke
Carausius morosus
Wandelndes Blatt
Phyllium siccifolium
Ordnung: Stabheuschrecken
Größe: 8–10 cm
Jungtiere: Hunderte

Tr, La · 0,5 Jahre

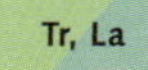

Brooke's Vogelflügler
Trogonoptera brookiana
Maack-Schwalben-
schwanz
Papilio maacki
Ordnung: Schmetterlinge
Flügelspanne: 10–20 cm
Jungtiere: Hunderte

Tr, La · 0,5 Jahre

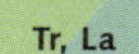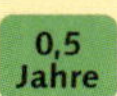

Flaggendrongo
Dicrurus paradiseus
Ordnung: Sperlingsvögel
Gewicht: ca. 300 g
Größe: 36–40 cm
Jungtiere: 3–4

La, Ku

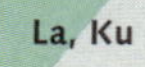

Laternenträger
Laternaria candelaria
Ordnung: Gleichflügler
Größe: 9 cm
Jungtiere: einige Hundert

La, Ku

Den **Baumschnüffler** rechnet man zu den geläufigsten Schlangen in Südostasien. Er ist ein geschickter Kletterer: Sein schlanker Körper schlingt sich um Äste, dabei ist er so flink und beweglich, dass er mit Schwung auf einen anderen Ast springt. In den Baumkronen geht er auf Jagd nach kleinen Wirbeltieren und Insekten, wobei er sich ganz auf seine Tarnfarben verlässt und mit einer schnellen Kopfbewegung seine Beute schnappt. Sein Gift wirkt nur auf kleine Tiere, für den Menschen ist es nicht gefährlich.

Die große Gruppe der wirbellosen Tiere übertrifft überall auf der Erde bei weitem die Gruppe der Wirbeltiere. Besonders die Untergruppe der Insekten fällt durch ihre Artenvielfalt, ihre hohe Individuenzahl, das oft ausgefallene Aussehen und die mitunter eigenartige Lebensweise ins Auge. Die flügellose **Indische Stabheuschrecke** sieht mit ihrem langen und dünnen Körper auf den ersten Blick wie ein kleiner Zweig aus. Da sie lange wie erstarrt ausharren kann, passt sie sich perfekt der Umgebung an. Erwähnenswert ist die Tatsache, dass sie sich durch unbefruchtete Eier vermehrt und dass sie die Fähigkeit besitzt, verlorene oder beschädigte Körperteile zu ersetzen. Ein anderer Meister der Tarnung ist das **Wandelnde Blatt** aus Sri Lanka. Färbung und

Gestalt seines Körpers und Teile der Beine ahmen perfekt die Blätter der Sträucher nach, auf denen es lebt. Sogar die Adern der Flügel verlaufen schräg zur Mitte der Flügeldecke, ähnlich wie die hervortretenden Adern an den Blättern. Der **Laternenträger**, eine Zikade, gehört zur Gruppe der Gleichflügler-Insekten und fällt auf wegen des außergewöhnlichen Dorns, der wie eine Laterne aus dem Kopf ragt. Das führte zu der falschen Annahme, dass das Insekt wie ein Glühwürmchen leuchtet. Der Name ist diesem Insekt gleichwohl geblieben. Die schönsten Exemplare des Insektenreichs finden wir unter den Schmetterlingen. Viele von ihnen erfreuen uns nicht nur wegen der bunten Farben, sondern auch wegen ihrer Größe. Beim **Brooke's Vogelflügler** entwickeln sich die Geschlechter unterschiedlich. Das Weibchen ist größer, in der Farbgebung aber eher unauffällig. Das Männchen dagegen ist kleiner, aber es schmücken verschiedene Farbornamentierungen. Brooke's Vogelflügler ist mit dem **Maack-Schwalbenschwanz** verwandt und er ist in Ostasien weit bis in den Norden zu sehen – dort, wo auch der Maack-Schwalbenschwanz zu Hause ist. Er lebt sogar auf den Kurilischen Inseln.

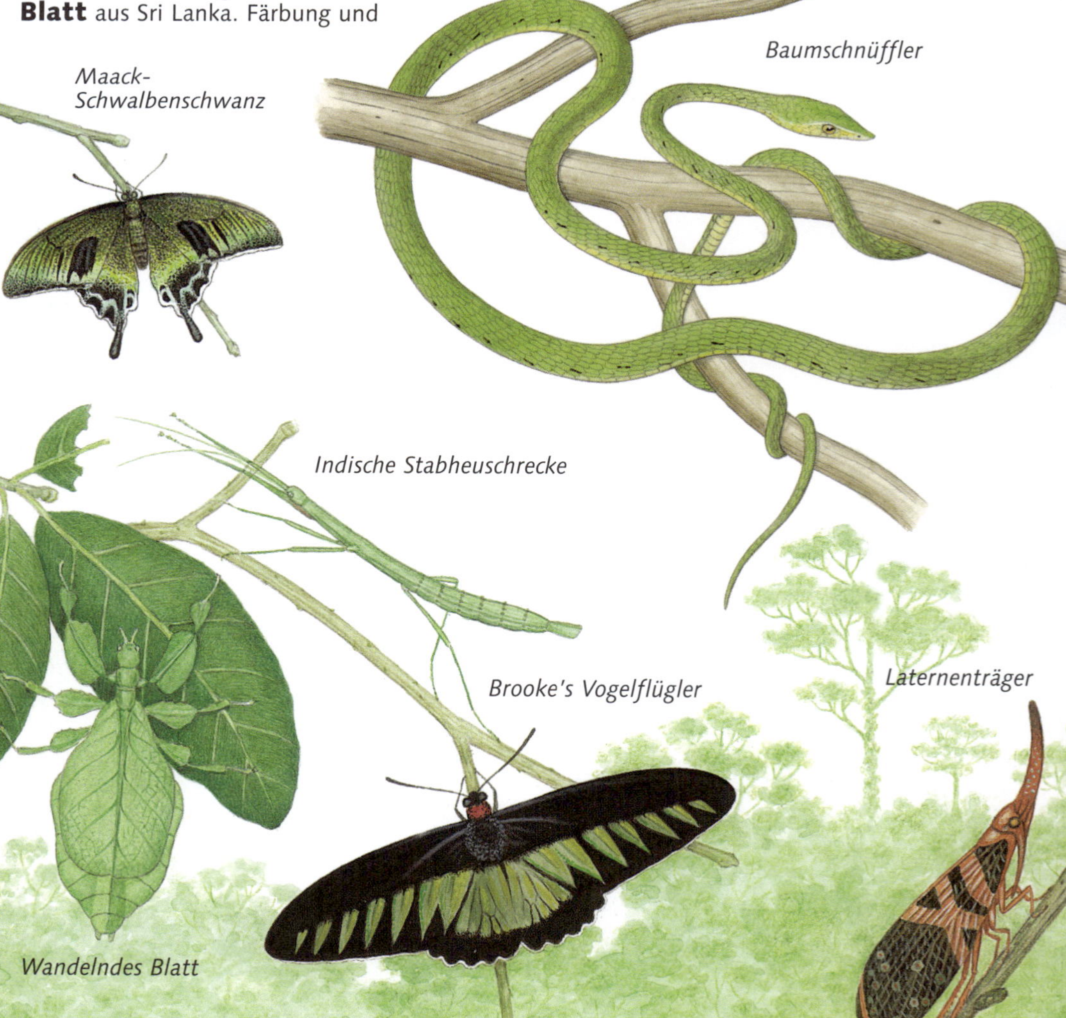

Maack-
Schwalbenschwanz

Baumschnüffler

Indische Stabheuschrecke

Brooke's Vogelflügler

Laternenträger

Wandelndes Blatt

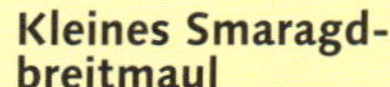

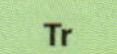
Flaggendrongo

Die Schwanzfederspitzen des **Flaggendrongos** setzen sich als lange dünne Kiele fort, an deren Ende sich kleine „Flaggen" befinden. Während seines wellenartigen Flugs flattern sie und geben ein summendes Geräusch von sich. Bemerkbar macht er sich durch eine laute, unmelodische Stimme und ein metallisch klingendes Rufen. Wenn ihm sein eigenes Repertoir auszugehen droht, dann ahmt er einfach andere Vogelstimmen nach. Keine Zeichnung, kein Foto kann den beeindruckenden Glanz und die Intensität der Farben wiedergeben, die das Federkleid des Männchens vom **Kleinen Smaragdbreitmaul** hat. Die Gruppe der Breitmäuler lebt nur in Südostasien. Sie bauen interessante Nester mit einem Nebeneingang, der wie ein Flur aussieht. Die Nester hängen sie an dünne Äste. Diese Vögel sind überwiegend Insektenfresser. Die Smaragdbreitmäuler machen davon eine Ausnahme und ernähren sich vor allem von weichen Früchten und Holzknospen.

In Süd- und Südostasien sowie den vor gelagerten Inseln sind die **Tropischen Wälder** weit verbreitet. Die ökologisch wertvollsten sind die Regenwälder. Die Ökologen nennen sie so, weil dort die Niederschläge ganzjährig fallen und 2000 bis 4000 mm im Jahr erreichen. Sie sind zusammenhängende, immergrüne Gewächse oder Gehölze, die nur teilweise ihre Blätter verlieren und sich gewöhnlich in drei Etagen gliedern. Die obere Etage bildet das Kronendach der großen Urwaldbäume, die 40–60 m hoch sind. Die mittlere Etage bildet eine zusammenhängende Grünzone in einer Höhe von 10–30 m. Nach unten folgt die bis zu 10 m reichende schattige untere Etage, mit einer eher kargen Vegetation. Die Vielfältigkeit der Tiere in den Regenwäldern ist erstaunlich. Viele von ihnen verbringen das ganze Leben hoch in den Bäumen und betreten so gut wie nie den Boden. Die Regenwälder gehören zu den Ökosystemen, die am meisten gefährdet sind. Durch das massive Abholzen wertvoller Baumriesen und den damit verbundenen Straßenbau für den Abtransport des Holzes sind bis heute große Teile der südostasiatischen Regenwälder vernichtet worden.

Der **Flugdrache** hat verlängerte und bewegliche Rippen, die in den Zwischenräumen eine dehnbare Haut besitzen. Wenn er die Rippen spreizt, dann sieht es aus, als breite er seine Flügel aus. Mit dieser Flughaut kann er bis zu 60 m weit segeln.

Der **Flugfrosch** hat Flughäute zwischen den Zehen seiner Gliedmaßen, die er beim Springen weit auseinander spreizt. Die Bäume verlässt er nicht einmal während der Zeit der Fortpflanzung, denn die Eier entwickeln sich in einem eigenartigen Schaumnest, das sich zwischen den Blättern der Bäume befindet.

Kleines Smaragdbreitmaul
Calyptomena viridis
Ordnung: Sperlingsvögel
Gewicht: 43–73 g
Größe: 18–19 cm
Jungtiere: 1–3

Tr

Kleines Smaragdbreitmaul

Flugfrosch
Rhacophorus nigropalmatus
Ordnung: Froschlurche
Gewicht: 10–15 g
Größe: 5–8,5 cm
Jungtiere: 50–100

Tr, La

Flugdrache
Draco volans
Ordnung: Schuppenkriechtiere
Gewicht: ca. 30 g
Größe: 20–22 cm
Jungtiere: 1–4

Tr | 1–5 Jahre

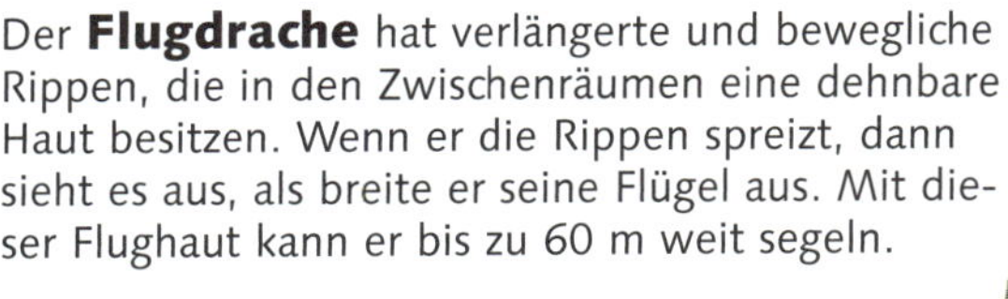

Flugfrosch

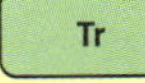

Flugdrache

Das in der Jugend niedliche, lebhafte Wesen mit einem Lausbubenausdruck in den Augen, das in den späteren Jahren zu einem eher faulen, nicht gerade schönen Urwaldmenschenaffen mit kahlen Fettläppchen an den Wangen und einem Ledersack am Hals reift, nennt man **Orang-Utan**. Außer dem dünnen rostroten Fell sind an ihm die langen Arme auffällig, die er zur Fortbewegung in den Baumkronen nutzt. Der einsam und zurückgezogen lebende Orang-Utan wohnt hoch in den Baumkronen, wo er schläft und sich ausruht. Manchmal baut er sich auch einen Ruheplatz aus Zweigen, Lianen, Sprossen und Blättern. Auf die Erde zieht es ihn nur bei seltenen Anlässen, wenn er etwa seinen Durst löschen möchte oder wenn er ein rivalisierendes Männchen verjagen muss. Er ernährt sich von reifen Feigen, Brotbaumfrüchten, Mangos und anderen Pflanzenprodukten. Mit seinen Nachbarn hält er Kontakt, indem er ein mehrere Minuten lang dauerndes, ziehendes und lautes Geschrei anstimmt. Dieses Lärmen kann man im Regenwald mehrere Kilometer weit hören. Die Anzahl der in freier Natur lebenden Orang-Utans ist bis auf ein paar tausend Tiere zusammengeschrumpft. Der Grund dafür ist das Abholzen der Regenwälder und die Jagd auf diese Tiere.

Am **Celebes-Koboldmaki** sind die großen Augen am auffälligsten. Sie haben einen Durchmesser von 1,5 cm, sodass sie auf dem kleinen Köpfchen einen wesentlichen Teil des Gesichts einnehmen. Auch die zur Seite abstehenden kahlen Ohrmuscheln fallen sofort auf. Beim Anblick eines sitzenden Celebes-Koboldmaki ist es manchmal nicht leicht zu entscheiden, wo sich sein Rücken und wo sich sein Bauch befindet, denn je nach Richtung eintreffender Geräusche dreht er seinen Kopf fast um 360 Grad. Dieser Halbaffe erinnert in seiner Art sich zu bewegen an einen Laubfrosch. Am Ende seiner langen Finger befinden sich Saugnäpfe, mit denen er sich an jeder Oberfläche festhalten kann. In den Baumkronen kann er deutlich mehr als 2 m weit springen. Während der Celebes-Koboltmaki den Tag auf Zweigen oder in Baumhöhlen verschläft, ist er in der Nacht höchst aktiv. Er springt hinter Insekten her, die er noch im Flug mit seinen Vorderpfoten fängt. Ein willkommener Happen sind auch kleinere Eidechsen.

Beim Anblick eines **Federschwanzhörnchens** wissen viele nicht, wo sie dieses Tier einordnen sollen. Es sieht aus wie ein Eichhörnchen, hat spitze Zähne wie ein Raubtier und die großen Augen erinnern an einen Halbaffen. Ähnliche Probleme mit den Spitzhörnchen hatten auch die Zoologen. Erst wurden sie zu den Insektenfressern gerechnet, dann zu den Primaten, bis schließlich für diese Tiere eine eigenständige Ordnung geschaffen wurde. Es handelt sich um eine wichtige Gruppe, an der zu studieren ist, wie einst die Vorfahren der Primaten ausgesehen haben, also unsere frühesten Vorfahren. Das Federschwanzhörnchen ist nachtaktiv, denn den Tag verbringt es in Baumhöhlen oder auf Ästen zwischen Lianen oder Pflanzen, die auf anderen Pflanzen wachsen. Auf seinem Speiseplan stehen überwiegend kleine wirbellose Tiere. Es sind insgesamt 19 Spitzhörnchen-Arten bekannt.

Celebes-Koboldmaki

Celebes-Koboldmaki
Tarsius spectrum
Ordnung: Primaten
Gewicht: 80–165 g
Größe: 8–16 cm
Jungtiere: 1

Tr | 10–13 Jahre

Orang-Utan
Pongo pygmaeus
Ordnung: Primaten
Gewicht: 30–90 kg
Größe: 1,2–1,5 m
Jungtiere: 1 (2)

Tr | 50–60 Jahre

Orang-Utan

Federschwanzhörnchen

Die **Nasenaffen** sind mit einer grotesken gurkenartige Nase, die gerade bei den Männchen wie ein kurzer Rüssel aussieht, „geschmückt". Ein anderes Merkmal, das bei keinem anderen Primaten zu finden ist, sind die Schwimmhäute zwischen den Zehen der Hinterpfoten. Da die Nasenaffen vor allem in Flusswäldern und Mangroven leben, erleichtert ihnen die breitere Fläche der Fußsohlen das Laufen im Schlamm und im seichten Wasser. Er schwimmt geschickt und taucht auch oft. Er gehört zu den besten Schwimmern unter den Affen. Der Nasenaffe lebt in Gruppen von 10–25 Tieren und ernährt sich hauptsächlich von Blättern und von Blüten und Waldfrüchten. Morgens und am Abend lassen die Affen durch lautes Schreien von sich hören.

Nasenaffe

Das **Sumatra-Nashorn** ist von allen fünf Nashornarten das kleinste und gleichzeitig dasjenige mit dem schnellsten Bestandsschrumpfen. Es gibt nur noch ungefähr 500 Stück dieser Tiere. Typisch ist bei ihm das borstenartige Fell, das den Großteil des Körpers bedeckt. Besonders dicht ist das Fell im Nacken und an den Bauchseiten. Am liebsten hält es sich in sumpfigen Wäldern, im Dickicht von Flussufern und an den Meeresküsten auf. Mit Vorliebe wälzt es sich in den schlammigen Kuhlen von Moorgebieten, wo es oft den ganzen Tag verbringt. Die Schlammschicht auf der Haut ist nämlich ein guter Schutz vor lästigen Insekten. Das Sumatra-Nashorn ist eher in der Nacht aktiv als am Tag. Auf die Weide geht es vor Sonnenuntergang und kommt erst bei Sonnenaufgang wieder zurück. Es nimmt vor allem Früchte, Blätter, Zweige und Rinde zu sich. Täglich braucht ein Nashorn etwa 50 kg Nahrung.

Sumatra-Nashorn

Affenadler

Der große **Affenadler** hat im Reich der Greifvögel nur wenige Konkurrenten. Außer der Flügelspanne, die ungefähr 2 m misst, ist er noch mit starken Krallen und einem abgeflachten Schnabel, der zu einer hakenförmigen Spitze gebogen ist, ausgestattet. Trotz seiner Größe ist er eher unauffällig, denn der Affenadler verbringt fast sein ganzes Leben hoch in den Baumkronen der Urwaldriesen. Er verfolgt vor allem Affen und andere Wirbeltiere dieses Biotops. Auf der Erde jagt er seine Beute eher selten. Heute gibt es in der freien Natur höchstens noch 500 dieser prächtigen Tiere.

Der **Große Marabu** gehört zu der Familie der Störche. Zur Ernährung nutzt er alles, was tierischen Ursprung hat. Das größte Interesse gilt dem Aasfleisch. Kleine Stücke schluckt er im Ganzen und große Stücke zerlegt er mit seinem großen Schnabel. Manchmal versucht er so große Knochen zu schlucken, dass sie ihm aus dem Hals ragen. Im Magen lösen und zersetzen sich die Knochen und das, was gegen die Magensäuren beständig ist, bricht er in Form von ovalen Klumpen aus. Er jagt ebenfalls Frösche, Nagetiere und Insekten.

Der **Hirscheber** hat ein ungewöhnliches Aussehen, vor allem durch die vier Spitzzähne, die nach oben ragen und sich unter die Augen bogenartig drehen. Dabei wächst am Rüsselansatz das obere Paar durch die Haut hindurch. Diese ungewöhnlichen Schweine sind meistens in kleineren Gruppen in Wäldern, an Flussufern, in den Mangroven zu sehen. Sie schwimmen oft und das sogar im Meer. Sie ernähren sich vor allem von Früchten und Laub.

Affenadler
Pithecophaga jefferyi
Ordnung: Greifvögel
Gewicht: 4–8 kg
Größe: 86–102 cm
Jungtiere: 1

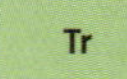 Tr  über 20 Jahre 

Molukkenkakadu
Cacatua moluccensis
Ordnung: Papageien
Gewicht: 0,8 kg
Größe: 50–52 cm
Jungtiere: 2 (1–3)

 Tr, La, Ku 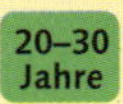 20–30 Jahre 

Hirscheber (Babirusa)
Babyrousa babyrussa
Ordnung: Paarhufer
Gewicht: 40–100 kg
Größe: 0,8–1,1 m
Jungtiere: 1–2

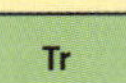 Tr 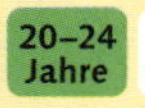 20–24 Jahre 

Alexandersittich
Psittacula eupatria
Edelpapagei
Eclectus roratus
Blaukrönchen
Loriculus galgulus
Ordnung: Papageien
Gewicht: 22 g–0,6 kg
Größe: 12–50 cm
Jungtiere: 2–4

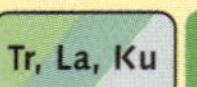 Tr, La, Ku 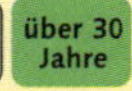 über 30 Jahre

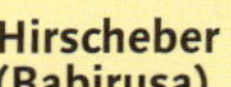

Großer Marabu

Hirscheber (Babirusa)

Im tropischen Asien leben über 40 Arten von Papageien, was ungefähr ein Zehntel aller bekannten Arten ist. Zu den Schönsten zählt man den **Molukkenkakadu** mit seinem hübschen Federschopf am Hinterkopf. Diese Vögel nisten in Baumhöhlen und um die Jungtiere kümmern sich beide Elternteile. Weil er sehr schnell lernt und so hübsch ist, wird er auch häufig, ebenso wie der **Alexandersittich**, in Gefangenschaft gezüchtet. Den Alexandersittich erkennt man an seinen geschichteten Schwanzfedern, dem starken Schnabel und dem bunten Federkleid. Sehr geschickt klettert er in den Baumkronen und auf Baumstämmen, wo er Samen, Beeren, Früchte und Sprossen sucht. Dieser Sittich nistet ebenfalls in Baumhöhlen.

Beim **Edelpapagei** aus Neuguinea sind beide Geschlechter sehr verschieden gefärbt. Während das Männchen ganz grün ist und nur an den Bauchseiten rote Flecken hat, überwiegt beim Weibchen die rote Farbe, die jedoch auf dem Bauch in lilablau übergeht. Die **Blaukrönchen** ruhen sich gern auf Zweigen aus. Dabei hängen sie wie Fledermäuse mit den Köpfen nach unten. Ähnlich wie diese suchen sie auch ihre Nahrung. Sie hängen sich an ein Astende, um an die Blüten zu kommen, deren Nektar sie lieben. Mit ihren kleinen dreieckigen Flügeln fliegen sie sehr schnell und am liebsten in Schwärmen. Sie leben auf Sumatra und den anliegenden Inseln. Sie nisten in Baumhöhlen, die 10–12 m über der Erde sind.

Molukkenkakadu

Edelpapagei

Blaukrönchen

Alexandersittich

Der balzende **Argusfasan** braucht für seine hinreißenden Vorführungen ausreichend Platz. Er sucht sich ein Stück Lichtung mit einer Größe von 6 bis 8 m², auf dem er die Vegetation herausrupft. Das Balzen fängt am frühen Morgen mit einem lauten Heulen an und wenn eine Partnerin auftaucht, präsentiert er sich in seiner ganzen Pracht. Das ganze Ritual endet mit der Paarung, nach der sich das eher unauffällige Weibchen zurückzieht und sich ganz dem Brutgeschäft widmet.

Argusfasan

Großer Marabu
Leptoptilos dubius
Ordnung: Schreitvögel
Gewicht: 4–9 kg
Größe: 1,1–1,5 m
Jungtiere: 2–3 (1–4)

Argusfasan
Argusianus argus
Ordnung: Hühnervögel
Gewicht: 1,6–2,7 kg
Größe: 0,7–2 m
Jungtiere: 2

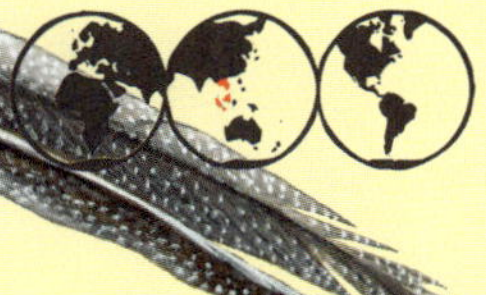

Schlammspringer
Periophthalmus koelreuteri
Schützenfisch
Toxotes jaculatrix
Ordnung: Stachelflosser
Größe: 15–25 cm
Jungtiere: einige hundert

Ma, Me

Silberlangur
Trachypythecus cristatus
Ordnung: Primaten
Gewicht: 5–15 kg
Größe: 46–58 cm
Jungtiere: 1

Tr, La, Ma

Mangroven-Nachtbaumnatter
Boiga dendrophila
Ordnung: Schuppen-kriechtiere
Größe: bis 2,5 m
Jungtiere: 4–15

Tr, Fl, Ma   10–15 Jahre

Mangroven-Nachtbaumnatter

In der amphibischen Welt der Mangro-ven finden wir eine Reihe von Tieren, die an das Land- und Wasserleben ange-passt sind. Der **Schlammspringer** ist ein Paradebeispiel, wie ein Tier seinen Rhythmus an den schwankenden Mee-resspiegel von Ebbe und Flut angleichen kann. Die meiste Zeit verbringt er im Schlamm oder an Stelzwurzeln, an denen er sich mit Hilfe der muskulösen Bauch-flossen festhält. Seine großen Augen liegen an der oberen Seite des Kopfes. Er sieht mit ihnen sowohl im Wasser als auch auf dem Land gut. Auch das Atmen ist eine hochspezialisierte Ange-legenheit: Wenn er auf das Festland klettert, füllt er seine Kiemenkammern mit Wasser und bezieht durch die Kiemen Sauerstoff.

Der **Schützenfisch** beherrscht meisterhaft die Jagd auf Insekten, die über der Wasseroberfläche fliegen. Er kann das Insekt präzise mit einem Wasserstrahl aus seinem spitzen Maul treffen. Das Insekt fällt auf die Wasseroberfläche, wo er es leicht schnappen kann. Den Wasserstrahl kann er 1–1,5 m weit schießen. Die **Mangroven-Nachtbaumnatter**, die in den Mangroven lebt, jagt kleine Säugetiere, Vögel, Kriechtiere und Fische. Auch Vogeleier gehören zu ihrer Nahrung. Sie ist sehr angriffslustig und auch giftig. Ihr Biss kann für den Men-schen gefährlich sein. Zeitweilig ist in den Mangroven auch der **Silberlangur** zu Gast. In Gruppen bis zu 50 Tieren bewegen sie sich geschickt in den Baumkronen. Sie ernähren sich nur von Blättern und Sprossen. Da diese Affen Pflanzenfresser sind, ist ihr Magen vom Aufbau ähnlich wie bei den Kühen. Das Verdauen der Pflan-zen erfolgt in mehreren Stufen.

Die im Pazifischen Ozean lebenden Lachse bevölkern die küh-leren Gewässer der nördlichen Halbkugel. Das ganze Leben lang halten sie sich im Meer auf, nur zum Ablaichen schwimmen sie stromaufwärts in die Flüsse und überwinden sogar meterhohe Stromschnellen. Diese gefährliche Wanderung unternehmen sie nur ein einziges Mal. Während der langen Reise und des Laichens bauen sie so viel gespeichertes Fett ab, dass sie zu schwach werden und sterben. Der **Buckellachs** ist der häu-figste und der kleinste der sechs pazifischen Arten. Der **Hunds-lachs** ist für seine tausende Kilometer langen Reisen bekannt. Der **Silberlachs** laicht mehrfach in seinem Leben. Der Nach-wuchs der Lachse kehrt erst nach über 1 Jahr ins Meer zurück.

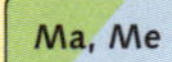
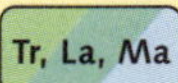
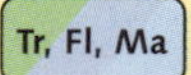
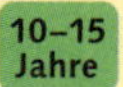

Silberlangur

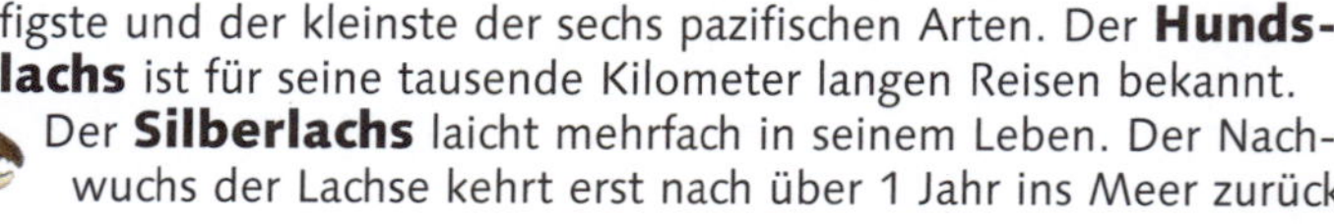

Buckellachs

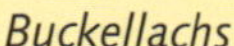

Hundslachs

Silberlachs

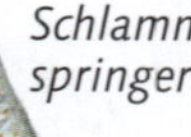

Schlamm-springer

Schützenfisch

Großkopfschildkröte

Die **Großkopfschildkröte** ist eine Süßwasserschildkröte von ungewöhnlichem Aussehen. Sie hat einen hakenförmigen Oberkiefer und einen großen Kopf, den sie in den flachen Panzer hineinzieht. Für eine Schildkröte ist ihr langer Schwanz außergewöhnlich. Weil dieses Tier sauberes und klares Wasser liebt, lebt sie vor allem in Gebirgsflüssen und Bächen, wo sie sich mit ihren großen Krallen sicher auf dem Grund bewegt. Auch die stärksten Strömungen sind für sie kein Hindernis. Sie versteckt sich gern unter Steinen. Erstaunlicherweise kann sie nicht schwimmen. Am Ufer klettert die Großkopfschildkröte auf flach liegende Baumstämme. Außer Fischen fängt sie Schnecken und Krabben, deren Schalen sie mit ihren scharfen und starken Kiefern zerknackt.

Die **Mangroven** sind ein typisches Ökosystem der Küsten in den Tropengebieten der Erde (siehe Karte von Asien). Es handelt sich um eine Pflanzengemeinschaft in der Flutzone, wo die Nährstoffversorgung zwar gut ist, die Entwicklung der Pflanzen aber ständig durch das Ansteigen des Meeresspiegels bei Flut begrenzt wird. Das Ergebnis ist ein undurchdringliches Dickicht von Bäumen und Sträuchern mit einem dichten Stelzwurzelgeflecht aus nackten Baumwurzeln, die tief in den schlammigen Untergrund eindringen und dem salzigen Meerwasser standhalten können. Die kürzeren und dünneren Luftwurzeln erleichtern das Atmen. Die Breite des Uferpflanzengürtels ist unterschiedlich. Er reicht von einigen Metern bis zu einigen Kilometern. Das dichte Wurzelgeflecht wirkt auf Dauer wie ein Fanggitter für Sand, Schlamm und andere Sedimente, die von den Flüssen und vom Ozean herantransportiert werden. Dadurch versanden die Mangroven allmählich und verwandeln sich langsam in Festland. In der Tierwelt sind vor allem Landwassertiere vertreten.

Die **Baikalrobbe** lebt als einzige Robbe im Süßwasser des Baikalsees. Sie ist mit der Ringelrobbe aus dem Nordpolarmeer verwandt, der sie ähnlich sieht. Die Baikalrobbe hat jedoch auffälligere Krallen an den Vorderflossen. Es wird angenommen, dass sie vor langer Zeit durch einige sibirische Ströme zum Baikalsee vorgedrungen ist. Auch heute noch schwimmen die Tiere zur Fischjagd viele Kilometer die Zuflüsse des Sees hinauf. Sie verbringen viel Zeit außerhalb des Wassers, zum Beispiel am Ufer, um sich aufzuwärmen. Heute schätzt man den Bestand der Baikalrobben auf ungefähr 70 000. Die Bejagung der Tiere wegen ihres Fells, Fetts und Fleisches wirkt sich negativ auf den Bestand aus. Auch die zunehmende Wasserverschmutzung beeinträchtigt ihre Lebensqualität.

Baikalrobbe

Hundslachs
Oncorhynchus keta
Buckellachs
O. gorbuscha
Silberlachs
O. masou
Ordnung: Lachse
Gewicht: 2–15 kg
Größe: 0,7–1 m
Jungtiere: einige tausend

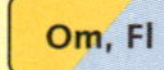 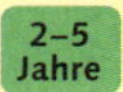
Om, Fl · 2–5 Jahre

Großkopfschildkröte
Platysternon megacephalum
Ordnung: Schildkröten
Gewicht: 1 kg
Größe: bis 40 cm
Jungtiere: 2

 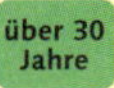
Fl · über 30 Jahre

Baikalrobbe
Phoca sibirica
Ordnung: Raubtiere
Gewicht: 50–130 kg
Größe: 1–1,4 m
Jungtiere: 1 (2)

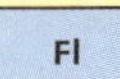 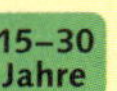
Fl · 15–30 Jahre

Halbesel (Kulan)
Equus hemionus
Ordnung: Unpaarhufer
Gewicht: 220–300 kg
Größe: 2–2,5 m
Jungtiere: 1

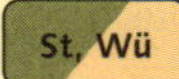

Waldrapp
Geronticus eremita
Ordnung: Stelzvögel
Gewicht: bis 1,5 kg
Größe: 70–80 cm
Jungtiere: 2–4 (1–6)

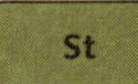

Bärtiger Krötenkopf
Phrynocephalus mystaceus
Ordnung: Schuppen-
kriechtiere
Gewicht: 30–43 g
Größe: 19–24 cm
Jungtiere: 1–5

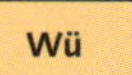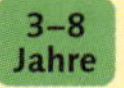

Dickschwanzskorpion
Androctonus australis
Ordnung: Skorpione
Gewicht: 6–15 g
Größe: 9–13 cm
Jungtiere: 30–60

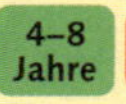

Der Asiatische Esel oder auch **Halbesel** (oder Kulan) ist wegen extremer Klimabedingungen in seinem Lebensraum sehr widerstandsfähig. In den Steppen und Halbwüsten hält er nicht nur die Kälte, sondern auch die drückende Hitze aus. Fast das ganze Jahr über hält er sich in Herden von 5–11 Tieren auf. Oft werden die Tiere von einem alten Weibchen angeführt. Die Halbesel sind ständig in Bewegung. Falls sie sich einmal hinlegen, dann nur für kurze Zeit, höchstens für 2 Stunden am Tag. Sie können mit einer Geschwindigkeit von über 60 km pro Stunde rennen.

Halbesel

Unter einer **Wüste** stellen sich viele Menschen ein Gebiet vor, wo eine Sanddüne in die andere übergeht. Etwas genauer wird als Wüste eine Landschaftsform bezeichnet, in der es keine zusammenhängende Vegetation gibt und wo im Jahr nicht mehr als 150 mm Niederschlag fällt. Es gibt verschiedene Wüstenarten. Es kann eine sandige, lehmige, kiesige, steinige oder felsige Oberfläche sein. In Zentralasien zieht sich ein langer Wüstengürtel vom Kaspischen Meer über die Iranische Hochebene bis nach Westchina und die Mongolei. Das zweite, breitere Wüstengebiet befindet sich auf der Arabischen Halbinsel. Die Wüstenpflanzen und Tiere müssen nicht nur den ständigen Mangel an Feuchtigkeit, Unterschlupf und Nahrung aushalten, sondern auch die lebensfeindlichen Temperaturunterschiede zwischen Tag und Nacht. Die am wenigsten bewohnte Wüste ist die Sandwüste.

Der **Waldrapp** hat einen typisch buckelartigen Körper, der ein metallisch glänzendes Federkleid trägt. Die Flügelspanne beträgt mehr als 1 m. Wenn er fliegt, hält er den langen Hals gerade nach vorne gestreckt. Waldrappen nisten in großen Kolonien auf Felsvorsprüngen, auf denen sie ein ziemlich unordentliches Nest aus Zweigen und Ästen bauen. Auf der Suche nach Nahrung, die sich aus Kleinlebewesen zusammensetzt, fliegen die Vögel großflächige Gebiete ab. Sie gehören zu den am meisten vom Aussterben bedrohten Vögeln. Seit dem 17. Jahrhundert, als die Waldrappen noch in den Alpen nisteten, ist der Bestand ständig zurückgegangen, bis die Tiere schließlich verschwunden sind. Heute gibt es sie noch in Marokko und in Syrien. In manchen zoologischen Gärten vermehren sich diese Vögel. Österreich führt zurzeit ein Wiederansiedlungsprojekt durch.

Waldrapp

Der **Bärtige Krötenkopf** versucht, sich bei Gefahr so schnell wie möglich in den Sand einzugraben oder sich schnell in einem Unterschlupf zu verstecken. Wenn er bedrängt wird, versucht er seinen Feind mit seinem rosafarbenen Maul mit den gezackten Hautläppchen an den Seiten einzuschüchtern. Das lässt ihn sehr Furcht erregend aussehen. Dabei macht er laute Geräusche, stemmt sich mit seinen Vorderbeinen nach oben und kringelt seinen Schwanz über dem Körper ein. Das Weibchen gräbt ihre Eier ca. 20 cm in den Sand ein, wo sie sich bei einer Temperatur von 30 °C fast 2 Monate lang entwickeln.

Bärtiger Krötenkopf

Aus der Gesamtzahl von 1200 bis 1400 Skorpionarten ist für den Menschen nur jeder Zwanzigste gefährlich. Dazu gehört der **Dickschwanzskorpion**. Die Giftdrüse befindet sich am Ende des sich zuspitzenden Hinterteils, das man fälschlicherweise als Schwanz bezeichnet. Seine Beute hält er mit den vorderen Fangscheren fest. Den Tag verbringt er unter Steinen oder im Sand. Erst in der Nacht geht er auf die Jagd und orientiert sich dabei nach dem Schein der Sterne. Er ist gegen Hitze, Trockenheit und erstaunlicherweise gegen radioaktive Strahlung weitgehend unempfindlich. Er kann längere Zeit ohne Nahrung auskommen.

Dickschwanzskorpion

Das **Trampeltier** ist ein sehr robustes Säugetier. Es kann einen Monat ohne Wasser auskommen und erträgt eine Temperaturdifferenz von +50 bis –25 °C. Es ernährt sich praktisch von allen Pflanzen, die es in der Wüste findet. Wilde Trampeltiere sind schon fast ausgestorben. Die Anzahl der in Gefangenschaft lebenden und als Nutztiere dienenden Tiere schätzt man auf eine halbe Million.

Trampeltier

Trampeltier
Camelus ferus
Ordnung: Paarhufer
Gewicht: 450–650 kg
Größe: 2,2–3,5 m
Jungtiere: 1

St, Wü | 30–50 Jahre

Den **Marderhund** verwechseln viele mit einem Waschbären oder einem Dachs. Als Felllieferant wurde der Marderhund aus dem Fernen Osten nach Europa gebracht, wo er sich auch schnell verbreitete. Bei der Nahrungssuche ist er nämlich nicht wählerisch. Mit Aasfleisch, verschiedenen Früchten und Mais nimmt er gerne vorlieb. Als einsam umherstreunendes Nachttier erregt er wenig Aufmerksamkeit. Als Versteck bevorzugt er verlassene Fuchs- und Dachsbaue, oder er gräbt sich eine 2,5 m tiefe eigene Höhle. Anders als Hunde, mit denen er verwandt ist, kann er nicht bellen. Seine Lautäußerung ist ein ziehendes Knurren. Der Marderhund ist das einzige hundeartige Raubtier, das bei starker Kälte für ein paar Tage in eine Art „Winterschlaf" fällt.

Marderhund
Nyctereutes procyonoides
Ordnung: Raubtier
Gewicht: 4–6 kg
Größe: 50–68 cm
Jungtiere: 4–8

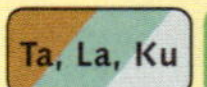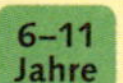

Ta, La, Ku | 6–11 Jahre

Nonnen- oder **Schneekranich**
Grus leucogeranus
Ordnung: Kranichvögel
Gewicht: 5–8,5 kg
Größe: 1,4 m
Jungtiere: 2

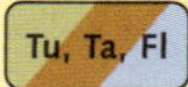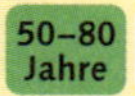

Tu, Ta, Fl | 50–80 Jahre

Ähnlich wie in Nordeuropa gibt es auch in Nordasien die waldlose **Tundra**. Ihr Grenzverlauf nach Süden ist ungleichmäßig. Während sie entlang der Küste nur einen schmalen Küstenstreifen bedeckt, stößt sie in Ostsibirien tief in den Kontinent vor. An der südlichen Grenze geht sie zuerst in die Waldtundra mit einzelnen Bäumen und dann allmählich in die **Taiga** über. Die Taiga ist der größte zusammenhängende Waldgürtel der Welt. Sie besteht vor allem aus Nadelbäumen und enthält ein Drittel des globalen Holzvorrats. Auch wenn die Taiga südlich der Tundra liegt, hat sie gleichwohl ein raueres Binnenklima, dessen Sommer- und Wintertemperaturen stark schwanken. Der Baumbestand der asiatischen Taiga ähnelt dem in Europa, auch wenn die Zusammenstellung der Arten unterschiedlich ist. Es sind vor allem verschiedene Fichten, Tannen, Kiefern und im kalten Ostsibirien hauptsächlich Lärchen. Diese vertragen tiefere Temperaturen und können sich dank ihrer starken und verzweigten Wurzeln besser gegen Stürme behaupten. Da sie ihre Nadeln abwerfen, können ihnen auch die Schneemassen weniger anhaben.

Der **Nonnenkranich**, auch **Schneekranich** genannt, gehört zu den auffälligsten Bewohnern entlegener Gebiete in der sibirischen Tundra. Er erinnert auf den ersten Blick an einen Storch, aber seine nächsten Verwandten sind Trappen, Sumpfhühner und Blesshühner – also Vögel mit kurzen Flügeln. Er bewohnt die waldlose Tundra mit ihren Sümpfen und Seen. Die Schneekranichpaare sind sich treu und kommen jedes Jahr an den gleichen Ort zurück. Vor dem Nisten balzen diese Tiere und machen dabei wunderbare Tanzfiguren mit Umdrehungen und hohen Sprüngen. Den Winter verbringen sie im Süden Asiens, der weit über 1000 Kilometer entfernt liegt.

Nonnen- oder Schneekranich

Moschustier

Das **Moschustier** erinnert an einen kleinen, untersetzten Hirsch mit einem etwas gekrümmten Körperbau, da seine Hinterbeine etwas kürzer als die Vorderbeine sind. Im Gegensatz zum Hirsch wächst dem Moschustier kein Geweih. Stattdessen tragen sowohl die Männchen als auch die Weibchen 10 cm lange Spitzzähne im Oberkiefer. Diese Spitzzähne ragen aus dem geschlossenen Maul heraus. In der Brunftzeit riechen die Männchen stark aus ihren Moschusdrüsen. Dieser Stoff wird zur Herstellung von Parfüm und in der traditionellen chinesischen Medizin verwendet. Die Jagd auf diese Tiere hat zur Folge, dass diese Tierart fast ausgestorben ist.

Die **Rothalsgans** ist eine der schönsten Gänsearten. Zwischen Weibchen und Männchen gibt es fast keine Farbunterschiede. Diese Gänse sind sehr gesellige Tiere. Das ganze Jahr über, in der Nistzeit wie an den Überwinterungsorten, leben sie gemeinsam und auch mit anderen Gänsearten zusammen. Schon von weitem sind sie zu hören. Mitte Juni ziehen die Rothalsgänse in den Norden, wo sie in der Tundra ihre Jungen zur Welt bringen. Zwei Monate später verbreitet sich unter den Tieren eine unübersehbare Unruhe. Ständig fliegen sie von Ort zu Ort, bis sie sich endlich auf den Weg in ihre Winterquartiere machen. Diese Orte können das Kaspische Meer, das Schwarze Meer oder das Binnenland hinter dem Nildelta in Ägypten sein.

Rothalsgans

Das **Schneeschaf** bewohnt in kleinen Herden die Landstriche zwischen Tundra und Taiga. Man findet die Tiere an Meeresküsten, auf Felshängen und in den sibirischen Mittelgebirgen, wo sich die Lebensbedingungen von der echten Tundra kaum unterscheiden. Das Schneeschaf ist gekennzeichnet durch seinen robusten Körperbau und die starken, bis 70 cm langen Hörner der Männchen. Die Hörner wachsen auffallend zur Seite. Wenn die Schafsböcke im Kampf die Gehörne zusammenstoßen, erklingen stumpfe Schläge, die schon von weitem zu hören sind. Dieses Schaf ist das Musterbeispiel eines anspruchslosen, anpassungsfähigen Säugetiers. Wenn es keine Grünpflanzen gibt, frisst es kleine Äste von Bäumen und Sträuchern oder es nagt Rinde von Bäumen und Moose von Steinen ab. Die Brunftzeit, in der sich die ausgewachsenen Böcke nicht einen Augenblick Ruhe gönnen, dauert von November bis Dezember. Die Jungtiere kommen am Ende des Frühlings (April–Juni) zur Welt.

Rothalsgans
Branta ruficollis
Ordnung: Entenvögel
Gewicht: 1–1,6 kg
Größe: 53–56 cm
Jungtiere: 4–7

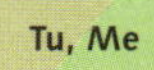
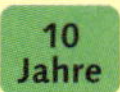

Moschustier
Moschus moschiferus
Ordnung: Paarhufer
Gewicht: 7–17 kg
Größe: 0,7–1 m
Jungtiere: 1–2

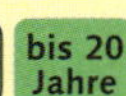

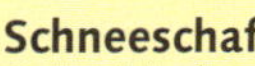

Schneeschaf
Ovis nivicola
Ordnung: Paarhufer
Gewicht: bis 175 kg
Größe: 1,4–2 m
Jungtiere: 1–2

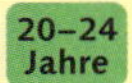

Schneeschaf

Sibirischer Winkelzahnmolch

Salamandrella keyserlingi
Ordnung: Schwanzlurche
Gewicht: 4,5–8 g
Größe: 10–16 cm
Jungtiere: einige hunderte

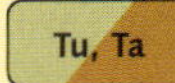 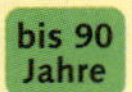
Tu, Ta | bis 90 Jahre

Sikahirsch

Cervus nippon
Ordnung: Paarhufer
Gewicht: 30–130 kg
Größe: 1–1,9 m
Jungtiere: 1 (2)

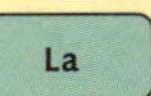 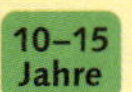
La | 10–15 Jahre

Riesenseeadler

Haliaeetus pelagicus
Ordnung: Greifvögel
Gewicht: 6–9 kg
Größe: 60–90 cm
Jungtiere: 2 (1–3)

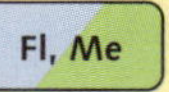 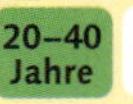 
Fl, Me | 20–40 Jahre

Der **Sibirische Winkelzahnmolch** ist entwicklungsgeschichtlich ein sehr altes Tier. Neben seiner Goldfarbe sind der flache Kopf und die vier Zehen an seinen Hinterbeinen charakteristisch (andere Landwassertiere haben fünf Zehen). Sie leben wie unsere Molche, sind aber an viel härtere Klimabedingungen angepasst. Als Winterverstecke dienen Steine, umgefallene Baumstämme oder Erdlöcher, in denen sich die Tiere ab etwa 4 °C verkriechen. Im Labor überlebte der Winkelzahnmolch eine Temperatur von –16 °C. Direktes Sonnenlicht und Hitze meidet er.

Sibirischer Winkelzahnmolch

Der **Sikahirsch** trägt im Vergleich zum Rothirsch ein kleines, höchstens 60 cm langes Geweih mit drei bis fünf Enden. In der Brunftzeit kämpfen die Männchen weniger erbittert und machen durch eine pfeifende Stimme auf sich aufmerksam. Im Sommer hat dieser Hirsch weiße Flecken, die im Winter kaum zu sehen sind. Aus dem Fernen Osten stammend wurde der Sikahirsch um Ende des 19. Jahrhunderts zum ersten Mal bei uns in Wildgehege eingesetzt. Heute findet man ihn auch in der freien Natur vor allem in Osteuropa. Auf Farmen wird er wegen der Geweihe der Junghirsche gezüchtet, da diese eine Substanz enthalten, die zur Herstellung von Medikamenten verwendet wird.

Sikahirsch

Der **Riesenseeadler** erreicht eine Flügelspanne bis 2,5 m und ist damit der größte Adler. Imposant ist auch sein mächtiger Schnabel, der durch die Gelbfärbung optisch noch größer erscheint. Dieser Vogel hält sich entlang der Meeresküsten und an größeren Flüssen auf. Er jagt andere Vögel, Säugetiere und inspiziert alles, was das Meer an Land spült. Von Fischen und Tintenfischen bis zu Fischresten der Fischerboote ist ihm alles recht. Am liebsten jagt er wandernde Lachse. Der Riesenseeadler nistet in alten großen Bäumen, seltener auf Felsen über dem Meer. Ein Adlerpaar benutzt das Nest mehrere Jahre lang, und im Lauf der Zeit bauen sie es immer wieder aus, bis das Nest über zwei Meter erreicht.

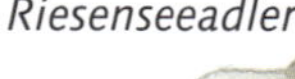

Riesenseeadler

Mongolische Kröte

NORDAMERIKA

Fläche: 23 477 267 km²
Küstenlänge: 76 000 km
Höchster Berg: Mount McKinley (6194 m)
Niedrigster Ort: Death Valley – Tal des Todes (–86 m)
Längster Fluss: Missouri (6021 km)
Größter See: Oberer See (82 414 km²)
Größte Insel: Grönland (2 175 600 km²)
Anzahl der Einwohner: 383,2 Millionen

Tu – Tundra

Ta – Taiga

La – Laub- und Mischwälder

Pr – Prärie

Ge – Gebirge und Hochgebirge

Wü – Wüsten und Halbwüsten

Ts – Trockenwälder und Strauchvegetation

Nordamerika ist ein Kontinent, der im Norden bis an die Kältewüsten der Arktis reicht und im Süden in die mittelamerikanischen Tropen und Subtropen übergeht. Die gewaltige Kette der Rocky Mountains, die Wüsten, das unendliche Grasland (Prärie), die großen Flüsse, die Taiga des Nordens und die Laubwälder sind charakteristisch für dieses Land. Es ist von drei Ozeanen umgeben: Im Osten vom Atlantischen Ozean, im Westen vom Pazifischen Ozean und im Norden vom Nordpolarmeer. Die ersten Menschen wanderten während der letzten Eiszeit aus Asien über die Beringstraße nach Alaska ein. Die ersten Europäer stießen viel später auf undurchdringliche Sümpfe und auf nahezu unüberwindbare Gebirgsmauern.

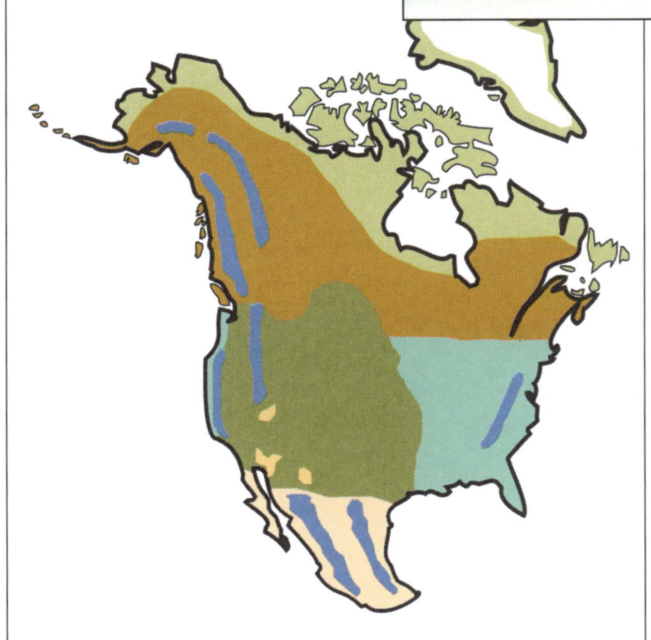

Dreizehnstreifen-Erdhörnchen

Vor ungefähr 200 Millionen Jahren trennte sich der Urkontinent Pangäa in zwei große Teile auf: Nordamerika bildete mit Europa und Asien den Kontinent Laurasia und Südamerika, Afrika, Indien, Australien und die Antarktis den Kontinent Gondwana. Aber auch diese beiden Festländer waren nicht stabil und trennten sich wieder. Noch vor 60 Millionen Jahren waren Nordamerika und Eurasien über eine breite Festlandbrücke verbunden. Diese Brücke ist nach der letzten Eiszeit vor ca. 12 000 Jahren in der heutigen Beringstraße versunken. Es ist also nicht verwunderlich, dass die Tierwelt Eurasiens und Nordamerikas ähnliche Arten und Unterarten aufweist. Aus tiergeografischer Sicht zählt Nordamerika wie Nord-Eurasien zum holarktischen Gebiet (Gebiet zwischen Nordpol und nördlichem Wendekreis). Die großen Plains und Tiefebenen um den Mississippi und Missouri bilden das fruchtbare Herz des nordamerikanischen Kontinents. Sie liegen zwischen der großen Gebirgskette der Rocky Mountains im Westen und dem alten Gebirgszug der Appalachen im Osten. Ihre fruchtbaren, lösshaltigen Böden stammen noch aus der Zeit, als während der letzten Eiszeiten Gletscher von Norden kommend tief in den Süden vorstießen. Leider hat später der Mensch in das sensible Ökosystem der Prärien, der nordamerikanischen Grassteppen, welche die Lebensgrundlage für viele Pflanzenfresser waren, massiv eingegriffen. Ein großer Teil dieser Fläche wird heute intensiv als landwirtschaftliche Anbaufläche genutzt, auch wenn vielerorts Probleme wie Wind- und Wassererosion bestehen. Die einzigartigen Laubwälder, die früher im Osten ein Drittel des Kontinents einnahmen, sind gleichfalls stark dezimiert worden und heute vielerorts verschwunden. Sie mussten Städtebau und Industrieansiedlungen weichen und damit starben auch viele Pflanzen- und Tierarten aus. Am wenigsten wurden in Nordamerika jene Gebiete verändert, die für den Menschen wenig attraktiv waren und daher nicht besiedelt oder kultiviert wurden. Dabei handelt es sich in erster Linie um den unwirtlichen Norden und zum anderen um die Wüsten und Halbwüsten im Westen und Südwesten. Viele Inseln im hohen Norden des Kontinents gehören zur Zone der Tundren und sind die meiste Zeit des Jahres mit Schnee bedeckt. Die größte Insel davon ist Grönland, wo auch die extremsten Kältegrade von –66 °C gemessen wurden. Die trockensten und heißesten Gebiete befinden sich dagegen zwischen den Rocky Mountains und dem Pazifik, in den intermontanen Becken mit ihren glitzernden Salzseen. Das imposanteste Naturphänomen im Südwesten ist der Grand Canyon, dessen Steilwände eine Flankenhöhe von 1900 m erreichen. Der lebensfeindlichste Ort des Südwestens aber ist das Death Valley, das Tal des Todes, wo die höchste Temperatur in Nordamerika mit +57 °C gemessen worden ist.

Trompeterschwan

Ein Verwandter des europäischen Schwans ist der nordamerikanische **Trompeterschwan**. Seinen Namen trägt er zu Recht, denn während des Fluges lässt er oft ein lautes Trompeten von sich. Er nistet in der Tundra des hohen Nordens, wo sich die einzelnen Paare ihre Territorien einrichten und verteidigen. Beide Elternteile wechseln sich beim Brüten und Schwimmen mit den Jungtieren ab. Vor dem Winter ziehen die Tiere in kleinen Rotten in südlicher gelegene Gebiete.

Trompeterschwan
Cygnus buccinator
Ordnung: Gänsevögel
Gewicht: 7,5–12,5 kg
Größe: 140–165 cm
Jungtiere: 4–7

Die **Wanderdrossel** erinnert auf den ersten Blick an unsere Singdrossel. Der ziegelrote Bauch- und Brustbereich, die glänzend dunklen Augen und die weißen Streifen auf der Kehle sind ihre hauptsächlichen Körpermerkmale. Auffällig ist auch ihr lauter Gesang. Ihren speziellen Namen bekam sie nicht umsonst. Wenn im Norden die Beerenzeit zu Ende geht, verlässt sie die kalten Gebiete Alaskas und Kanadas und wandert sogar bis nach Südmexiko. Oft ist sie auch in Kulturlandschaften und Städten zu sehen.

Wanderdrossel

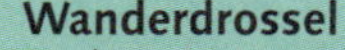

Wanderdrossel
Turdus migratorius
Ordnung: Sperlingsvögel
Gewicht: 59–94 g
Größe: 23–28 cm
Jungtiere: 3–5

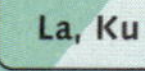
La, Ku — 15 Jahre

Elfenbeinspecht
Campephilus principalis
Ordnung: Spechte
Gewicht: bis 350 g
Größe: 44–48 cm
Jungtiere: 2–4

La

Roter Kardinal
Cardinalis cardinalis
Ordnung: Sperlingsvögel
Gewicht: 35–50 g
Größe: 19–23 cm
Jungtiere: 3–5

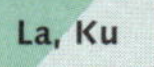
La, Ku — bis 13 Jahre

Der **Elfenbeinspecht** ist ein relativ großer Vogel mit typischem Kopfschmuck, der beim Männchen rot und beim Weibchen schwarz ist. Er ist leider ausgestorben. Er wurde schon von den Indianern in den Wäldern wegen seiner Federn gejagt. Er starb jedoch erst aus, als durch das Abholzen der Wälder seine Brutgebiete vernichtet wurden. Wegen seiner stattlichen Größe war er auf große alte Baumriesen angewiesen, in die er seine Bruthöhle baute. Das Vogelpaar nutzte diese Höhle nicht nur als Nistplatz, sondern auch als Versteck das ganze Jahr über. Da der Elfenbeinspecht auf ein bestimmtes Gebiet als Lebensraum angewiesen war und sich an keinen anderen Lebensraum gewöhnen konnte, ging der Bestand rapide zurück. Ab Mitte des 20. Jahrhunderts gibt es keine Aufzeichnungen, dass dieser Vogel auf dem Festland noch vorkam.

Elfenbeinspecht

Das strahlend rote „Männchen" mit dem Kopfschmuck sieht zwar sehr exotisch aus, dennoch gehört der **Rote Kardinal** zu den verbreiteten Vögeln Nordamerikas. Das Weibchen schmücken nicht so schöne Farben wie das Männchen, es hat aber auch einen Kopfschmuck. Die Paare sind das ganze Leben lang zusammen. Während das Männchen das Nistgebiet verteidigt, sitzt das Weibchen auf den Eiern. Der starke Schnabel eines Roten Kardinals weist darauf hin, dass er ein Samenfresser ist. Auch verschiedene Beeren liebt er. Sein früherer Lebensraum waren die Wälder, aber inzwischen hat er sein Leben an offene Landschaften und Parks angepasst. Zum Nestbau sucht er einzeln stehende Bäume, in deren Kronen er schüsselförmige Nester baut.

Roter Kardinal

Das Territorium des amerikanischen **Schwarzbärs** reicht von Nordmexiko bis Alaska. Er bildet bis zu 18 Unterarten, die sich nicht nur von der Größe her unterscheiden, sondern vor allem durch die Farbe. Sie können weiß bis rabenschwarz sein. Alle Schwarzbären sind Einzelgänger. Um die Jungtiere kümmert sich nur das Weibchen. Der Schwarzbär hält sich vor allem im Wald auf, wo er auf der Erde und in den Baumkronen nach Knollen, Früchten, Larven und anderer Nahrung sucht. Er braucht täglich bis zu 8 kg Nahrung. Wenn es an Nahrung mangelt, durchsuchen die Bären sogar Müllhalden. Den Winter über halten sie eine Art Winterruhe, die kein durchgehender Winterschlaf ist.

Ähnlich wie andere Murmeltiere gehört auch das **Waldmurmeltier** zu den winterlichen Langschläfern. Den ganzen Sommer und Herbst über frisst es sich mit verschiedenen Pflanzenteilen und mit Wurzeln und Knollen eine Fettschicht an, von der es dann während des Winterschlafs, der bis zu 7 Monate dauern kann, zehrt. Im Gegensatz zum Alpenmurmeltier ist das Waldmurmeltier nicht gesellig, denn es lebt lieber allein.

Die schwarze Maske und der gestreifte Schwanz sind die unverwechselbaren Merkmale des **Waschbärs**. Er ist ein sehr umtriebiges und neugieriges Tier. Seine ursprüngliche Heimat ist Nord- und Mittelamerika. Er wurde jedoch auch nach Europa und Asien verschleppt. Er kann sich gut an verschiedene Bedingungen anpassen, vom versteckten Leben im Wald bis zum Durchwühlen von Mülltonnen in Vororten am helllichten Tag. Kein Lebensraum ist ihm fremd. Der Waschbär sucht seine Nahrung im Wasser. Er tastet mit seinen geschickten Pfoten den Grund nach Krabben, Fischen und anderer Beute ab. Außerdem frisst er Beeren, Eicheln, Eier und Kleintiere. Der Waschbär kann sehr gut auf Bäume klettern und sich so in Sicherheit bringen. Er zieht sich auch in Erdhöhlen zurück, in denen teilweise mehr als 20 Tiere zusammenleben.

Schwarzbär

▼ Waschbär

◄ Waldmurmeltier

Weißwedelhirsch

Virginia-Uhu

Der **Virginia-Uhu**, auch **Amerikanischer Uhu** genannt, ist die zweitgrößte Eule der Welt. Auch wenn er Virginia-Uhu genannt wird, lebt die Eule nicht nur in Virginia, sondern in ganz Amerika von Nordkanada bis Chile. Sie tritt in verschiedenen Farbvarianten auf. Die hellste Form lebt in der amerikanischen Arktis und ist fast weiß. In einem so großen Verbreitungsgebiet nutzt der Uhu natürlich verschiedene Landschaftsformen, von Gebirgswäldern bis zu buschartigen Wüsten, und sogar in ruhigen Parks wurde er gesichtet. Der Virginia-Uhu jagt kleine Wirbeltiere und in den nördlichen Landesteilen jagt er sogar am Tag. Wie die meisten Eulen nistet sie in der Zeit zwischen Winter und Frühjahr.

Das **Streifenbackenhörnchen** gehört zwar zu den Erdhörnchen, was aber nicht heißt, dass dieses Tier nicht klettern kann. Im Gegensatz zu den Eichhörnchen springt das Streifenbackenhörnchen nicht von Baum zu Baum, sondern läuft flink über die Äste wie ein Siebenschläfer. Die Nahrung sucht es in der Dämmerung und bei Sonnenaufgang vor allem auf dem Waldboden. Das Streifenbackenhörnchen ist ein Pflanzenfresser. Auf seinem Speiseplan stehen verschiedene Samen, Nüsse und Sprossen, mitunter auch Insekten und Larven. Die Heimat der Streifenbackenhörnchen sind helle Wälder im östlichen Teil Nordamerikas. Es ist ein Einzelgänger und deshalb bekommt man es nicht so leicht zu Gesicht.

Wie mit einem Gürtel umgibt sich die nördliche Halbkugel mit immergrünen **Nadelwäldern**, die wir nach dem russischen Begriff „Taiga" nennen. Sie erstrecken sich von der Küste des Pazifischen Ozeans im westlichen Nordamerika über ganz Kanada, und setzen sich über Skandinavien fort nach Sibirien und den Fernen Osten. Der grüne Waldteppich ist mit Seen und Mooren, der von zahlreichen Lebewesen bewohnt wird, durchwebt. Die hauptsächlichen Nadelbaumarten sind Fichten, Tannen, Kiefern und Lärchen, die mit dichten Flechten behangen sind. Der typische Unterwuchs besteht aus Kräutern, Riedgräsern, Schilf, Preiselbeeren, Erika, Moosen und Farnen. Die Nadelbäume sind perfekt an das kalte Klima angepasst. Zur Fotosynthese reichen ihnen die 2 Monate, in denen die Temperatur über 10 °C ist. Im Winter sind die Spaltöffnungen der Nadeln geschlossen (Winterruhe). Deshalb kommen die Bäume mit der langen Kälteperiode gut zurecht. Die Erde ist dann gefroren und Niederschläge sind selten.

Das typische Erkennungszeichen des **Weißwedelhirsches** ist sein Geweih. Die Enden des Geweihs drehen sich erst nach vorn und dann nach innen, sodass das Geweih eine Korbform annimmt. Während die nördlichen Unterarten bis zu 8 Enden haben können, tragen die südlicheren Arten weniger. Früher erstreckte sich das Territorium der Weißwedelhirsche von Kanada bis Peru, aber es ist gelungen, diese Tiere in Skandinavien und Neuseeland anzusiedeln. Die Männchen sind Einzelgänger, aber in der Brunftzeit suchen sie die Nähe der Weibchen. Sie machen sich aber nicht durch das typische „Röhren" bemerkbar, wie es bei anderen Hirschen üblich ist. Die Weibchen machen durch Pfeifgeräusche auf sich aufmerksam. Bei Gefahr warnen sie sich gegenseitig durch Anheben der Schwänze.

Streifenbackenhörnchen
Tamias striatus
Ordnung: Nagetiere
Gewicht: 65–140 g
Größe: 12,5–18,5 cm
Jungtiere: 1–9

Streifenbackenhörnchen

Schwarzbär
Ursus americanus
Ordnung: Raubtiere
Gewicht: 90–270 kg
Größe: 150–183 cm
Jungtiere: 1–5

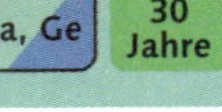

Waschbär
Procyon lotor
Ordnung: Raubtiere
Gewicht: 5,5–16 kg
Größe: 46–71 cm
Jungtiere: 2–7

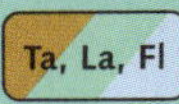

Waldmurmeltier
Marmota monax
Ordnung: Nagetiere
Gewicht: 2,2–4,5 kg
Größe: 40–51 cm
Jungtiere: 2–6

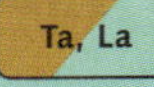

Weißwedelhirsch
Odocoileus virginianus
Ordnung: Paarhufer
Gewicht: 30–150 kg
Größe: 0,9–1,4 m
Jungtiere: 1–4

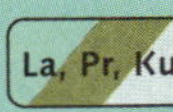

Virginia-Uhu
Bubo virginianus
Ordnung: Eulen
Gewicht: 2–4 kg
Größe: 45–63 cm
Jungtiere: 1–7

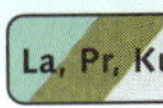

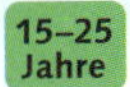

Viceroy

Das **Grauhörnchen** ist ein typisches Baumeich-hörnchen mit einem buschigen Schwanz, jedoch mit glatten Ohrläppchen ohne Pinselhärchen. Es bewohnt die Laubwälder Nordamerikas und ist manchmal auf Obstplantagen zu sehen. Die Hauptnahrung besteht aus Samen, Knospen und Eicheln, aber es lässt sich manchmal auch den süßen Holzsaft schmecken. Dieses Tierchen zieht lange Streifen von der Rinde junger Bäume ab und nagt das weiche Holz heraus. Während es sich in seiner Heimat am liebsten Ahornbäume aussucht, verursacht es in Großbritannien, wo es 1876 eingeschleppt wurde, große Schäden am Buchen- und Eichen-bestand. Das ganze Jahr über ist das Grauhörnchen aktiv, nur während der kältesten Wintertage versteckt es sich in gut ausgepolsterten Baumhöhlen oder in großen Nestern zwischen den Ästen. Häufig teilen sich viele Grauhörnchen auf einmal ein Versteck und wärmen sich gegenseitig. In Höhlen und Nestern bringt das Weibchen ihre Jungen zur Welt, die nach 10–16 Wochen die Kinderstube verlassen.

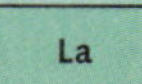 

Viceroy (Edelfalter)
Limenitis archippus
Ordnung: Schmetterlinge
Gewicht: wenige Gramm
Größe: bis 7,5 cm
Jungtiere: mehrere hundert

La | 1 Jahr

Grauhörnchen
Sciurus carolinensis
Ordnung: Nagetiere
Gewicht: 340–730 g
Größe: 20–25 cm
Jungtiere: 2–5

La, Ku | 10–15 Jahre

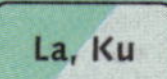 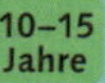

Rote Königsnatter
Lampropeltis triangulum
Ordnung: Schuppen-kriechtiere
Gewicht: ca. 400 g
Größe: 35–200 cm
Jungtiere: 2–17

La, Wü, Pr | 10–15 Jahre

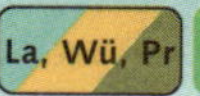 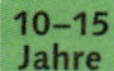

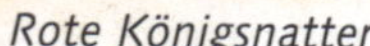
Grauhörnchen

Die **Rote Königsnatter** ist ein Mus-terbeispiel für Schutzfärbung („Mimi-kri"). Sie sieht aus wie die hochgiftige Korallennatter, ist aber selbst ungiftig – sie gaukelt Feinden also nur eine ver-meintliche Gefährlichkeit vor. Selbst die schnellen Bewegungen ihrer giftigen Doppelgängerin macht sie nach, um Feinde von einem möglichen Angriff abzubringen. In dem weitläu-figen Gebiet zwischen Kanada und Venezuela leben viele Schlangen, die sich stark ähneln.

Der **Viceroy**, ein Edelfalter, ist ein weiteres typisches Beispiel der Mimikri, die auch bei Insekten vorkommt. In diesem Fall imitiert er die fürchterlich schmeckenden, giftigen Wandermonar-chen. Eine andere Möglichkeit, sich vor Insekten fressenden Vögeln zu schützen, hat er nicht. Im Gegensatz zu den Monarchen unternimmt er keine langen Reisen in den Süden, sondern ist standorttreu.

Rote Königsnatter

Die **Sumpfschwalbe** sieht mit ihrem leicht stumpf gegabelten Schwanz und der weißen Kehle unserer Hausschwalbe ähnlich. Im Gegensatz zu dieser baut die Sumpfschwalbe keine Nester aus Lehm, Erde und Speichel, sondern benutzt Baumhöhlen, die Spechte ausgehöhlt haben. Die Eltern polstern die Höhle aus und füttern die Jungtiere gemeinsam. Das Leben von Hausschwalbe und Sumpfschwalbe unterscheidet sich sonst nicht weiter. Die Sumpfschwalbe ist ebenfalls ein Zugvogel und zieht vor dem Winter in den Süden. Bei der Rückkehr legt diese Schwalbenart Wert darauf, das gleiche Nest wie im Vorjahr zu besetzen.

Beutelratte

Sumpfschwalbe

In Nordamerika kommt nur eine Art der **Beutelratte** vor. In den letzten Jahren ist sie noch weiter in den Norden gelangt. Dieser Nager ist ein sehr anpassungsfähiges Tier, das sich auch mit den Menschen arrangiert. Die Beutelratte hält sich zwar überwiegend auf dem Boden auf, kann jedoch sehr geschickt klettern. Sie lebt einzelgängerisch, und um die Jungtiere kümmert sich ausschließlich das Weibchen. Sie bringt oft viel mehr Jungtiere zur Welt, als sie eigentlich aufziehen kann. Sie hat 13 Zitzen, von denen aber nicht alle Milch spenden. Daher überleben nie alle Jungen eines Wurfes.

Der gewölbte Panzer der **Dosenschildkröte** weist darauf hin, dass es sich um eine Landschildkröte handelt. Sie liegt zwar gern im flachen Wasser, um sich auszuruhen, da sie aber nicht schwimmen kann, taucht sie ihren Körper nicht ganz unter Wasser. Beheimatet ist diese Art im Osten der Vereinigten Staaten in hellen Wäldern oder Wiesen. Bedächtig durchstreift sie Wälder, Grasland und Strauchwerk und beißt von verschiedenen Sprossen, Beeren und Pilzen, die sogar giftig sind, mit ihrem scharfen Kiefer Stücke ab. Manchmal fängt sie auch Würmer und andere langsame Kleintiere. Wie alle Schildkröten sind die Dosenschildkröten Einzelgänger, und nur zur Paarungszeit sind diese Tiere für kurze Zeit zusammen. Die einzige Sorge um die Nachkommen besteht darin, dass das Weibchen die dünnschaligen Eier in die Erde vergräbt

und das „Ausbrüten" der Natur überlässt. Wenn sich die Dosenschildkröte bedroht fühlt, zieht sie ihren Weichkörper ganz in den Panzer zurück. Der untere Teil des Panzers hat nämlich drei Öffnungen, und die Schildkröte ist im Stande, Vorder- und Hinteröffnung fest zu verschließen. Diesen Schutzreflex benutzt das Weibchen sogar bei den Männchen, die diese „Festung" regelrecht erobern müssen.

Dosenschildkröte

Wolf
Canis lupus
Ordnung: Raubtiere
Gewicht: 10–80 kg
Größe: 1–1,6 m
Jungtiere: 1–11

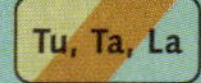 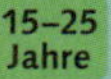
Tu, Ta, La | 15–25 Jahre

Schneeschuhhase
Lepus americanus
Ordnung: Hasen
Gewicht: 1–2 kg
Größe: 33–46 cm
Jungtiere: 2–4

 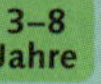
Tu, Ta | 3–8 Jahre

Wolf

Es gibt nur wenig Tiere, die so im Mittelpunkt der Aufmerksamkeit stehen wie der **Wolf** – zumindest auf der nördlichen Halbkugel, wo er lebt. In dem weit reichenden Gebiet der nördlichen Nadelwälder und Waldtundra leben 30 Unterarten, die sich durch Farbe und Größe voneinander unterscheiden. Den Grundbaustein eines Rudels bildet das Alphapaar, dem sich alle anderen Clanmitglieder unterzuordnen haben. Die Wölfe leben entweder zeitweise zusammen, oder sie bilden das ganze Jahr über ein Rudel. Die gesellschaftliche Stellung eines Tieres im Rudel hängt von dessen Körperkraft und vom typischen Verhalten des Tieres ab. Der Speiseplan eines Wolfes ist sehr vielfältig. Das Rudel ist fähig, ein Tier zu erbeuten, das größer ist als ein einzelner Wolf. Dazu gehören Hirsche, Elche und Rentiere. Ein Großteil ihrer Beute besteht aber aus mittelgroßen Tieren wie zum Beispiel Hasen und Biber. Aber auch Mäuse, Aas und Beeren verschmähen sie nicht. Dort, wo es in Konkurrenz zum jagenden Menschen nicht genug Nahrung gibt, vergreifen sie sich an Haustieren oder stöbern in Müllhalden, um sich zu sättigen.

Der **Schneeschuhhase** bewohnt offene Landschaften und die Gebirgstundra in Nordamerika. Wie auch viele andere Tiere des Nordens ist er an die unwirtlichen Lebensbedingungen gut angepasst. Im Winter trägt er ein dichtes weißes Fell, nur die Spitzen der Ohren sind schwarz. Im Sommer ist das Fell dieses Hasen dagegen graubraun bis rostrot, je nachdem, in welchem Gebiet er sich aufhält. Sein Schwanz bleibt allerdings weiß. Damit er nicht in den weichen Neuschnee zu tief einsinkt, sind seine Pfoten mit Fell bewachsen. Wie viele andere Hasen ist der Schneeschuhhase ein Einzelgänger; nur an den Orten, wo es genug Nahrung gibt, bilden die Tiere Kolonien. Wenn das Wetter ungünstig ist, versteckt sich der Hase zwischen Felsen oder er gräbt sich eine Erdhöhle. Im Sommer stehen verschiedene Kräuter auf dem Speiseplan, im Winter ernährt er sich ausschließlich von Baumrinde. Die Population nimmt in den nördlichen Nadelwäldern alle elf Jahre in großen Mengen zu.

Schneeschuhhase

Puma

Puma
Puma concolor
Ordnung: Raubtiere
Gewicht: 36–103 kg
Größe: 1–1,9 m
Jungtiere: 1–6

La, Pr, Ge · 15–20 Jahre

Schwarzwedelhirsch
Odocoileus hemionus
Ordnung: Paarhufer
Gewicht: 45–180 kg
Größe: 1,8–2,4 m
Jungtiere: 1–3

Ta, Pr, Wü · 16–25 Jahre

Der **Puma** oder **Silberlöwe** ist eine Großkatze, die den gesamten amerikanischen Kontinent von Kanada bis Patagonien bewohnt – im Gebirge, in Wäldern, Wüsten oder Sümpfen. Dazu ist zu sagen, dass der Puma nur noch in entlegenen Gebieten vorkommt, weil sein angestammter Lebensraum großteils vernichtet wurde. Und selbst dort wird er illegal verfolgt, besonders von Viehzüchtern, die in ihm einen lästigen Schädling sehen. Den Tag verbringt er in Verstecken, erst in der Dämmerung macht er sich auf die Jagd. Er ist fähig einen Hirsch zu erlegen, aber auch Nagetiere bereichern seine Nahrungspalette. Die Jagdtaktik besteht aus dem wachsamen Beobachten seiner Beute und dem schnellen Zugriff aus dem Hinterhalt. Der Puma ist wie viele andere Raubkatzen ein Einzelgänger. Männchen und Weibchen verbringen nur einige Wochen im Jahr gemeinsam. Die ganze Sorge um die Nachkommen trägt die Mutter, die sich bis zu einem Alter von zwei Jahren um die Jungen kümmert und sie beschützt.

Der **Schwarzwedelhirsch** ist ein starker Hirsch, mit einem struppigen Fell, das im Winter grau ist und im Sommer eine rostrote Färbung annimmt. Das auffälligste Merkmal ist ein dunkler Fleck auf der Stirn. Das Schwanzende hat eine schwarze Spitze und er hat große Ohren, die uns an einen Esel erinnern. Bei den Männchen fällt das Geweih auf, das dem eines asiatischen Hirsches ähnelt. Der Schwarzwedelhirsch lebt in Nadelwäldern, mitunter kann man ihn auch in der offenen Prärie oder an kleinen Seen und Sümpfen antreffen. Fast das ganze Jahr über lebt er allein oder in kleinen Gruppen, in der kalten Jahreszeit auch in kleinen Herden. Am Morgen und am Abend sind die Tiere auf Nahrungssuche. Ihre Nahrung besteht aus Zweigen, Blättern, Kräutern und Gräsern.

Schwarzwedelhirsch

Kanadaluchs
Lynx canadensis
Ordnung: Raubtiere
Gewicht: 7–13,5 kg
Größe: 81–91 cm
Jungtiere: 1–4

Ta, La | 15–18 Jahre

Ostkanadischer Elch
Alces alces americana
Ordnung: Paarhufer
Gewicht: 270–820 kg
Größe: 2,4–3,5 m
Jungtiere: 1–2

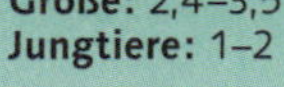 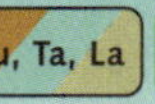 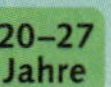
Tu, Ta, La | 20–27 Jahre

Die Nadelwälder in Alaska und im Norden der USA und Kanadas sind der Lebensraum des **Kanadaluchses**. Die unauffällige braungraue Farbe ermöglicht es ihm, sich gut in der Umgebung zu tarnen, um der Beute nicht aufzufallen. Er jagt vor allem Hasen, auf die er in seinem Versteck lauert. Wegen der dunklen Lichtverhältnisse innerhalb der Wälder verlässt er sich nicht nur auf seinen Geruchssinn, sondern auch auf seinen feinen Gehörsinn. Gegen den rauen Nordwinter ist er mit einem dichten Fell ausgestattet. Damit er nicht in den Schnee oder in den weichen Boden einsinkt, sind seine Pfoten mit dichtem Fell bedeckt. Der Kanadaluchs ist ein Einzelgänger. Die Größe seines Jagdreviers hängt davon ab, wie viele Hasen vorkommen. Vom Nahrungsangebot hängt auch die Anzahl der Jungtiere ab um die sich nur das Weibchen kümmert.

Kanadaluchs

Die Bezeichnung **Tundra** kommt von dem finnischen Wort für „offene Ebene". Die Tundra ist überraschend vielfältig. Seen, Moore, kleine Berge und hohe Gebirge kennzeichnen diese Landschaftsform. Sie zieht sich am gesamten nördlichen Rand Eurasiens und Nordamerikas entlang. Der Boden ist durch die niedrigen Temperaturen ständig gefroren und nur im Sommer, der 3 Monate dauert, taut der Boden etwa 50 cm weit auf. Typische Pflanzen der Tundra sind Zwerghölzer wie Birken und Weiden, Gräser, Flechten und Moose. Gerade die Flechten bilden die Grundnahrungskette. Durch die geringen Niederschläge und die niedrige Luftfeuchtigkeit ähnelt die Tundra der Wüste. Trotz der langen und harten Winter leben hier viele Tierarten.

Der massige Körper, die langen Beine, der große Kopf mit dem langen Kehlbart und der überhängenden Oberlippe und bei den Männchen das schaufelartige Geweih sind die typischen Merkmale der größten Hirsche – der Elche. Einige Unterarten wie auch der **Ostkanadische Elch** bewohnen die Waldtundra auf der ganzen nördlichen Halbkugel. Im kurzen Sommer kann man das sonst einzeln lebende Männchen bzw. Weibchen gemeinsam mit den Jungtieren in Sümpfen und Seen beobachten, wie sie bis zum Bauch im Wasser stehen und den Kopf ins Wasser tauchen. Unter Wasser weiden sie die nährstoffreiche Vegetation ab. Den Winter verbringen diese Elche in kleinen Herden und ernähren sich hauptsächlich von Baumrinde und Zweigen.

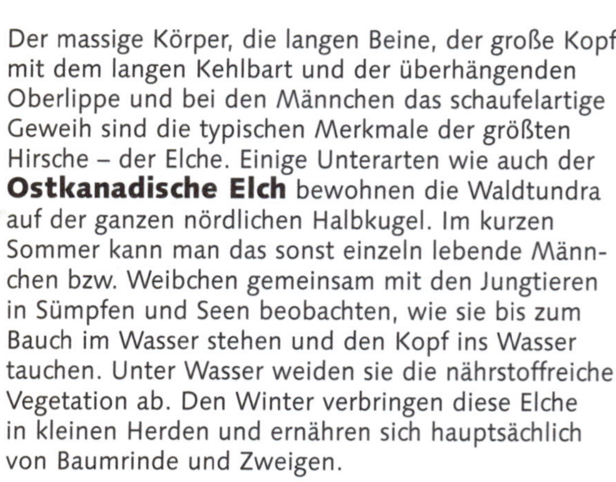

Ostkanadischer Elch

Baumstachelschwein

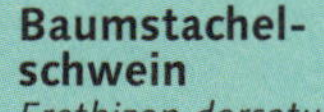

**Baumstachel-
schwein**
Erethizon dorsatum
Ordnung: Nagetiere
Gewicht: 3,5–12,7 kg
Größe: 56–68 cm
Jungtiere: 1

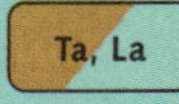

Ta, La | 15–20 Jahre

Magnolien-Waldsänger
Dendroica magnolia
Ordnung: Sperlingsvögel
Gewicht: 13–16 g
Größe: 11–12 cm
Jungtiere: 4–5

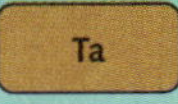

Ta | bis 10 Jahre

Das **Baumstachelschwein** oder **Urson** sieht zwar aus
wie ein Stachelschwein, in Wahrheit ist es aber mit den Meerschweinchen verwandt. Zwar kann es sehr gewandt klettern, aber
zwischen den Bäumen bewegt es sich recht ungeschickt. Das Baumstachelschwein bewohnt die Mischwälder von Alaska, Kanada und den
Vereinigten Staaten. Offene Landschaften meiden die Tiere. Nur im Frühling
wagen sie sich auf Wiesen, um sich das frische Gras schmecken zu lassen. Im Sommer
sucht das Baumstachelschwein seine Nahrung auf der Erde. Es frisst Blätter, Beeren,
Blüten, gräbt Wurzeln aus und sammelt Samen und Nüsse. Im Winter klettert es
hoch auf die Bäume und frisst die Rinde von Nadelbäumen. Hauptfeind ist der Fisch-
marder. Er dreht es auf den Rücken und greift es am ungeschützten Bauch an. Die
Jungen werden ähnlich wie bei den Meerschweinchen gut entwickelt geboren.

Der **Magnolien-Waldsänger** ist
ein amerikanischer Singvogel. Er nistet
in Misch- und Nadelwäldern von Alaska,
Kanada und den USA. Er gehört zu
den Zugvögeln und vor dem Winter
fliegt er in südlichere Gebiete. Wie sein
dünner Schnabel verrät, ernährt er sich
von Insekten und anderen wirbellosen
Tieren. Auch in den Wintergebieten
Mittel- oder Südamerikas sucht er diese
Nahrung. Wenn er jedoch in den Süden
der USA fliegt, ernährt er sich bevorzugt von Beeren. Die Jungtiere werden
am Anfang nur von der Mutter mit
Insekten gefüttert, später auch vom
Männchen.

Magnolien-Waldsänger

Präriehund
Cynomys ludovicianus
Ordnung: Nagetiere
Gewicht: 0,9–1,5 kg
Größe: 28–33 cm
Jungtiere: 3–8

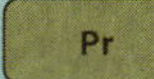

Pr | 4–8 Jahre

Schwarzfuß-Iltis
Mustela nigripes
Ordnung: Raubtiere
Gewicht: 0,8–1,1 kg
Größe: 38–50 cm
Jungtiere: 1–6

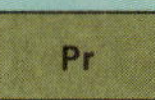

Pr | 7 Jahre

Gabelbock
Antilocapra americana
Ordnung: Paarhufer
Gewicht: 35–70 kg
Größe: 1–1,5 m
Jungtiere: 1–3

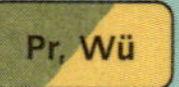

Pr, Wü | 10–13 Jahre

Bison
Bison bison
Ordnung: Paarhufer
Gewicht: 350–1000 kg
Größe: 2,5–3,8 m
Jungtiere: 1

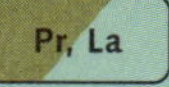

Pr, La | 15–35 Jahre

Kojote
Canis latrans
Ordnung: Raubtiere
Gewicht: 7–22 kg
Größe: 0,7–1 m
Jungtiere: 2–12

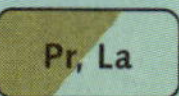

Pr, La | 15–22 Jahre

Präriehund

Der **Präriehund** ist ein sehr soziales Nagetier. Er baut unterirdische „Höhlensiedlungen", die eine Fläche von 65 ha haben können. Die Tiere leben in Familien, und verständigen sich untereinander durch Berührungen und verschiedene Stimmlaute. Für die Sicherheit sorgt eines der Tiere, das vor der Höhle „Männchen" macht und bei Gefahr laut bellt. Im Herbst beendet der Präriehund die liebevolle Beziehung mit der Familie und jedes erwachsene Männchen schützt bis zum Frühling sein Territorium. Wenn es in der Kolonie zu eng wird, ziehen die alten und erfahrenen Tiere aus und suchen sich ein neues Gebiet. Die jungen Tiere bleiben in der gewohnten Umgebung.

Die nordamerikanische **Prärie** ist ein riesiges Grasland und breitete sich früher auf einem viel größeren Gebiet als heute aus, musste aber im Laufe der Zeit den Ansprüchen der Landwirtschaft und der Städte weichen. Typisch ist der geringe Niederschlag (maximaler Jahresniederschlag 500 mm), der es den Bäumen erschwert, zu wachsen. Je nach Feuchtigkeitsgrad unterscheiden wir die Kurzgras-, Mischgras- und Langgrasprärie. Je feuchter der Boden ist, desto länger wächst das Gras. Die Prärie ist alles andere als eintönig. Ihr Aussehen verändert sich mit den Wetter-, Wind- und Feuereinflüssen, die auf das Land einwirken. Die überwiegenden Pflanzenformen sind Gräser, verschiedene Kräuter, Kleinsträucher und allein stehende Bäume. Typische Lebewesen sind die weidenden Bisons und Gabelböcke sowie die zahllosen Nagetiere, die unter der Erde leben. Wichtig für das Funktionieren des Ökosystems Prärie sind die Insekten. Die Seen, die nur kurzweilig entstehen, dienen als Rast- und Zufluchtsort für viele Zugvögel.

Der **Schwarzfuß-Iltis** lebt als Nahrungsspezialist in einer ökologischen Nische: Er jagt ausschließlich Präriehunde, in deren Erdhöhlen er sogar lebt. Leider wird ihm die enge Bindung zu den Präriehunden allmählich selbst zum Verhängnis. Da die Präriehunde immer mehr aus ihren Territorien verjagt oder ausgerottet werden, nimmt auch die Zahl der Schwarzfuß-Iltisse immer mehr ab. Bis heute ist die Anzahl dieser Tiere so stark gesunken, dass sie auf die rote Liste der vom Aussterben bedrohten Tiere gesetzt wurden.

Der ausgedehnte Lebensraum des **Kojoten**, der seinen Namen nach der aztekischen Bezeichnung „Coyotl" bekam, zieht sich von Alaska bis nach Mexiko. Im Gegensatz zu vielen landläufigen Vermutungen lebt der Kojote nicht als Einzelgänger, sondern zumindest einen großen Teil des Jahres im Rudel. Den Grundbaustein eines Rudels bildet das Alphapaar mit seinen sechs verwandten Tieren. Während ein einzelner Kojote kleine Säugetiere jagt, traut sich das Rudel sogar an einen Gabelbock oder Hirsch heran. Ein weiterer Bestandteil ihrer Nahrung besteht aus Aasfleisch und Früchten.

Präriehund

Schwarzfuß-Iltis

Die **Prärieklapperschlange** ist wie alle Klapperschlangen eine ausgezeichnete Jägerin der Nacht. Auf dem Kopf trägt sie grübchenartige Biosensoren, die als Wärmeorgan dienen. Damit nimmt die Klapperschlange infrarote Strahlung wahr, die von den kleinen Säugetieren abgegeben wird. Mit erstaunlicher Sicherheit ist sie fähig, ihre Beute treffsicher zu stellen und mit dem relativ schwachen Gift zu erlegen. Den Tag verbringt sie in einem Versteck und nutzt auch verlassene Erdhöhlen der Präriehunde. Manchmal macht sie sich auch auf den Weg, die Höhlensysteme der Präriehunde zu durchstöbern, um ein unvorsichtiges Jungtier zu erbeuten.

Noch im 19. Jahrhundert bevölkerten die riesigen Herden der **Bisons** die grasigen Ebenen, Erlenhaine und Nadelwälder Nordamerikas. Heute kann man die großen Wiederkäuer nur noch in kleinen Naturschutzgebieten beobachten. Der Bulle ist größer und schwerer als die Bisonkuh. Der Kopf, die Vorderbeine und der bucklige Vorderteil des Rückens sind mit einer dichten Mähne bedeckt. Der Grund für den großen Unterschied zwischen Vorder- und Hinterteil wird erst beim Zusammenstoßen zwischen den Bullen klar. Sie versuchen nämlich den Gegner mit den großen Hörnern auf die Seite zu drücken und so den verletzlichen Bauch zu treffen. Der erwachsene Bulle lebt allein, wogegen die Kühe in kleinen Herden leben. Nur in der Zeit, wo sie gemeinsam saftige Weiden aufsuchen, paaren sie sich.

Der **Gabelbock** ähnelt der afrikanischen Antilope. Er ist sehr schnell und neugierig. Dieses Tier kann eine Geschwindigkeit von 90 km/h erreichen und verbindet diesen Sprint mit 8 m langen Sprüngen. Außergewöhnlich sind beim Gabelbock die hakenförmigen Hörner, wobei die Enden nach vorne wachsen. Diese trägt aber nur der Bock, die er nach der Brunftzeit wieder abwirft. Die Hörner des Weibchens sind so klein, dass sie mit Fell überwachsen sind. Das Männchen schließt sich nach der Brunftzeit der Herde an und bleibt dort bis zum Frühling.

Später besetzt der erwachsene Bock ein eigenes Revier, das er mit einem üblen Geruch aus einer Drüse kennzeichnet und auch verteidigt. In den vergangenen Jahrhunderten war der Gabelbock im mittleren Westen Amerikas zahlreich vertreten. Aber um 1920 waren von den millionengroßen Herden nur noch 13 000 Tiere übrig.

Das Ziesel ist ein typischer Bodenbewohner der weiten grasigen Prärien. Es baut unter der Erde Höhlensysteme, die es nur verlässt, wenn es Nahrung sucht. Die Nahrungsgrundlage bilden verschiedene Pflanzen, Grashalme, Samen und Körner. Zusätzlich frisst es auch wirbellose Kleintiere. Das gilt auch für **Richardson's Ziesel**. Fast das ganze Jahr über schläft dieses Tier in einem unterirdischen Versteck. Dort verbringt es sowohl die kalten Wintermonate als auch den heißen Sommer.

Prärieklapperschlange
Crotalus viridis concolor
Ordnung: Schuppenkriechtiere
Gewicht: bis 5 kg
Größe: 1–1,2 m
Jungtiere: 6–20

Pr | 15–25 Jahre

Bison

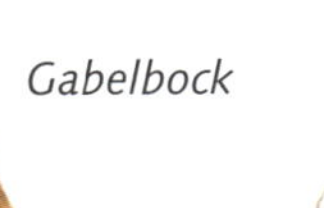
Gabelbock

Kojote

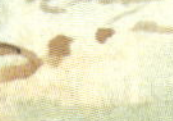

Richardson's Ziesel

Prärieklapperschlange

Flachland-Taschenratte
Geomys bursarius
Ordnung: Nagetiere
Gewicht: 120–350 g
Größe: 14–23 cm
Jungtiere: 1–8

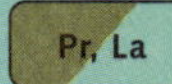 Pr, La | 3–5 Jahre

Präriefalke
Falco mexicanus
Ordnung: Greifvögel
Gewicht: 0,5–1 kg
Größe: 37–47 cm
Jungtiere: 3–5

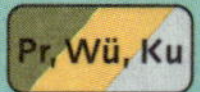 Pr, Wü, Ku | 10–20 Jahre

Dreizehnstreifen-Erdhörnchen
Spermophilus tridecemlineatus
Ordnung: Nagetiere
Gewicht: 140–250 g
Größe: 11,5–16,5 cm
Jungtiere: 7–10

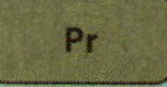 Pr | 5–7 Jahre

Der **Präriefalke** ist ein mittelgroßer Vertreter der Falken, die in offenen Landschaften bis 4000 m über dem Meeresspiegel vorkommen. Dabei muss es nicht immer die Prärie sein, auch in den Halbwüsten und Kulturlandschaften ist er ansässig. Im Gegensatz zu seinen Verwandten jagt er vor allem Ziesel, die er aus der Luft beobachtet und dann nach steilem Sturzflug schlägt. Auch Vögel, Schlangen und Eidechsen verschmäht dieser Falke nicht. In der Balzzeit führt das Männchen verschiedene Tänze vor, um das Weibchen an das Nest zu locken. Die Präriefalken bauen selbst kein Nest. Entweder benutzen sie verlassene Nester oder das Weibchen legt die Eier direkt auf den nackten Felsen.

Präriefalke

Die **Flachland-Taschenratte** ist der Prototyp eines Tieres, das an eine grabende Lebensweise angepasst ist. Der kompakte Körper ohne einen Halsansatz verschmälert sich in Richtung Schnauze. Der dünne Schwanz ist Berührungen gegenüber empfindlich. Das Fell der Flachland-Taschenratte ist fein und dicht. Mit starken Schneidezähnen, die mit zwei längsläufigen Rillen ausgestattet sind, frisst sie sich regelrecht durch Wurzelwerk und Boden. Mit den großen Krallen an den Vorderpfoten gräbt sie sich durch die Erde an die Oberfläche. Die Flachland-Taschenratte bekam ihren Namen wegen ihrer großen Wangentaschen, in denen sie ihre gesammelten Samen und andere Pflanzenteile in ihre 15 m lange Erdhöhle schleppt. Sie ist ein Einzelgänger und verteidigt mutig ihr Territorium.

Flachland-Taschenratte

Das **Dreizehnstreifen-Erdhörnchen** verbringt zwar sein Leben in Bodennähe und unter der Erde, ist aber mit dem Eichhörnchen verwandt. Dieses Tier kommt auch nicht in Wäldern vor, vielmehr siedelt es in den trockenen Kurzgrasprärien im Westen der USA. Den Sommer verbringt das Dreizehnstreifen-Erdhörnchen mit dem Sammeln von verschiedenen Samen, von denen es große Vorräte anlegt. Bis zum Herbst futtert es sich Fettreserven an, nimmt stark an Gewicht zu und begibt sich dann in seine weich ausgepolsterte Höhle, um in den Winterschlaf zu fallen. So schläft es 7 Monate, denn an die Wintervorräte macht es sich erst im Frühling. Dann erwacht das schwache und abgemagerte Tier aus seinem Dauerschlaf. Kurz darauf kommt es zur Paarung, doch das Weibchen und das Männchen bleiben nicht zusammen. Die ganze Brutpflege übernimmt allein das Weibchen. Die Jungtiere sind wie bei allen Erdhörnchen nach der Geburt nackt und von der Fürsorge der Mutter abhängig.

Dreizehnstreifen-Erdhörnchen

Das **Präriehuhn** bewohnt offene Grasebenen, Prärien und landwirtschaftliche
Anbaugebiete. Es ernährt sich vor allem
von Sprossen, Samen, Beeren und im Frühling von wirbellosen Kleintieren. Fast das
ganze Jahr über lebt es allein, erst zur Balzzeit versammeln sich die Männchen an
einem gemeinsamen Ort. Bei Sonnenaufgang und -untergang locken sie
die Weibchen mit ihren ritualisierten
Tänzen, Vorführungen ihrer Federn und
prächtigen Hautlappen an. Diese Tänze
wurden von den Indianern
übernommen.

Präriehuhn

Die **Wildpute** ist ein großer Vogel, bei dem
die beiden Geschlechter sehr unterschiedlich aussehen. Das Männchen macht beim Balzen mit
den roten Hautlappen auf dem Kopf und am Hals
und den fächerartig gespreizten Schwanzfedern
eine gute Figur. Das Weibchen begleitet nur ein
paar Wochen lang die schnell lernenden Jungtiere.
Die Wildputen leben von Kanada bis Mexiko in offenen Landschaften und Laubwäldern und ernähren
sich hauptsächlich von Samen, Beeren und anderen
Feld- und Waldfrüchten. Zuerst wurden sie von mexi-
kanischen Indianern gezüchtet und im 16. Jahrhundert wurden sie erstmals nach Europa gebracht.

Wildpute

Der **Kalifornische Eselhase** besiedelt
trockene und offene Landschaftsgebiete im
Westen der USA. Am Tag ist das Tier nur
selten zu beobachten. Erst in der kühlen
Dämmerung begibt er sich auf die Äsungen.
Im Sommer ernährt er sich von Gräsern
und Kräutern und im Winter von der
Rinde der Sträucher. Die großen Ohren
zeugen von einem scharfen Gehör,
darüber hinaus dienen sie dem
Wärmeausgleich. Er ist ein scheuer
Einzelgänger und bei Gefahr läuft er
mit langen Sprüngen davon. Bei kurzen
Fluchtentfernungen erreicht er eine
Geschwindigkeit von 56 km/h.

Kalifornischer Eselhase

Die **Kängururatte** bewohnt wie ihre Artgenossen Wüsten und Halbwüsten, in denen sie leicht zu grabende Sandböden bevorzugt. Die Hitze
am Tag überbrückt sie in ihrem Versteck, das sie erst bei Einbruch der
Nacht verlässt. Sie ist eigentlich eine neu klassifizierte Art der Springmaus,
an die die großen Augen, der lange Schwanz und die großen Hinterbeine
erinnern. Die Nahrung besteht vor allem aus Samen, die sie in ihren
Wangentaschen in ihre Erdhöhle trägt.

Kängururatte

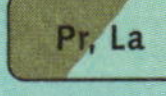

Wildpute
Meleagris gallopavo
Ordnung: Hühnervögel
Gewicht: 4–10 kg
Größe: 90–110 cm
Jungtiere: 10–13

Pr, La — bis 12 Jahre

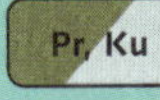

Präriehuhn
Tympanuchus cupido
Ordnung: Hühnervögel
Gewicht: 0,8–1 kg
Größe: 43–48 cm
Jungtiere: 5–17

Pr, Ku — bis 5 Jahre

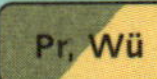

Kalifornischer Eselhase
Lepus californicus
Ordnung: Hasen
Gewicht: 1,3–3,1 kg
Größe: 43–53 cm
Jungtiere: 1–6

Pr, Wü — 3–7 Jahre

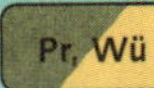

Kängururatte
Dipodomys ordii
Ordnung: Nagetiere
Gewicht: 42–72 g
Größe: 102–114 mm
Jungtiere: 2–5

Pr, Wü — 1–3 Jahre

Odinshühnchen
Phalaropus lobatus
Ordnung: Watvögel
Gewicht: 20–48 g
Größe: 18–19 cm
Jungtiere: 3–4

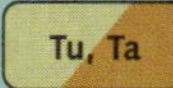 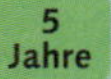

Rostbrachvogel
Numenius americanus
Ordnung: Watvögel
Größe: 40 cm
Jungtiere: 4

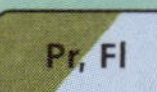 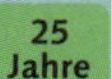

**Braunhals-
Säbelschnabler**
Recurvirostra americana
Ordnung: Watvögel
Gewicht: 250–450 g
Größe: 45 cm
Jungtiere: 3–4

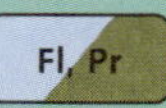 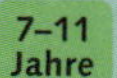

Chuckwalla
Sauromalus obesus
Ordnung: Schuppen-
kriechtiere
Gewicht: 0,5–1,5 kg
Größe: 28–43 cm
Jungtiere: 5–13

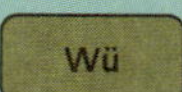

Das **Odinshühnchen** ist ein Wasservogel mit Schwimmhäuten zwischen den Zehen. Auf dem Bauch befinden sich wasserundurchlässige Federn, die Luft einschließen und so das Schwimmen erleichtern. Dieses Tier hat seine Brutgebiete im Süden Nordamerikas und überwintert in Südamerika. Das Odinshühnchen sucht beim Durchwaten von Sümpfen nach Kleingetier oder es schwimmt kreisförmig umher und sucht die Nahrung im flachen Wasser. Das Weibchen hat eine kräftigere Färbung als das Männchen. Erstaunlicherweise sucht das Weibchen den Nistplatz und das Männchen brütet auf den Eiern und kümmert sich später um die Jungtiere.

Odinshühnchen

Flüsse, Seen und Sümpfe stellen zwar nur 1,5 Prozent der gesamten Wasseroberfläche auf der Erde dar, aber sie bieten vielen Lebewesen gute Lebensbedingungen durch ein reichhaltiges Nahrungsangebot, durch ideale Brutmöglichkeiten und durch ihre Funktion als Rastplätze für Zugvögel. Die meisten Flüsse ändern entlang ihres Laufes ihren Charakter. Im Unterlauf ähneln die Lebensbedingungen der großen Flüsse denen der Seen. In beiden Milieus finden wir kompliziert aufgebaute Nahrungsketten. Das Leben in den Seen wird von der Größe, Tiefe und der chemischen Zusammensetzung beeinflusst. Sümpfe entstehen dort, wo das Relief flach ist und das Wasser stehen bleibt und nicht abfließt oder versickert. Besondere Sümpfe sind die Salzsümpfe, die vom Meerwasser regelmäßig überschwemmt werden. Die größten nordamerikanischen Flüsse sind der Mississippi und der Missouri, bedeutende Seen sind die Großen Seen und von den Sümpfen sind die Everglades in Florida erwähnenswert.

Ähnlich wie seine europäischen Artgenossen hat auch der **Braunhals-Säbelschnabler** einen langen Schnabel, der nach oben gebogen ist, und auffällige lange Watbeine. Seine Nahrung sucht er nämlich in tieferen Ufergewässern. Dazu wendet er zwei verschiedene Jagdmethoden an. Entweder fängt er die kleinen Lebewesen mit der Spitze des Schnabels, oder er bewegt den Schnabel zur Seite und ertastet sie mit dem gebogenen Teil. Diese Vögel nisten in kleinen Kolonien und jedes Paar verteidigt sein Gebiet. Das Nest ist flach und um das Brutgeschäft kümmern sich beide Elternteile.

Braunhals-Säbelschnabler

Rostbrachvogel

Die langen Beine und der dünne Schnabel weisen darauf hin, dass der **Rostbrachvogel** bei der Nahrungssuche durch flache Gewässer läuft und Kleinlebewesen aus dem Schlamm pickt. Er nistet in Sümpfen oder auf überschwemmten Wiesen, wo er dank seiner Farbe gut getarnt ist. Vor dem Winter zieht er in großen Rotten in den Süden nach Mittel- und Südamerika. Dort überwintert er an den Meeresküsten.

Die **Gefleckte Klapperschlange** verbringt den Tag unter Steinen oder Strauchwerk, und erst bei Einbruch der Nacht macht sie sich auf die Jagd nach kleineren Wirbeltieren. Beim kleinsten Anzeichen von Gefahr versucht sie den Gegner mit aufgeregtem Rasseln ihrer Hornrasseln an der Schwanzspitze zu erschrecken. Die kleinen scheibenförmigen Teilchen sind hornartige Verwachsungen am Schwanzende. Weil sie frei zueinander beweglich sind, machen sie bei Bewegungen des Schwanzes dieses Rasselgeräusch.

Der **Amerikanische Rennkuckuck** lebt nicht in Wäldern, sondern in Halbwüsten. Er hat sich an das unwirtliche Gebiet bestens angepasst. In den kühlen Nächten sinkt seine Körpertemperatur ab, wodurch der Kuckuck Energie spart. Am Morgen wärmt er sich schnell wieder auf, denn sein dunkles Gefieder absorbiert die Wärme der Sonne. Damit er schnell die gewünschte Temperatur erreicht, plustert er sein Federkleid auf, um eine möglichst große Oberfläche zu bieten. Am Tag sucht er nach großen Insekten und Eidechsen. Diese Kuckucksart gehört nicht zu den Kuckucken, die ein fremdes Nest besetzen. Männchen und Weibchen bauen gemeinsam das Nest. Beide Elternteile kümmern sich um das Ausbrüten der Eier und später um die Aufzucht der Nachkommen.

Der **Chuckwalla**, ein großer Leguan, bekam seinen Namen von den Indianern verliehen. Er hat einen glatten Körper ohne Dornen oder Kämme, denn er hat sich an das Leben zwischen Felsen angepasst. In der Steinwüste, die er bewohnt, versteckt er sich in Steinritzen. Er ist am Tag aktiv und ernährt sich ausschließlich von Pflanzen.

Die kleinste Eule Nordamerikas, der **Elfenkauz**, bewohnt die Wüsten im Südwesten des Kontinents. Auf die Jagd geht er erst nach Sonnenuntergang. Den Tag verbringt er in seiner Höhle, die sich in einem großen Kaktus befindet. Deshalb heißt er auch Kaktuskauz. In diesem Kaktus nistet er auch, denn die langen Stacheln bieten ihm einen guten Schutz. Die Höhlen baut er nicht selbst. Er benutzt verlassene Nester, die von Spechten gezimmert worden sind.

Gefleckte Klapperschlange
Crotalus mitchelli
Ordnung: Schuppenkriechtiere
Gewicht: bis 4 kg
Größe: 1–1,5 m
Jungtiere: 10–20

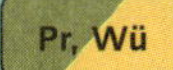
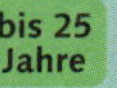

Pr, Wü — bis 25 Jahre

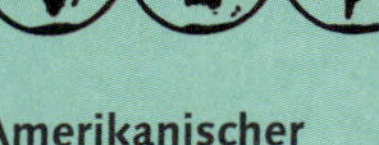

Amerikanischer Rennkuckuck
Geococcyx californianus
Ordnung: Kuckucksvögel
Gewicht: 300–320 g
Größe: 50–60 cm
Jungtiere: 2–6

Wü — 7–8 Jahre

Elfenkauz
Micrathene whitneyi
Ordnung: Eulen
Gewicht: 40–50 g
Größe: 13–14 cm
Jungtiere: 2–5

Wü — 5 Jahre
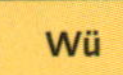
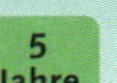

Gefleckte Klapperschlange

Amerikanischer Rennkuckuck

Chuckwalla

Elfenkauz

Kalifornische Schopfwachtel
Callipepla californica
Ordnung: Hühnervögel
Gewicht: 172–176 g
Größe: 22–29 cm
Jungtiere: 9–16

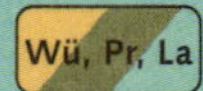

Gila-Krustenechse
Heloderma suspectum
Ordnung: Schuppen-
kriechtiere
Gewicht: bis 1,8 kg
Größe: 25–60 cm
Jungtiere: 3–15

Kartoffelkäfer
Leptinotarsa decemlineata
Ordnung: Käfer
Gewicht: einige Gramm
Größe: 12–17 mm
Jungtiere: 1000–2000

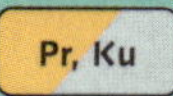 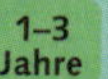

Grisli
Ursus arctos horribilis
Ordnung: Raubtiere
Gewicht: 145–400 kg
Größe: 180–215 cm
Jungtiere: 2–4

 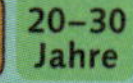

Die **Kalifornische Schopfwachtel** verbringt die meiste Zeit ihres Lebens auf dem Boden, wo sie mit ihrem kurzen Schnabel verschiedene Samen und Beeren sucht. Manchmal ist auch das eine oder andere Insekt dabei. Im Gegensatz zu anderen Hühnervögeln hat die Kalifornische Schopfwachtel keine Sporen an den Beinen. Während der Brutzeit leben die Tiere in Paaren. Das Männchen kennzeichnet seinen Nistplatz mit lautem Rufen. Auf den Eiern sitzt nur das Weibchen, aber sobald die Jungtiere schlüpfen, kümmert sich auch das Männchen um die Nachkommen. Wenn die Jungvögel selbstständig sind, versammeln sich die Schopfwachteln zu Zugschwärmen. Diese Schwärme sind oft sehr zahlreich. Die Vögel wurden erfolgreich in Argentinien und Neuseeland ausgesetzt. Wegen ihres schönen Aussehens werden sie oft in Gefangenschaft gezüchtet.

*Kalifornische
Schopfwachtel*

Die **Wüsten und Halbwüsten** sind sehr lebensfeindliche Gebiete. Die Kombination aus Trockenheit (es gibt Wüsten, in denen es länger als 10 Jahre nicht regnet) und Temperaturschwankungen stellen an die Organismen große Ansprüche. Während es am Tag über 50 °C heiß werden kann, sinken die Temperaturen in der Nacht bis unter den Gefrierpunkt. Die Pflanzen versenken ihre Wurzeln tief in den Boden und kleine Flechten speichern das Wasser. Die Tiere dieser Trockengebiete schützen sich vor der Hitze, indem sie entweder unter der Erde leben oder nur während der Nacht aktiv sind. Die größten Wüsten in Nordamerika sind die Mojavewüste und die Sonorawüste. Die Sonorawüste ist eine Steinwüste, in der dornige Büsche und Kakteen wachsen. Der bekannte Saguaro-Kaktus dominiert in dieser Wüste. Andere Steinwüsten sind mit scharfkantigen Gräsern bewachsen.

Die einzigen giftigen Echsen sind die Krustenechsen. Die **Gila-Krustenechse** ist ein auffällig gefärbtes Reptil, das aber in den Wüsten und Halbwüsten, in denen es lebt, hervorragend getarnt ist. Die kühlen Nächte und die Mittagshitze verbringt sie in einem Versteck. Jeden Morgen und Abend macht sie sich auf die Jagd nach kleinen Wirbeltieren, die sie aber mit dem starken Biss ihrer Kiefer erlegt, nicht mit dem Gift. Bei der Suche nach Vogeleiern als Nahrung klettert sie geschickt auf Bäume. Von den erbeuteten Eiern zerbricht sie die Schale, um an den Inhalt zu kommen, den sie ausleckt.

Gila-Krustenechse

Rothirsch

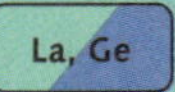

**Amerikanischer
Rothirsch**
Cervus elaphus
Ordnung: Paarhufer
Gewicht: 225–450 kg
Größe: 1,8–2,4 m
Jungtiere: 1–2

La, Ge | 14–25 Jahre

Der **amerikanische Rothirsch** wurde früher von Zoologen als eine selbst-
ständige Art betrachtet und als Wapiti *(Cervus canadensis)* bezeichnet. Heute
stellt man ihn mit dem europäischen Rothirsch gleich. Die Männchen dieser
imposanten Tiere tragen ein Geweih von 1 m Länge. Der Lebensraum der Rothirsche sind die Waldränder und offenen Wälder, von wo sie sich aber immer
weiter in die Gebirge zurückziehen, die den Tieren bessere Lebensbedingungen bieten. Einige Unterarten sind bereits ausgestorben. Auch in der Lebensweise unterscheiden sich amerikanische und europäische Rothirsche nicht.
In der Brunftzeit versuchen die Männchen, durch Kämpfe die Rangfolge zu
bestimmen. Den Rest des Jahres wandern sie einsam oder in kleinen Herden
durch ihre Reviere. Um die Jungtiere kümmert sich nur das Weibchen.

Der **Grisli** bewohnt nur noch einen Teil der großen Gebiete, die er einst
beherrschte. Dieser Bär ist ein Einzelgänger, der sich in Wäldern und offenen
Landschaften herumtreibt. Er frisst alles, was ihm in den Weg kommt. Er wagt
sich an Elche heran, fängt geschickt Lachse und liebt Beeren. Oft steht er
zur besseren Übersicht auf den Hinterbeinen. Er liebt das Wasser und badet
sehr gern. Das Weibchen bringt im Winter die Jungtiere zur Welt, die sie
gegen Eindringlinge beschützt. Die Jungen bleiben vier Jahre bei der Mutter.
Der Grisli ist ein außergewöhnliches Raubtier. Schon sein breiter Kopf und
die großen Krallen fordern Respekt. Sein Name kann zweierlei Ursprünge
haben. Der englische Ausdruck „Grisly" bedeutet Furcht erregend.
Im Namen „Grisli" steckt auch der Wortstamm gris (grau) was sich
auf seine grauen Rückenhaare bezieht.

Der **Kartoffelkäfer** ist ein bekannter Schädling in landwirtschaftlichen
Anbaugebieten, stammt jedoch aus Nordamerika. Die Käfer und ihre
Larven ernähren sich von Blättern der Liliengewächse und der grünen
Kartoffelpflanze; bei Befall haben sie die besten Bedingungen, sich
massenweise zu vermehren. Dann sind diese Käfer und die Larven
fähig, in kurzer Zeit große Anbauflächen zu vernichten. Nach Europa
wurde dieser Käfer zufällig eingeschleppt wo er sich in kürzester
Zeit akklimatisiert hatte.

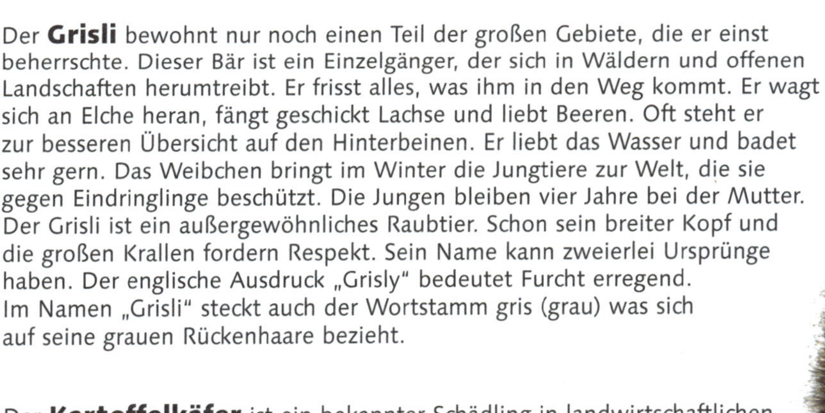

Kartoffelkäfer

Grisli

Dallschaf

Dallschaf
Ovis dalli
Ordnung: Paarhufer
Gewicht: 56–135 kg
Größe: 1,5–2,1 m
Jungtiere: 1–2

Ge | 15–20 Jahre

Das robuste **Dallschaf** lebt in den unzugänglichen Bereichen der nördlichen Gebirge sowie in der Tundra. Wir kennen drei Unterarten, die sich durch dunkelgraues, hellgraues und weißes Fell voneinander unterscheiden. Für alle Arten sind jedoch die gelben Hörner typisch. Das Männchen trägt große, auffällig gedrehte und das Weibchen bedeutend kleinere Hörner. Sehr geschickt bewegen sie sich in Gruppen von sechs und mehr Tieren auf steilen Hängen. Während des Sommers bilden die Tiere sowohl nur männliche Herden, als auch solche, die von Weibchen und ihren Jungtieren gebildet werden. Erst im Herbst schließen sich die erwachsenen Männchenherden den Weibchenherden an, was von Imponierkämpfen der Böcke begleitet wird. Dabei rückt die Funktion der Hörner und des starken Schädels in den Vordergrund. Die Männchen rennen mit Anlauf gegeneinander und stoßen mit der Stirn zusammen. Schädelknochen und Hornansatz dämpfen den Aufprall, andernfalls wäre der Zusammenstoß tödlich. Das Dallschaf muss sich in seinem Lebensraum bezüglich der Nahrung mit allem zufrieden geben, was die Natur bietet. Dabei kann es sich um Gebirgskräuter, derbes Gras, Blätter, Äste oder Rinde von einzeln stehenden Sträuchern handeln. Um Nahrung zu suchen, ziehen sich diese Tiere, wenn es im Winter zu kalt wird, in tiefer liegende Gebiete zurück, wobei sie oft weite Strecken zurücklegen.

Das **Eisgraue Murmeltier** erhielt seinen Namen wegen der auffälligen Zeichnung auf dem Kopf. Wie alle Murmeltiere gehört auch diese Art zu den winterlichen Langschläfern. Im Sommer gilt die Aufmerksamkeit fast nur der Nahrungsaufnahme und es futtert sich für den Winterschlaf eine Fettschicht an. Die Hauptnahrung besteht aus verschiedenen Kräutern des Gebirges. Es frisst am Tag, wobei ausgesuchte „Wächter" immer in Männchenpose sind. Sie wachen darüber, dass der Gruppe keine Gefahr droht. Wenn sich das Murmeltier in Gefahr fühlt, gibt es ein lautes scharfes Pfeifen von sich, das nicht zu überhören ist. Mitten im Sommer bringt das Weibchen in Erdhöhlen die Jungtiere zur Welt um die es sich noch weitere zwei bis drei Monate kümmert. Alle Murmeltiere leben in Paaren. Im Herbst verkriechen sich alle Murmeltiere in ihren ausgepolsterten Verstecken und schlafen bis zum späten Frühling. In schneereichen Gebieten kann ihr Schlaf 7 Monate lang dauern. Damit der Organismus während des Schlafs nicht zu viel Energie verbraucht, verlangsamen sich alle lebenswichtigen Kreislauffunktionen.

In einem kleinen Gebiet im Westen des Kontinents treffen wir eines der primitivsten Nagetiere an. Es handelt sich um den **Bergbiber**. Um ihn zu beobachten, braucht man jedoch eine Menge Glück, denn dieses Tier lebt die meiste Zeit seines Lebens unter der Erde. Er baut ein kompliziertes Höhlensystem mit vielen Gängen und Kammern, die zum Schlafen, zur Aufzucht der Jungtiere, als Speisekammer und zur Kotablagerung dienen. Wenn er manchmal an die Erdoberfläche kommt, entfernt er sich nie weit von seiner Höhle. Der Hauptgrund ist die Tatsache, dass der Bergbiber seine Körpertemperatur, seinen Fett- und Wasserhaushalt nicht regulieren kann. Er muss sich also in einer Umgebung mit gleich bleibenden Bedingungen aufhalten. Jeder Bergbiber baut sein eigenes Höhlensystem. Die Gänge sind jedoch mit denen der Nachbarn verbunden, und manchmal nutzen sie gemeinsam die Speisekammer und das Schlafnest. Um die Jungtiere kümmern sich mindestens für ein halbes Jahr nur die Weibchen. Nach dieser Zeit werden sie zu selbstständiger Lebensweise gezwungen und müssen ihre eigene Höhle bauen.

Eisgraues Murmeltier

Bergbiber

Schneeziege

Die **Schneeziege** ist
bestens an das Leben im
Gebirge oberhalb der Waldgrenze
angepasst. Das dichte, lange Fell schützt sie
vor dem eisigen Wind. Die stoßdämpfenden und
an den Rändern geschärften Hufe ermöglichen das Laufen auf
steilen Hängen, von denen man denkt, dass sich auf ihnen kein
Tier halten könne. Die spitzen dunklen Hörner tragen Männchen wie
Weibchen. Vor der Paarungszeit liefern sich die Männchen einen kurzen
Imponierkampf, wobei die Stoßrichtung der Hörner auf die Schulter zielt.
Zu diesen Kämpfen kommt es auch außerhalb der Brunftzeit, da die Männchen
ihr Gebiet gegen andere Nahrungskonkurrenten zu verteidigen suchen. Interessant ist, dass die Weibchen mit den Jungtieren den Männchen gegenüber
eine dominante Stellung innerhalb der Sippe haben.

Der **Kalifornische Kondor** ist ein
Beispiel für eine Tierart, die in der Natur
nur überlebt, weil sie künstlich von
Menschhand gezüchtet wird. Erst ist es
amerikanischen Zoos gelungen, vier Eier
zu entnehmen und auszubrüten. Später
wurden die Vögel in der Natur ausgesetzt und bildeten die Keimzelle für eine
künstliche Population. Der zu den Neu-
weltgeiern gehörende Vogel, der früher
häufig vorkam, stand vor 20 Jahren kurz
vor dem Aussterben: Sein weiteres
Schicksal ist noch immer unsicher. Wie
alle Kondore hat er einen unbefiederten
Kopf und Hals und lange breite Flügel,
mit denen er hoch über der Landschaft
segelt. Mit Hilfe seiner scharfen Sinne
sucht er nach Aas, denn lebende Tiere
jagt er nicht. Dieser Vogel vermehrt sich
sehr langsam. Das Weibchen brütet alle
2 Jahre ein Ei aus. Das erste eigene Nest
fängt der Kondor erst in einem Alter
von mindestens 6 Jahren an zu bauen.

*Kalifornischer
Kondor*

Eisgraues Murmeltier
Marmota caligata
Ordnung: Nagetiere
Gewicht: 3,6–9 kg
Größe: 46–53 cm
Jungtiere: 4–5

Ge | 4–5 Jahre

Bergbiber
Aplodonita rufa
Ordnung: Nagetiere
Gewicht: 0,9–1,3 kg
Größe: 30–43 cm
Jungtiere: 2–3

La, Ta, Ge | 5–6 Jahre

Schneeziege
Oreamnos americanus
Ordnung: Paarhufer
Gewicht: 45–135 kg
Größe: 1,2–1,6 m
Jungtiere: 1–2

Ge | 12–18 Jahre

Kalifornischer Kondor
Gymnogyps californianus
Ordnung: Neuweltgeier
Gewicht: 8–14 kg
Größe: 117–134 cm
Jungtiere: 1

Ge | 16 (–50) Jahre

Der **Mississippi-Alligator** gehört zu den Großreptilien, die in Feucht- und Sumpfgebieten sowie im Überschwemmungsgebiet von Flüssen leben. Im Wasser ist er höchst beweglich und seine Schnelligkeit kommt von den kräftigen Schwanzbewegungen, die er durch das Anziehen der Beine zusätzlich optimiert. Blitzschnell kann die Echse unter die Wasseroberfläche tauchen. Er geht auch unter Wasser auf Jagd. Mit den starken Kiefern und scharfen Zähnen drückt er seine Beute so lange unter Wasser, bis sie ertrinkt. Durch kräftige Körperdrehungen bei gleichzeitigem Festhalten mit dem Maul reißt er ganze Stücke aus seiner Beute. Das Weibchen gehört zu jenen Tiermüttern, die sich vorbildlich um die Nachkommen kümmern. Für die Eiablage baut es ein Nest und bewacht es Tag und Nacht. Die Jungtiere werden später von ihm im Maul zum Wasser getragen.

Das **Marschkaninchen** liebt Orte am Wasser. Es lebt ganz anders als unser wildes Kaninchen. Wenn es sich vor einem Raubtier in Sicherheit bringen muss, stürzt es sich ins Wasser und taucht fast unter. Am Tag versteckt es sich und in der Nacht macht es sich auf die Suche nach Nahrung, die vorwiegend aus Wasserpflanzen besteht. Anders als gewöhnliche Kaninchen gräbt es keine Höhlen, sondern baut sein Nest aus Pflanzenmaterial und Fellresten in eine Vertiefung. Das Marschkaninchen ist eher ein Einzelgänger, es lebt nicht in Kolonien.

Marschkaninchen

Ochsenfrosch

Einer der größten Frösche der Welt ist der **Ochsenfrosch**. Den Namen bekam er von seinen brüllenden Lauten, die er von sich gibt, um sein Revier damit zu markieren. Man könnte ihn jedoch auch „Kampffrosch" nennen, vor allem zur Paarungszeit. Dann bekämpfen sich die Männchen, indem sie sich gegenseitig wegdrücken. Die Weibchen legen ihre Eier häufchenweise in dicht bewachsene, ruhige Gewässer ab.

Der **Gefleckte Furchenmolch** ist nicht zu übersehen. Sein Körper hat zwar eine unauffällige graubraune Farbe, aber die Kiemenbüschel am Hals sind leuchtend rot. Das Weibchen ist ein fürsorgliches Muttertier, was bei den Landwassertieren nicht alltäglich ist. Zuerst klebt es einen Strang Eier unter Steine, die es ständig beschützt und ihnen mit seinem Maul frisches Wasser zufächelt. Die Jungtiere sind erst im Alter von 5 Jahren erwachsen.

Gefleckter Furchenmolch

Mississippi-Alligator
Alligator mississippiensis
Ordnung: Krokodile
Gewicht: bis 450 kg
Größe: 2–4 m
Jungtiere: 20–60

Fl | 30–50 Jahre

Marschkaninchen
Sylvilagus palustris
Ordnung: Hasen
Gewicht: 1,1–1,6 kg
Größe: 35–41 cm
Jungtiere: 2–5

Fl | 1–4 Jahre

Gefleckter Furchenmolch
Necturus maculosus
Ordnung: Froschlurche
Gewicht: 240–400 g
Größe: 25–48 cm
Jungtiere: 50

Fl | 20 Jahre

Ochsenfrosch
Rana catesbeiana
Ordnung: Froschlurche
Gewicht: 300–600 g
Größe: 9–20 cm
Jungtiere: 10 000–25 000

Fl | 15 Jahre

Der Körperbau einer **Dornrand-Weichschildkröte** macht deutlich, dass es sich um eine Wasserschildkröte handelt. Schon der Blick auf die abgeflachten Beine mit Schwimmhäuten und den tellerförmigen Panzer genügt. Nimmt man diese Schildkröte in die Hand, merkt man, wie der Panzer nachgibt, da er nur von einer starken Lederhaut gebildet wird. Die Dornrand-Weichschildkröte ist vorn mit einigen Dornen ausgestattet. Wenn sie in Gefahr ist, zieht sie Beine und Kopf nach innen und Vorder- und Hinterteil zusammen. In der Not beißt sie auch zu. Das kann unangenehm werden, denn die Kiefer haben scharfe Ränder. Diese Schildkröte bewegt sich auf dem Festland recht geschickt, die Nahrung sucht sie sich jedoch nur im Wasser. Sie gehört zu den Fleischfressern, nur selten frisst sie auch Wasserpflanzen.

Dornrand-Weichschildkröte

Die **Mittelamerikanische Schnappschildkröte** kommt gut ohne Zähne aus. Mit den scharfen, hakenförmigen Kiefern erbeutet sie sogar Vögel oder kleinere Säugetiere. Die Hauptnahrung besteht jedoch aus wirbellosen Wassertieren und Fischen, aber auch Wasserpflanzen verschmäht sie nicht. Aas steht manchmal auch auf dem Speiseplan. Die Mittelamerikanische Schnappschildkröte wehrt sich bei Gefahr mit Beißen. Diese Art der Abwehr scheint sie ausreichend zu schützen, denn anders als viele andere Schildkröten kann sie sich nicht ganz in den Panzer zurückziehen.

Kein Nagetier ist so gut an das Leben im Wasser angepasst wie der **Kanadische Biber**. Mit nur einem Atemzug hält er es 20 Minuten unter Wasser aus, wobei er die Nasenlöcher und die Gehörgänge fest verschließen kann. Er schwimmt mit den Pfoten, die mit Schwimmhäuten ausgestattet sind und steuert mit dem platten Schwanz. Letzteren benutzt er auch als Lehne, wenn er z. B. kleine Baumstämme abnagt, die er für den Bau einer Staumauer oder einer Biberburg braucht. Jede Familie bewohnt eine Burg und die Mitglieder sind ständig mit Reparaturarbeiten beschäftigt. Der Ausgang jeder Burg befindet sich unter der Wasseroberfläche und innen ist eine trockene Kammer mit einer Lüftungsöffnung vorhanden. Die Wintervorräte lagert der Biber immer in der Nähe der Öffnung, damit er im Winter die Burg nicht verlassen muss.

Auch die **Bisamratte** ist ein Nagetier, das sich in der Nähe des Wassers aufhält. Sie ist jedoch viel kleiner und der Schwanz ist an den Seiten abgeflacht. Die Familien der Bisamratte bewohnen neben den haufenförmigen Bauwerken im Wasser auch Erdhöhlen, die sie ins Ufer graben. Ihre Hauptnahrung besteht aus Wasserpflanzen, und, was für ein Nagetier ungewöhnlich ist, auch aus Weichtieren, Fröschen und Fischen.

In der Nähe des Wassers finden wir an bewaldeten Uferstreifen den **Amerikanischen Mink**. Bei der Jagd im Wasser ist er beweglich wie ein Otter, während er an Land eher einem Wiesel ähnelt. Während die Weibchen sich immer in der Nähe des Wassers aufhalten, bewegen sich die Männchen in einem etwas größeren Radius. Wegen seines braunen dichten Fells, das nur am Kinn durch einen weißen Strich unterbrochen ist, wird er weltweit auch auf Farmen gezüchtet.

Bisamratte

Kanadischer Biber

Amerikanischer Mink

Mittelamerikanische Schnappschildkröte

Dornrand-Weichschildkröte
Trionyx spiniferus
Ordnung: Schildkröten
Gewicht: 4 kg
Größe: 45 cm
Jungtiere: 20

Fl

Mittelamerikanische Schnappschildkröte
Chelydra serpentina
Ordnung: Schildkröten
Gewicht: bis 30 kg
Größe: 20–50 cm (1 m)
Jungtiere: 25–50

Fl | 30–40 Jahre

Kanadischer Biber
Castor canadensis
Ordnung: Nagetiere
Gewicht: 13,5–27 kg
Größe: 63–76 cm
Jungtiere: 2–4

Fl, La | 11–19 Jahre

Bisamratte
Ondatra zibethicus
Ordnung: Nagetiere
Gewicht: 0,9–1,8 kg
Größe: 25–40 cm
Jungtiere: 5–6

Fl | 7–10 Jahre

Amerikanischer Mink
Mustela vison
Ordnung: Raubtiere
Gewicht: 0,7–1,4 kg
Größe: 30–43 cm
Jungtiere: 2–10

Fl | 6–9 Jahre

Schneckenweihe
Rostrhamus sociabilis
Ordnung: Greifvögel
Gewicht: 360–390 g
Größe: 40–45 cm
Jungtiere: 2–3

Fl · bis 17 Jahre

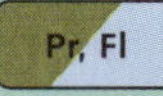

Rautenschwimmnatter
Nerodia sipedon
Ordnung: Schuppen-
kriechtiere
Gewicht: 150–250 g
Größe: 40–120 cm
Jungtiere: 25–58

Pr, Fl · 10 Jahre

Schneckenweihe

Die **Schneckenweihe**

hat im Gegensatz zu unseren Weihen keinen gegabelten, sondern einen geraden Schwanz mit weißem Abschluss. Weiteres Erkennungszeichen ist der dünne Schnabel, wobei der obere hakenförmige Teil den unteren weit überragt. Das weist darauf hin, dass die Schneckenweihe keine große Beute überwältigen kann. Dieser Greifvogel ist ein Nahrungsspezialist, der sich ausschließlich von Süßwasserschnecken ernährt. Sein Lebensraum befindet sich deshalb stets in der Nähe von Gewässern. Um an den Weichkörper der Schnecken zu kommen, zieht er ihn mit dem dünnen Schnabel aus dem Schneckenhaus heraus, ohne das Gehäuse zu zerstören.

Die **Gebirge** sind Landschaftsräume von sehr abwechslungsreicher Natur. Vom Gebirgsfuß bis zu der Gipfelregion kann man verschiedene Klima- und Vegetationszonen unterscheiden. In Nordamerika finden wir Nord-Süd orientierte Gebirgsketten. Im Osten sind es die Appalachen, deren Gipfel wegen ihres hohen Alters schon zu einem gerundeten Relief abgetragen worden sind. Sie entstanden vor ca. 200 Millionen Jahren. Im Gegensatz zu den Appalachen sind die erst 15–20 Millionen Jahre alten Rocky Mountains im Westen noch von hohen, scharf gezackten Graten und Gipfeln gekennzeichnet. Westlich der Rocky Mountains, entlang der pazifischen Küste, erstrecken sich das Küstengebirge, die Sierra Nevada und das Kaskadengebirge. Alle sind von aktivem Vulkanismus geprägt. Die nordamerikanischen Gebirge sind der Standort zahlreicher und einmalig schöner Pflanzen.

Rautenschwimmnatter

Die **Rautenschwimmnatter** mit ihrer besonderen Musterung ist ein ungefährliches Tier. Ihre Lebensweise ist die einer typischen Natter. So schwimmt sie gern und stößt bei Gefahr eine übel riechende Flüssigkeit aus. Die Rautenschwimmnatter ist wie viele andere Nattern ungiftig. Dennoch eilt ihr der Ruf voraus, ein gefährliches Tier zu sein. Wahrscheinlich kommt es davon, dass ihr Speichel einen Stoff enthält, der die Blutgerinnung verhindert, sodass ihr Biss Wunden verursacht, die sehr schlecht heilen. Die Rautenschwimmnatter legt Eier, aus der die Jungtiere sofort schlüpfen. Der Embryo im Ei entwickelt sich nämlich schon im Weibchen. Sie kümmert sich nicht besonders um die Jungtiere und so müssen die Kleinen schon in den ersten Tagen ihres Lebens lernen, sich selbst zu versorgen.

Als man den **Weißkopfseeadler** zum Wappentier der Vereinigten Staaten auswählte, ahnte
niemand, dass dieser Greifvogel später einmal in seiner Existenz gefährdet sein würde. Er überlebt heute nur
dort, wo es genügend Nahrung gibt,
wo ausreichend sauberes Wasser vorhanden ist, wo er ungestört brüten
kann und wo keine Pestizide eingesetzt
werden. Der Weißkopfseeadler jagt
Wassertiere, vor allem Fische. Die
Beute bringt er immer an seinen
Lieblingsplatz, wo er sie ver-
speist. Die Vögel leben in Paaren und jedes Jahr besiegeln sie diese
Partnerschaft mit einem Verlobungsflug.
Danach reparieren sie das alte Nest,
das sie vor Jahren einmal gebaut haben.
Beide Elternteile sitzen auf den Eiern und
kümmern sich um die Nachkommen.

Weißkopfseeadler

Die **Wassermokassinschlange**
passt sich farblich an das Sumpfgebiet an,
in dem sie lebt. Damit ihre Beute sie nicht
bemerkt, ist diese Schlange gut getarnt. Ihre
Hauptbeute besteht aus Fischen, Fröschen
und anderen Wassertieren. Sofort nach dem
Zubiss beginnt das starke Gift auf ihre Beute
einzuwirken. Wenn diese Schlange drohen
will, windet sie sich im Gras und fängt an,
schnell den Schwanz zu bewegen. Damit
macht sie die Klapperschlange nach,
mit der sie verwandt ist. Der Schwanz
der Wassermokassinschlange verfügt
allerdings nicht über eine Schwanz-
rassel wie der der Klapperschlange. Dieses
Tier sonnt sich gern – entweder im flachen
Wasser oder auf Baumstämmen, die aus dem
Wasser ragen. Das Weibchen bringt die Jungtiere lebend zur Welt. Um die Nachkommen
kümmert es sich dann nicht mehr.

Wassermokassinschlange

**Wassermokassin-
schlange**
Agkistrodon piscivorus
Ordnung: Schuppen-
kriechtiere
Größe: 80–150 cm
Jungtiere: 1–15

Fl

Weißkopfseeadler
Haliaeetus leucocephalus
Ordnung: Greifvögel
Gewicht: 3–6,3 kg
Größe: 71–96 cm
Jungtiere: 1–4

Fl   bis 30 Jahre

Brautente
Aix sponsa
Ordnung: Entenvögel
Gewicht: 0,6–0,9 kg
Größe: 43–51 cm
Jungtiere: 9–15

La, Fl   bis 15 Jahre

Eine Ente zu beobachten, die in den
Baumkronen sitzt, ist nicht alltäglich. Bei
einer **Brautente** ist das jedoch der Nor-
malfall. Eine weitere Verhaltensauffällig-
keit ist, mit dem Partner vor dem Nisten
Baumhöhlen auszukundschaften und die
Nester anderer Vögel zu besetzen. Wenn
sie etwas Passendes gefunden haben,
nutzen sie es viele Jahre. Das Weibchen
übernimmt das ganze Brutgeschäft sowie
die Versorgung der Nachkommenschaft.
In kleinen Gruppen verbringen Mütter
und Junge diese Zeit am Wasser. Die
kleinen Entlein müssen allerdings zuvor
aus dem Nest springen, das sich in nicht
geringer Höhe im Baum befindet.

Brautente

Wald-Karibu
Rangifer tarandus caribou
Ordnung: Paarhufer
Gewicht: 67–270 kg
Größe: 1,3–2,2 m
Jungtiere: 1–2

Tu, Ta — 5–15 Jahre

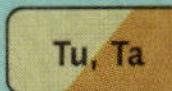

Moorschneehuhn
Lagopus lagopus
Ordnung: Hühnervögel
Gewicht: 0,5–0,7 kg
Größe: 36–43 cm
Jungtiere: 7–12

Tu

Schneehase
Lepus arcticus
Ordnung: Hasen
Gewicht: 2,5–5,5 kg
Größe: 43–56 cm
Jungtiere: 4–8

Tu — 3–8 Jahre

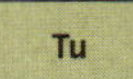

Schneegans
Anser caerulescens
Ordnung: Gänsevögel
Gewicht: 2,5–3,3 kg
Größe: 66–84 cm
Jungtiere: 4–5

Tu — 8 Jahre

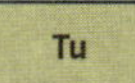

Die nordamerikanische Form des Rentiers ist das **Wald-Karibu**. Außer dem Moschustier, dem Rentier und dem Eisbären ist kein Lebewesen in der Lage, in den rauen Umweltbedingungen der Tundra zu überleben. Sein langes Fell schützt es vor der Kälte und die breiten Hufe verhindern ein Einsinken in den Schnee. Beide Geschlechter tragen ein imposantes Geweih. Das Männchen wirft es jedes Jahr im November ab, das Weibchen erst im Juni. Beide Geschlechter wechseln sich dadurch in der Führung der Herden ab: Im Winter steht daher das Weibchen an der Spitze. In dieser Zeit ziehen sich die Herden in den Schutz der Waldtundra zurück. Die Weibchen verlassen die Wälder schon im März, und die Männchen kommen später nach. Die Jungtiere der ganzen Herde kommen in einem engen Zeitraum von 2 Wochen zur Welt. Das Wald-Karibu ist ein genügsames Tier. Zu seiner Nahrung gehören Flechten, Moose und andere Pflanzen der Tundra.

Die Bewohner der kalten Tundra haben im Grunde zwei Möglichkeiten, wie sie mit der rauen Umgebung fertig werden, wie sie mit dem knappen Nahrungsangebot auskommen und wohin sie sich zurückziehen, wenn es nur wenige Unterschlupfmöglichkeiten gibt. Einige von ihnen wie zum Beispiel die Schneegans und das Wald-Karibu zieht es in Gegenden, wo das Klima etwas milder ist. Andere wie der Schneehase und das Moorschneehuhn bleiben das ganze Jahr in der gewohnten Umgebung und gleichen sich durch Farbanpassung an das Gebiet an.

Das weiße Fell des **Schneehasen** weist darauf hin, dass sich dieses Tier in schneebedeckten Umgebungen aufhält. Als Anpassung an die langen kalten Winter ist er mit kurzen Ohren und einem kleinen Schwanz ausgestattet. Die breiten, mit Fell bedeckten Pfoten verhindern, dass er in den Schnee einsinkt. Der Schneehase behält das ganze Jahr über die weiße Farbe bei. Andere Unterarten werden im Sommer dunkler. Oft ist der Hase dabei zu beobachten, wenn er Männchen macht und neugierig die Umgebung mustert. Wenn er in Gefahr ist, rennt er mit seinen langen Hinterbeinen in weiten Sätzen davon. Dann erinnert er an ein Känguru.

Das **Moorschneehuhn** ist ein Meister der Tarnung. Im nordischen Winter trägt dieses Tier ein weißes Federkleid, um sich der Aufmerksamkeit seiner Feinde zu entziehen. Im Frühling wechselt das Moorschneehuhn seine Farbe von Weiß zu geflecktem Rostbraun. Der Grund dafür ist, dass der Schnee in der Tundra taut und sich langsam braune Flecken in der Landschaft breit machen. Im Sommer sind die Vögel dunkel gefleckt und an die Umgebung angepasst. Das ist besonders wichtig, wenn die Weibchen im Nest auf den Eiern sitzen. Im Herbst findet erneut die Farbumwandlung nach weiß statt.

Die **Schneegans** tritt in zwei Farbvarianten auf. Außer weißen kommen auch graubraune Vögel vor. Im Winter ziehen die zahlreichen Gänseschwärme an der Ost- und an der Westküste Nordamerikas entlang, während sie sich zum Nisten in die nördliche Tundra zurückziehen. Auch in dieser Zeit bleiben die Schwärme zusammen. Sie leben stets in Kolonien.

Wald-Karibu

Schneegans
(graubraun)

Schneegans
(weiß)

Schneehase

Moorschneehuhn

SÜDAMERIKA

Fläche: 18 574 188 km²
Küstenlänge: 28 700 km
Höchster Berg: Aconcagua
(6959 m)
Niedrigster Ort: Salinas
Chicas (–35 m)
Längster Fluss: Amazonas
(7025 km)
Größter See: Titicacasee
(6585 km²)
Größte Insel: Feuerland
(48 185 km²)
Einwohnerzahl:
380 Millionen

Tr – Tropische Regenwälder

Ts – Trockenwälder/Strauchvegetation

Ge – Gebirge und Hochgebirge

Sa – Savannen und Busch

Pa – Pampa

Wü – Wüsten und Halbwüsten

Wie – Wiesenbiotope

Wenn man Südamerika sagt, stellt man sich zunächst einmal unendliche tropische Wälder vor mit großen Flüssen, bevölkert von unzähligen Vogelarten und bunten Schmetterlingen und geschmückt von herrlichen Orchideenblüten. Das ist aber nur die eine Seite dieses Kontinents, der sich einst vom Urkontinent Gondwana abgetrennt hat. Typisch für Südamerika sind auch die weiten, ebenen, steppenartigen Pampas, die mit Sträuchern und kahlen Wäldern bewachsen sind, sowie Vulkangipfel, staubtrockene, salzige Wüsten und Einöden. Hier wohnen viele Lebewesen, die nirgendwo sonst zu beobachten sind.

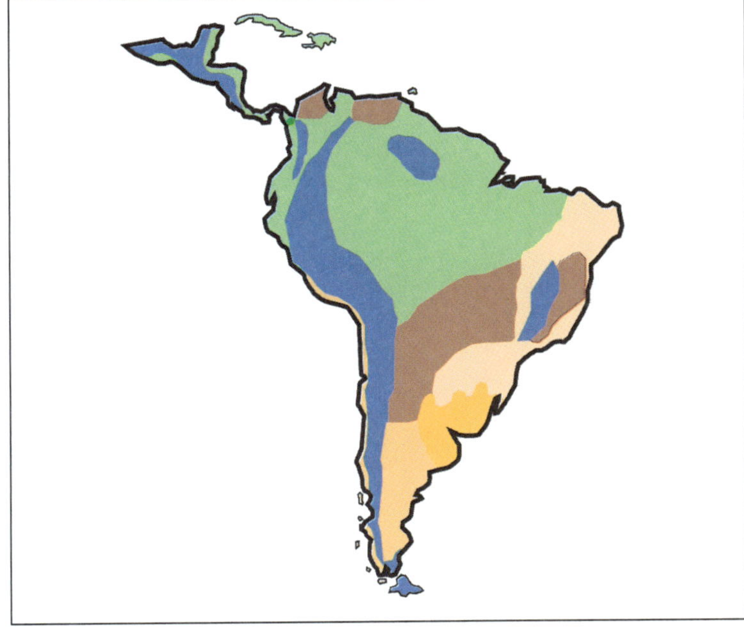

Zitteraal

Südamerika hat eine so reiche und besondere Fauna und Flora, dass dieser Kontinent eine besondere Vielfalt von Tieren und Pflanzen bietet. Südamerika wird als neotropisches Gebiet bezeichnet, zu dem außerdem Mittelamerika sowie die Inselgruppen der Kleinen und Großen Antillen und der Galapagosinseln zählen. Mittelamerika stellt die einzige Festlandverbindung zwischen dem südlichen und dem nördlichen Teil Gesamtamerikas her. Sie besteht vor allem aus Vulkanen. An der schmalsten Stelle erreicht der Isthmus von Panama nur 48 km. Die Anden, das längste Gebirge der Welt, beeinflussen das Klima in ganz Südamerika. Das großteils vulkanische Gebirge zieht sich an der Westküste entlang und stellt sich der feuchten Meeresluft in den Weg, die aus dem Osten vom Atlantischen Ozean heranströmt. Die Feuchtigkeit regnet sich über dem Festland ab und lässt die tropischen Regenwälder im Flussgebiet des Amazonas gedeihen. Hätten wir sehr gute Augen und würden wir bis über die höchsten 6000er-Gipfel der Anden hochsteigen, dann würden wir den großen Unterschied zwischen dem grünen Waldteppich im Osten und der lebensfeindlichen, kühlen und nebelreichen Küste im Westen der Anden sehen.

Südlich des Flusses Paraná bildet das Festland weite Ebenen, die mit Gras bewachsen sind. Es ähnelt den mittelasiatischen Steppen, die in Südamerika Pampa heißen. Im Gegensatz zur nordamerikanischen Prärie blieb von den 650 000 km² der Pampa ein großer Teil erhalten – es ist jetzt Weideland.

Das Kernland im Osten Südamerikas ist vor dem starken Wind, der vom Ozean her weht, nicht geschützt. Das Klima hier ist sehr trocken und heiß, sodass man hier nur auf Dornstrauchsavanne und Halbwüsten trifft. Wenn wir jedoch den trockensten Ort der Erde finden wollen, müssen wir uns weiter in den Westen nach Chile begeben. An der pazifischen Meeresküste entlang zieht sich die Atacama-Wüste, die nur aus Geröll, Sand und Salzmineralen besteht. Hier kann es mehrere Jahre hintereinander nicht regnen, aber es gibt hier immer wieder Flutregen, die große Überflutungen anrichten können.

Infolge der vor 200 Millionen Jahren erfolgten Abtrennung von Afrika hat sich in Südamerika eine eigenständige Tierwelt mit Arten entwickelt, die einmalig auf der Welt ist.

Die **Seekuh** oder **Manati** ist an das Leben in ruhigen Gewässern angepasst. Das Einzige, was die Seekuh ernsthaft bedroht, ist der Einfluss des Menschen. Das gilt auch für die südamerikanische Seekuh, die einen länglichen, untersetzten Körper mit einem kleinen Kopf und einer abgerundeten Schwanzflosse hat sowie verkümmerte Hintergliedmaßen, aber sehr geschickte Vordergliedmaßen. Mit diesen durchwühlt sie die Ablagerungen auf dem Gewässergrund, um Wasserpflanzen abzureißen. Meistens sucht sie ihre Nahrung an oder unter der Wasseroberfläche, wo sie mit den beweglichen, großen Lippen die Pflanzen abreißt. Die Seekuh ist ein Einzelgänger und nur selten versammeln sich mehrere Tiere in den warmen Gewässern. Die Bindung zwischen Weibchen und Jungtier ist sehr eng und dauert 2 Jahre. Die Geburtenrate der Seekühe ist sehr niedrig; dazu kommt, dass sie wegen ihres Fleisches und ihrer Haut bejagt wird und dass sie unter der Verschmutzung der Gewässer leidet.

Fl | 28–35 Jahre

Seekuh
Trichechus manatus
Ordnung: Seekühe
Gewicht: 1600 kg
Größe: 3,7–4,6 m
Jungtiere: 1

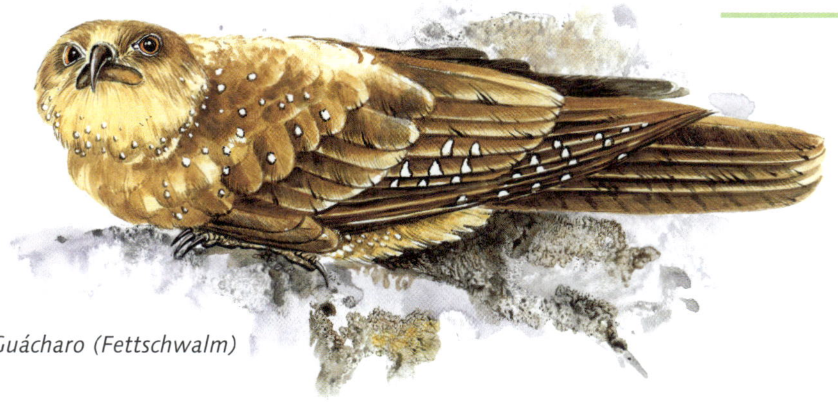

Guácharo (Fettschwalm)

Der **Guácharo** oder **Fettschwalm** bewohnt große Höhlen in den Wäldern Südamerikas; die Cueva del Guácharo in Venezuela trägt sogar seinen Namen. Er ist der einzige Vogel der Erde, der den Tag in dunklen Höhlen verbringt und erst in der Nacht hinausfliegt. Im Flug sammelt er Früchte von Palmen und anderen Bäumen. Auch die Jungtiere kommen in der Höhle zur Welt. Dort werden sie so ausgiebig gefüttert, dass sie nach 100 Tagen um die Hälfte schwerer sind als die Eltern. Wie die Fledermäuse verfügt der Guácharo über ein Ultraschallsonar, mit dem er sich in der Dunkelheit der Höhle orientiert.

Langschwanz-Chinchilla

Das **Langschwanz-Chinchilla** lebt in den Anden. Das enorm dichte und feine Fell schützt es vor dem kühlen Gebirgsklima. Es ernährt sich von dem kargen Pflanzenangebot wie z. B. auch von Moosen. Am Tag hält sich das Chinchilla in den Ritzen der Felsen versteckt. Erst nachts kommt es hervor und orientiert sich mit seinem feinen Gehör und dem Geruchssinn. Es lebt in Kolonien, in denen es keine fest gefügte gesellschaftliche Ordnung gibt. Diese Kolonien bestehen aus vielen Paaren, die das ganze Leben zusammenbleiben. Nur das Weibchen kümmert sich um die Jungtiere. Das Chinchilla wird nicht nur von seinen natürlichen Feinden verfolgt, sondern auch von den Menschen, die es wegen seines Fells jagen. In manchen Gebieten sind sie deshalb schon ausgestorben, weshalb sie jetzt unter Schutz stehen.

Wenn der **Große Ameisenbär** einen Ameisen- oder Termitenbau bearbeitet, achtet er darauf, dass er ihn mit seinen starken Krallen nicht völlig zerstört – sonst würde er die Insekten mit der langen Zunge, die mit Widerhaken und einer klebrigen Oberfläche ausgestattet ist, nicht so gut erwischen. Die 60 cm lange Zunge kann er weit aus der zahnlosen, röhrenförmigen Schnauze herausstrecken. Die aufgeleckten Ameisen streift er im Gaumen an Hornpapillen ab und verschluckt sie. Andere Artgenossen duldet der Große Ameisenbär nicht in seiner Nähe. Einsam durchstreift er die grasbedeckte Savanne. Wenn er in Gefahr ist, stellt er sich auf die Hinterbeine und verteidigt sich mit den Krallen an den Vorderbeinen. Das Weibchen trägt das einzige Jungtier auf dem Rücken, um das es sich ca. ein halbes Jahr kümmert. Der Große Ameisenbär ist ein langsames Tier, das am Tag ungefähr 15 Stunden schläft. Seine Körpertemperatur beträgt etwa 32 °C.

Großer Ameisenbär

Guácharo (Fettschwalm)
Steatornis caripensis
Ordnung: Nachtschwalben
Gewicht: 400–430 g
Größe: 45 cm
Jungtiere: 2–4

 Tr

Großer Ameisenbär
Myrmecophaga tridactyla
Ordnung: Nebengelenktiere
Gewicht: 20–45 kg
Größe: 1–1,2 m
Jungtiere: 1

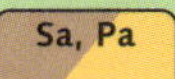 Sa, Pa 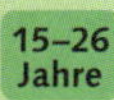 15–26 Jahre 

Langschwanz-Chinchilla
Chinchilla laniger
Ordnung: Nagetiere
Gewicht: 400–500 g
Größe: 22–23 cm
Jungtiere: 1–6

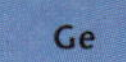 Ge 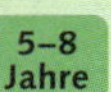 5–8 Jahre 

Die sehr auffälligen und stark behaarten **Vogelspinnen** haben zu unrecht einen schlechten Ruf. Andere Spinnen benutzen zum Erlegen ihrer Beute sehr viel gefährlichere Gifte; das Gift der Vogelspinne ist nicht so stark, als dass es für Säugetiere und Menschen gefährlich werden könnte. Die Vogelspinne lebt auf der Erde und auf Bäumen. Sie jagt aus dem Hinterhalt. Netze baut sie nur zum Schutz.

Vogelspinne

Wenn man hoch in den Bäumen der südamerikanischen Wälder ein Zwitschern wie von einem Vogel hört, kann es sich genauso gut um ein Krallenäffchen handeln. Der Name kommt von den spitzen Krallen, die es zum Klettern auf den Bäumen einsetzt.

Das **Löwenäffchen** gehört zu den am meisten vom Aussterben bedrohten Tieren. Nicht nur seine Schönheit wurde ihm zum Verhängnis, auch das Roden der Regenwälder trug dazu bei, dass es immer seltener wurde. Das Löwenäffchen hält sich nämlich nur hoch in den Urwaldbäumen auf. Unter der Rinde sucht es nach Insekten und anderen Kleintieren. Das Löwenäffchen kriecht in der Nacht in Baumhöhlen, um zu schlafen, oder es versteckt sich dort vor der Mittagssonne. Das Elternpaar bleibt das ganze Leben zusammen, wobei sich beide um die Nachkommen kümmern. Das Weibchen bringt meist Zwillinge zur Welt, die das Männchen in den Armen umherträgt. Später tragen beide Elternteile ihre Jungen auf dem Rücken.

Zu den schönsten Affenarten gehören der **Kaiserschnurrbarttamarin** und der **Lisztaffe**. Sie leben in Großfamilien zusammen und verständigen sich mit speziellen Lauten. In der Nacht schlafen sie auf Ästen und am Tag machen sie sich auf die Suche nach kleinen Wirbeltieren, jungen Blättern und Blüten, reifen Früchten und nach süßem Holzsaft. Das Elternpaar bleibt das ganze Leben zusammen. Das Weibchen bringt meist Zwillinge zur Welt, die sie jedoch nach kurzer Zeit dem Männchen übergibt. Er kümmert sich um die Jungen, trägt sie auf dem Rücken und übergibt die Kleinen nur zum Stillen an das Weibchen. Später kümmern sich auch andere Mitglieder der Sippe um die Aufzucht.

Vogelspinne
Avicularia und andere Gattungen
Ordnung: Spinnentiere
Gewicht: bis 500 g
Größe: bis 18 cm
Jungtiere: bis 40 000

Tr, Ts, Sa | bis zu 30 Jahre

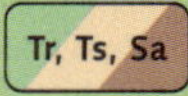
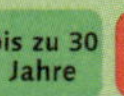

Löwenäffchen
Leontopithecus rosalia
Ordnung: Primaten
Gewicht: 630–710 g
Größe: 34–40 cm
Jungtiere: 2

Tr | 18–20 Jahre

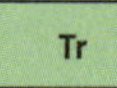
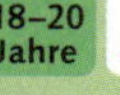

**Kaiserschnurrbart-
tamarin**
Saguinus imperator
Ordnung: Primaten
Gewicht: 260–380 g
Größe: 19–21 cm
Jungtiere: 2

Tr | 18–20 Jahre

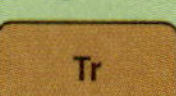

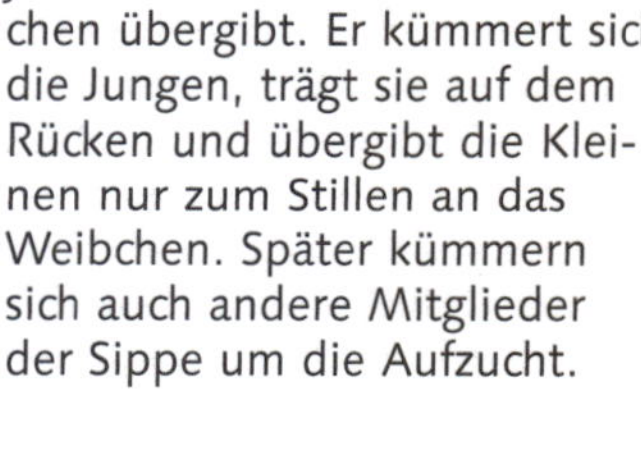

*Kaiserschnurr-
barttamarin*

Löwenäffchen

Lisztaffe

Jararacussu -Lanzenotter

Die **Jararacussu-Lanzenotter** hat wie die anderen Lanzenottern wunderbare Hautfarben, die das Tier in braunem Gras und Laub hervorragend tarnen. Die Schlange lebt in Wäldern, Wiesen mit Sträuchern und auch auf Ackerland. Sie hält sich auf der Erde auf und versteckt sich am Tag unter Steinen und umgefallenen Bäumen. In der Nacht macht sie sich auf die Jagd. Ihre Beute fängt sie durch schnellen Angriff und erlegt sie mit ihrem starken Gift. Die Giftzähne sind lang und befinden sich im vorderen Teil der Oberkiefer. Auch gegen Feinde wehrt sie sich mit Zubeißen, was oft ohne Vorwarnung geschieht. Das Weibchen legt die Eier in ein geeignetes Versteck und überlässt sie sich selbst.

Die größten **tropischen Regenwälder** der Erde befinden rund um das Flussgebiet des Amazonas. Ihre Fläche übertrifft die aller anderen Regenwälder. Bei einem Blick aus dem Flugzeug hat man das Gefühl, dass sich ein weiter grüner Teppich ausbreitet. Die Baumkronen, die sich in einer Höhe von 20 bis 30 m befinden, bilden ein dichtes Blätterdach, das die Sonnenstrahlen nicht bis zum Waldboden durchlässt. Die am Boden wachsende Krautschicht ist deshalb nur wenig ausgebildet und wird von kleinen Bäumen durchsetzt. Über die meisten Baumkronen ragen noch einzelne höhere Bäume (60 m) hinaus. In den nach Westen ansteigenden Hängen der Anden ist die Luft kühler und feuchter, die Bäume sind kleiner, aber breiter. Moose und Farne gedeihen hier prächtig. Im Süden Chiles stehen auf Grund der kühlen und feuchten Luftmassen des Pazifiks **Regenwälder der gemäßigten Klimazone**. Sie haben ein wesentlich kleineres Verbreitungsgebiet. Man findet hier überwiegend immergrüne Laubbäume und auch Nadelbäume.

Der **Ameisenvogel** zählt zu den zahlreichen Vertretern der kleinen Sperlingsvögel. Sie bewohnen den unteren Bereich im Tropischen Regenwald. Er ernährt sich von kleinen Lebewesen, die von Ameisen aufgescheucht wurden und sich auf dem Waldboden tummeln. Die Ameisenvögel leben in Paaren und beide Elternteile kümmern sich um die schutzbedürftigen Jungtiere.

Der **Schmuckhornfrosch** hat einen sehr gedrungenen Körper. Typisch sind der große Kopf, die Wülste über den Augen und vor allem das große Maul, das ihm ein plumpes Aussehen verleiht. Die Beine sind ebenfalls sehr dick. Zwischen den Zehen befinden sich keine Schwimmhäute, was darauf hinweist, dass dieser Frosch auf dem trockenen Festland lebt. Die Musterung der Haut ist das ideale Tarnkleid. Der Schmuckhornfrosch lebt im Tropischen Regenwald, wo er sich teilweise vergräbt und auf seine Beute wartet. Von Insekten bis zu kleinen Säugetieren ist nichts vor ihm sicher. Die Eier legt der Schmuckhornfrosch in kleine ruhige Waldtümpel. Die Kaulquappen sind Räuber und jagen Kaulquappen anderer Froscharten.

Schmuckhornfrosch

Lisztaffe
Saguinus oedipus
Ordnung: Primaten
Gewicht: 250–380 g
Größe: 18–21 cm
Jungtiere: 2

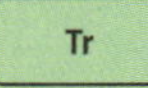
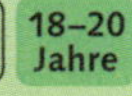

Jararacussu-Lanzenotter
Bothrops jararacussu
Ordnung: Schuppenkriechtiere
Gewicht: bis 5 kg
Größe: bis zu 220 cm
Jungtiere: 50–60

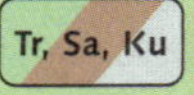

Ameisenvogel
Familie der Formicariidae
Ordnung: Sperlingsvögel
Gewicht: 9–75 g
Größe: 8–35 cm
Jungtiere: 2

Schmuckhornfrosch
Ceratophrys ornata
Ordnung: Froschlurche
Gewicht: 500–800 g
Größe: 5–15 cm

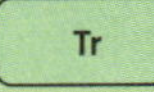

Ameisenvogel

Dreifingerfaultier

Das **Dreifingerfaultier** lebt wie alle anderen Faultiere in den Baumkronen der tropischen Regenwälder. Mit Hilfe seiner krallenartigen Kletterfüße hängt es viele Stunden an einem Zweig, ohne sich zu bewegen. Es bewegt sich sehr langsam vorwärts, denn schnellere Bewegungen könnten seinen Feinden auffallen. Das lange, dichte Fell dient auch als eine Art Schutzmantel. Das langsame Tempo des Faultiers bildet sich auch an der langsamen Verdauung der Blätter und Früchte ab, von denen es sich ernährt: Ein Verdauungszyklus dauert mehrere Tage. Beim Weibchen verläuft die Verdauung noch langsamer, wenn es sich um das Jungtier kümmert. Für mehrere Wochen bleibt die Mutter mit dem Jungtier zwischen Blättern versteckt an einem Zweig hängen. Sie bewegen sich dabei fast nicht und wechseln auch nicht den Platz.

Die lautstärksten Bewohner der südamerikanischen Regenwälder sind mit Sicherheit die Brüllaffen. Ihre Stimme schallt wegen der besonders geformten Zunge mehrere Kilometer weit und wird vom Kehlsack noch verstärkt. Der **Rote Brüllaffe** lebt in Familienverbänden von 20 Tieren, die von einem starken Männchen angeführt werden. Die Nacht verbringen die Affen zusammengerollt in einer Astgabel. Den Sonnenaufgang begrüßen sie mit lauten Schreien und Rufen. Fast den ganzen Tag verbringt der Rote Brüllaffe mit dem Fressen von Blättern. Da sie nicht besonders nährreich sind, braucht er davon große Mengen. Das laute Lärmen der Brüllaffen hat vor allem den Zweck, fremde Brüllaffengruppen vom Eindringen in ihr Territorium abzuhalten. Der Leitbrüllaffe brüllt dabei am lautesten. Er begleitet sein Geschrei mit wildem Herumspringen in den Ästen; bei unausweichlichen Konflikten wird auch gekämpft.

Roter Brüllaffe

Der felllose Schwanz und die nach vorne gerichteten Augen weisen darauf hin, dass die **Wollbeutelratte** vor allem auf Bäumen lebt. Mit dem Schwanz hält sie sich beim Klettern fest und mit den Augen kann sie die Entfernungen genau abschätzen. Der Schwanz ist kräftig genug, um sich damit an einem Ast aufzuhängen. Die Baumkronen bieten ihr genügend Nahrung, vor allem Früchte und Blüten, deren Nektar sie leckt. Damit befruchtet sie nebenbei die Blüten der tropischen Regenwaldgewächse. Diese Beutelratten sind Einzelgänger, Weibchen und Männchen sind nur in der Paarungszeit zusammen. Das Männchen sucht sein Weibchen mit Hilfe des Geruchssinnes und macht mit besonderen Geräuschen auf sich aufmerksam. Um die Jungtiere kümmert sich ausschließlich das Weibchen, das keinen Beutel hat und die Kleinen angesaugt an den Zitzen trägt. Später trägt sie die Jungtiere auf dem Rücken oder lässt sie im Nest zurück.

Wollbeutelratte

Dreifingerfaultier
Bradypus tridactylus
Ordnung: Nebengelenktiere
Gewicht: 4–5 kg
Größe: 50–60 cm
Jungtiere: 1

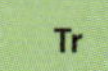  Tr | 15–22 Jahre

Roter Brüllaffe
Alouatta seniculus
Ordnung: Primaten
Gewicht: 3,6–11 kg
Größe: 44–69 cm
Jungtiere: 1

 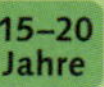 Tr | 15–20 Jahre

Wollbeutelratte
Caluromys philander
Ordnung: Beuteltiere
Gewicht: 320–360 g
Größe: 20–32 cm
Jungtiere: 1–6

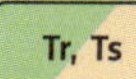  Tr, Ts | 5–6 Jahre

Hyazinth-Ara

Arakanga

Gelbbrust-
Ara

Andenklippenvogel

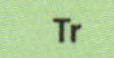 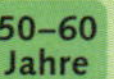 

Tr | 50–60 Jahre

 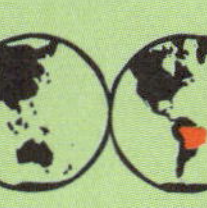

Tr | 45–55 Jahre

 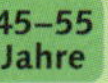

Tr | 50–60 Jahre

 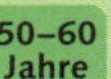

Tr

Der Ara ist ein großer Papagei mit einem starken Schnabel. Bei diesem Vogel ist die kahle Stelle um die Augen besonders auffällig. Zu der größten und zugleich seltensten Art gehört der **Hyazinth-Ara**, der ein leuchtend blaues Gefieder trägt. Er nistet nicht nur in kleinen Höhlen von Palmen, sondern er gräbt sich auch Verstecke an steilen Hängen. Der **Gelbbrust-Ara** dagegen nistet nur in hohlen Bäumen, während der **Arakanga** sich mit Felsritzen zufrieden gibt. Um die hilflosen Jungtiere kümmern sich beide Elternteile. Dabei ist es egal, ob das Paar das ganze Leben lang zusammen lebt oder nur für diese Zeit. Die Aras verbringen die Nacht in Schwärmen hoch in den Bäumen der Regenwälder. Am Tag überfliegen sie mit lauten Schreien die Landschaft und suchen sich geeignete Nahrung. Sie ernähren sich von Früchten, Nüssen und sogar von Kokosnüssen.

Andenklippenvogel

Wie ein leuchtendes Schmuckstück fällt das Männchen des **Andenklippenvogels** oder **Felsenhahns**, einer von zwei Arten der Klippenvögel, im tropisch grünen Hintergrund der Regenwälder auf. Den Namen bekam dieser Vogel, weil das Weibchen korbförmige Nester auf steilen Klippen zusammenklebt. Sie trägt eine braune Farbe. Bevor das Nest gebaut wird, kommt es zu einem komplizierten Balzen, das sich in den Baumkronen abspielt. Das ist die einzige Zeit, in der man mehrere Klippenvögel auf einmal sehen kann. Der Andenklippenvogel ist ein Einzelgänger und den Tag verbringt er mit der Suche nach reifen Früchten.

Sonnensittich

Sittiche sind kleinere und schlankere Papageien. Ihre langen Flügel und kürzeren, gestuften Schwanzfedern sind typisch für Vögel, die sich geschickt und flink durch die Lüfte bewegen. Der **Sonnensittich** hat seinen Namen zu Recht. Sein leuchtend gelbes Gefieder wird nur an den Flügeln von grünen und blauen Federspitzen durchbrochen. Wie bei allen Sittichen sehen Männchen und Weibchen gleich aus. Obwohl er so auffällig ist, ist es nicht leicht, diesen Sittich in der Natur zu beobachten. Sie kommen nur vereinzelt vor und bilden keine großen Schwärme. Seine Anwesenheit verrät er durch sein lautes Gekreische. Kleine Gruppen von Sonnensittichen fliegen über der Savanne oder über Palmen und suchen nach reifen Früchten und Samen. Während der Balzzeit lösen sich die Gruppen in Paare auf, die bald nach einer passenden Höhle zum Nisten suchen. In dieser Höhle legt das Weibchen die Eier. Dann zieht das Paar gemeinsam die Nachkommen auf.

Neben den Regenwäldern finden wir in Südamerika die so genannten **Trockenwälder**, die der **Savanne** zugeordnet werden. Sie bedecken eine große Fläche des Brasilianischen Hochlands und heißen dort Campo Cerrado. Im nordöstlichen Landesteil, wo es nur unregelmäßig regnet und oft sehr trocken ist, befindet sich die so genannte Caatinga, eine Zone mit Palmen, Kakteen und Dornsträuchern. Die Pflanzen sind mit höchstens 10 m Höhe recht niedrig. Zwischen Bolivien, Paraguay und Argentinien breitet sich der Gran Chaco mit Hartholzgewächsen wie dem Quebracho und Palmen aus. An den Flüssen wachsen Wälder. Die Überschwemmungsebenen im Flussgebiet des Orinoko im Norden mit ihren langen Trockenzeiten gehören zum Landschaftstyp der sog. Llanos. Dieses Gebiet besteht vor allem aus Kurzgras, Kräutern und kleinen Sträuchern. Nur gelegentlich findet man in diesem Gebiet Vertiefungen, die genug Feuchtigkeit auffangen, um Vernässungen zu bilden, wo dann auch Bäume wachsen können.

Mit der Geschicklichkeit unseres Habichts jagt die **Harpyie**, einer der schönsten Greifvögel Südamerikas, zwischen den Baumkronen des Tropischen Regenwaldes. Der Schatten der breiten Flügel und der lange Schwanz bedeuten eine Gefahr für große Vögel, Faultiere und Affen, die für die Harpyie die Hauptbeute darstellen. Schon im Flug erspäht sie das Opfer, um dann im Sturzflug anzugreifen. Manchmal sitzt sie lange auf einem Baum, um von dort zuzuschlagen. Nur wenige Beutetiere entkommen den Krallen. Meistens verhält sich die Harpyie sehr unauffällig, sodass man sie kaum bemerkt. Nur in der Zeit der Balz und der Aufzucht hört man im Regenwald laute Schreie, mit denen sich die Eltern verständigen. Während das Weibchen in dem großen Nest, das sich in den Ästen der Baumkronen befindet, auf den Eiern brütet, passt das Männchen auf sie auf. Jeder, der sich zu sehr in die Nähe des Nests wagt, wird schnell merken, dass hier ein Harpyiemännchen sein Weibchen beschützt.

Das **Goldaguti** mit seinem eckigen Kopf lässt zunächst an ein Meerschweinchen denken. Seine dünnen Beine dagegen ähneln eher denen einer Antilope. Nachts versteckt es sich in einer Höhle oder in einem anderen geeigneten Versteck. Am Tag begibt es sich auf die Suche nach reifen Früchten, die auf dem Waldboden liegen. Eine gefundene Waldfrucht packt es mit den Vorderpfoten und setzt sich beim Fressen auf die Hinterbeine, wobei es sie wie ein Eichhörnchen abknabbert. Häufig vergräbt das Goldaguti einige Früchte vorsichtig in den Boden, um sich einen Vorrat für schlechte Zeiten anzulegen. Dadurch hilft es bei der Verbreitung von Samen.

Sonnensittich
Aratinga solstitialis
Ordnung: Papageien
Gewicht: 120 g
Größe: 30 cm
Jungtiere: 2–6

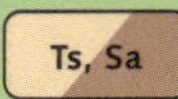 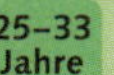
Ts, Sa | 25–33 Jahre

Goldaguti
Dasyprocta leporina
Ordnung: Nagetiere
Gewicht: 270–360 g
Größe: 49–64 cm
Jungtiere: 1–4

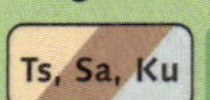 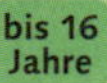
Ts, Sa, Ku | bis 16 Jahre

Harpyie
Harpia harpyja
Ordnung: Greifvögel
Gewicht: 3–4,5 kg
Größe: 80–90 cm
Jungtiere: 1–2

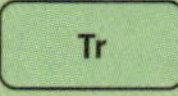 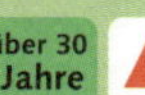 
Tr | über 30 Jahre

Harpyie

Riesentukan

Rotnackenarassari

Ein besonderer Bewohner der tropischen Wälder Südamerikas ist der Tukan. Der **Riesentukan** ist einer der größten seiner Art. Sehr geschickt springt er hoch in den Bäumen von Ast zu Ast oder er hält sich auf dem Boden auf. Mit dem Schwanz hält er das Gleichgewicht: Ständig bewegt er ihn hin und her und breitet ihn wie einen Fächer aus. Seinen Schnabel aus Horn benutzt der Tukan als Werkzeug zum Sammeln von Früchten und Beeren, die er auf der Erde und selbst auf dünnsten Ästen findet. Außerdem ist der Schnabel ein wichtiges Kommunikationsinstrument. Die Tukane leben entweder in Paaren oder in kleinen Gruppen. Sie halten gegenseitigen Kontakt, versorgen sich manchmal auch gegenseitig mit Beeren oder sie helfen sich bei der Pflege des Gefieders.

Die Arassari sehen wie schlanke Tukane mit metallisch glänzendem Gefieder aus. Der Rand des Schnabels, der nicht so farbenfroh wie bei den Tukanen ist, ist bei den Arassari gezackt. Sie lieben die Gesellschaft anderer und leben in kleinen Schwärmen. Gemeinsam fliegen sie mit lautem Geschrei zwischen Bäumen und Sträuchern umher. Die Nacht verbringen sie in einer Baumhöhle, wobei der Schnabel auf dem Rücken liegt. Der **Rotnackenarassari** hält sich eher in den Baumkronen auf und nistet in Baumhöhlen.

Die undurchdringlichen Sträucher auf den Hängen der Gebirge, etwa bis in Höhen von 500 m über NN, sind das Zuhause des **Roten Mazama**. Die dünnen Beinchen und seine etwas buckelige Körperhaltung erinnern an eine Antilope. Das spitze Geweih verrät, dass er zu den Hirschen gehört. Rote Mazamas sind sehr scheu und den Tag verbringen sie in einem Versteck, das erst am Abend zum Äsen verlassen wird. Die Tiere ernähren sich von den Blättern der Sträucher, von Früchten und sogar von Pilzen. Sie leben entweder allein oder in Paaren. Das Weibchen bringt ein geflecktes Jungtier zur Welt und versteckt es in den ersten Wochen im Gebüsch. Die Mutter kommt regelmäßig, um das Kleine zu füttern. Diese Tiere bevorzugen Gebiete mit Gewässern, denn sie können gut schwimmen.

Riesentukan
Ramphastos toco
Ordnung: Spechtvögel
Gewicht: 0,5 kg
Größe: 57–60 cm
Jungtiere: 2–3

Tr, Ts | 20 Jahre

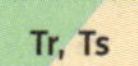

Rotnackenarassari
Pteroglossus bitorquatus
Ordnung: Spechtvögel
Gewicht: 140–150 g
Größe: 36 cm
Jungtiere: 2–3

Tr

Roter Mazama
Mazama americana
Ordnung: Paarhufer
Gewicht: 16–25 kg
Größe: 0,7–1,3 m
Jungtiere: 1

Tr | 10–13 Jahre

Roter Mazama

Goldaguti

Vampirfledermaus
Desmodus rotundus
Ordnung: Fledermäuse
Gewicht: 15–45 g
Größe: 6,5–9 kg
Jungtiere: 1

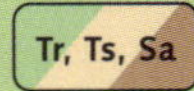 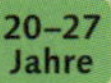
Tr, Ts, Sa | 20–27 Jahre

Große Lanzennase
Phyllostomus hastatus
Ordnung: Fledermäuse
Gewicht: 90–110 g
Größe: 12,4–13 cm
Jungtiere: 1

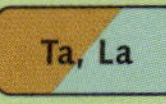 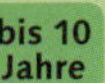
Ta, La | bis 10 Jahre

Kastnie

Tütenfalter

*Schwarz geflügelter
Weißling*

Uraniafalter

Echter Bläuling

In den südamerikanischen Regenwäldern finden wir tausende Arten von Schmetterlingen in verschiedenen Größen, Formen und Farben. Die **Kastnie** bewohnt ein bestimmtes Reviergebiet, das sie gegen Vögel verteidigt. Zu den bekanntesten Schmetterlingen gehört der Tütenfalter, der zur Familie der Tagfalter gezählt wird. Die Flügel dieser Falter sind auf der Vorderseite mit verschiedenen Blautönen versehen. Sie enthalten jedoch keine blauen Pigmente, sondern bestehen aus Chitin. Die Raupen der Tütenfalter haben giftige Härchen, die Hautreizungen und Entzündungen verursachen können. Der **Uraniafalter** erinnert durch seine Form der Hinterflügel an einen Segelfalter. Er zieht im April aus Argentinien in den Norden der warmen Tropen und kehrt ein halbes Jahr später wieder zurück. Nicht alle Kohlweißlinge müssen weiß sein. Ein lebendes Beispiel dafür ist der **Schwarz geflügelte Weißling**. Er gehört auch zu den Tagfaltern. Der **Echte Bläuling** bewohnt nicht nur die Tiefländer in den tropischen Regenwäldern, sondern steigt im Gebirge bis in eine Höhe von 3000 m auf. Er ist ein kleiner Schmetterling mit einer Flügelspanne von 4,5 cm.

Vampirfledermaus

Die **Vampirfledermaus** ernährt sich ausschließlich vom Blut von Säugetieren. Ihre verkürzte Schnauze erleichtert diese Lebensweise. Sie befällt vor allem Haustiere wie Rinder, bevorzugt am Hals, hinter den Ohren oder am Euter. Die Haut ihres Opfers schneidet sie mit den messerscharfen Schneidezähnen auf. Das Blut saugt sie nicht aus, sondern leckt es mit der stäbchenförmigen Zunge auf. Im Speichel befindet sich ein Stoff, der die Blutgerinnung verhindert. Ein angefallenes Tier droht nicht zu verbluten, kann aber von der Vampirfledermaus mit Tollwut angesteckt werden. Die Tiere schwärmen nur bei völliger Dunkelheit aus. Wenn der Mond scheint, bleiben sie lieber in ihren Höhlen. Ihre Beute finden sie sehr schnell und landen in der Nähe. Wie viele Flugtiere bilden auch die Vampirfledermäuse Kolonien, die jedoch nicht mehr als 100 Mitglieder zählen.

Große Lanzennase

Die **Große Lanzennase** gehört zur Familie der Fledermäuse. Ihr typischer Nasenhöcker erinnert an ein spitzes Blatt. Sie ist eine recht große Art, bei der die Flügelspanne einen halben Meter erreicht. Sie ernährt sich von Insekten und süßen Früchten. Die zahlreichen Kolonien der Großen Lanzennasen verstecken sich am Tag zwischen Palmenblättern oder in geeigneten Höhlen.

Der **Jaguar** ist die größte Raubkatze Südamerikas und ähnelt dem Leoparden. Im Gegensatz zu ihm hat er einen größeren Kopf, einen kürzeren Schwanz und ist insgesamt größer. Beide Arten haben rosettenförmige schwarze Flecken, die innen beim Jaguar schwarze Punkte aufweisen, beim Leoparden jedoch dunkelbraun gefärbt sind. Bei Leoparden wie bei Jaguaren gibt es Tiere mit völlig schwarzem Fell – dann nennt man sie Panter. Der Jaguar hält sich gern im Unterholz auf und in der Nähe von Gewässern. Man kann ihn auch in der Savanne oder in der Halbwüste entdecken. Er kann sehr gut klettern und schwimmen. Dank seiner Farbe fügt er sich gut in die Umgebung ein, sodass er seinen Feinden nicht so leicht auffällt. Das erleichtert ihm auch das Anpirschen an seine Beute. Zu seiner Nahrung zählen Wasserschweine, Faultiere, Affen, Tapire und auch Schildkröteneier. Er jagt sowohl auf Bäumen als auch am Boden und schlägt gern aus dem Hinterhalt zu. Er ist ein Einzelgänger und um die Jungtiere kümmert sich ausschließlich das Weibchen.

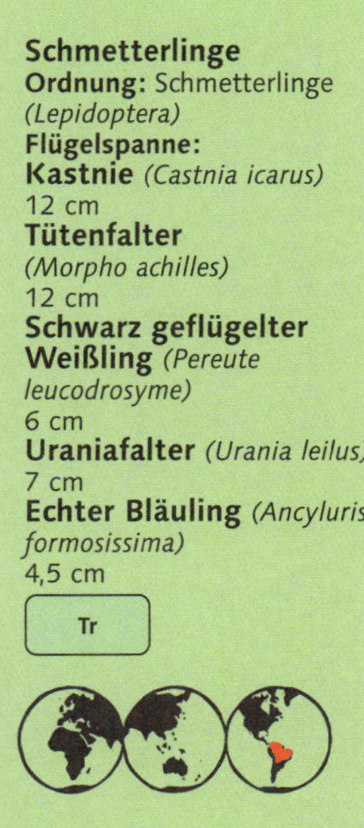

Jaguar

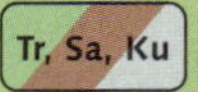 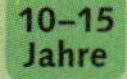

Schwarz-weißer Teju
Tupinambis merianae
Ordnung: Schuppen-
kriechtiere
Gewicht: 55,5 kg
Größe: 140 cm
Jungtiere: 50–60

Tr, Sa, Ku | 10–15 Jahre

Dreibinden-Gürteltier
Tolypeutes matacus
Ordnung: Nebengelenk-
tiere
Gewicht: 1,4–1,6 kg
Größe: 35 cm
Jungtiere: 1

Ts, Pa, Wü | 10–15 Jahre

Weißrüsselnasenbär
Nasua narica
Ordnung: Raubtiere
Gewicht: 3,5–5,5 kg
Größe: 40–60 cm
Jungtiere: 4–5

Ts, Sa, Pa | 7–14 Jahre

Weißrüsselnasenbär

Wenn der **Schwarz-weiße Teju** seine Erdhöhle verlässt, wärmt er sich sofort in der Sonne.
Mit Hilfe der scharfen Krallen kann er auf
Bäume klettern, bevorzugt jedoch den Aufent-
halt auf der Erde, wo er seine Nahrung sucht.
Diese besteht aus Kleinlebewesen, Vögeln und Eiern. Wenn er sich in Gefahr
fühlt, flieht er oft aufgerichtet auf beiden Hinterbeinen. Eine Besonderheit der
Tejus ist ihre Eiablage. Das Weibchen legt seine Eier nämlich in Termitenbauten. Somit sind die Eier vor anderen Feinden geschützt. Nach dem Schlüpfen
ist es für die Jungtiere allerdings schwierig, das Termitennest wieder unbe-
schadet zu verlassen.

Wenn dem **Dreibinden-Gürteltier** Gefahr droht,
rollt es sich zu einer kompakten Kugel zusammen –
der Angreifer hat keine Chance, an den weichen
Bauch zu kommen. Der feste Schutzschild bedeckt nicht nur den Rumpf, sondern auch Kopf
und Schwanz. Unter dem Panzer ist Luft ein-
geschlossen, die als Wärmeisolierung an
kalten Tagen dient. In der trockenen
Savanne sucht das Tier Ameisen- und
Termitennester auf. Am Tag ruht es sich
unter dichten Sträuchern aus. Erdhöhlen
gräbt er nur selten. Im Gegensatz zu anderen Gür-
teltieren bringt das Dreibinden-Gürteltier nur ein Jungtier zur Welt,
das bereits nach einigen Stunden die überlebenswichtige Kunst des
Zusammenrollens erlernt.

Dreibinden-Gürteltier

Der **Große Pampashase** oder **Mara** hat
den Kopf eines Hasen, Körperbau und Beine
einer Antilope, ist aber mit den Meerschweinchen verwandt. Wenn er flüchten muss, schafft
er eine Geschwindigkeit von 45 km/h. Der
Mara lebt ein Leben lang in Paaren, und in
der Zeit der Trockenheit und der Aufzucht der
Jungen halten sie sich in Sippen auf. Einige
Elternpaare leben gemeinsam in einer Erdhöhle. Die Familienverbände sind wie ein Kin-
dergarten organisiert. Den Tag verbringen sie
gemeinsam mit den Jungtieren und in der
Nacht gehen die Eltern zum Äsen. Das erste
Paar, das in der Morgendämmerung zur Höhle
zurückkehrt, hat das Recht, als Erstes seine
Jungtiere zu stillen; die anderen Paare warten,
bis sie an die Reihe kommen.

Die spitze, bewegliche Schnauze und der gestreifte Schwanz, der länger als
der Körper ist, sind die typischen Erkennungsmerkmale des **Weißrüssel-
nasenbären**. Während das Männchen ein einzelgängerisches Leben
führt, leben die Weibchen mit den Jungtieren in Gruppen von etwa
12 Tieren. Die Mitglieder zeigen ihre gegenseitige Zuneigung durch häu-
figes Säubern und Beschnuppern. Ohne auf Altersunterschiede zu achten, verbringen sie sehr viel Zeit mit verschiedenen Spielen. Die kurzen
Beine dieser Tiere weisen darauf hin, dass es sich um geschickte Kletterer
handelt, die sich oft in Baumkronen aufhalten. Die Lebensweise der Weiß-
rüsselnasenbären in den Bäumen erinnert an Affen. Dieses Tier reckt
seinen Schwanz wie ein Ausrufezeichen nach oben. Selbst bei der Nahrungssuche senkt er den Schwanz nicht. Sie sind Allesfresser und lassen
sich Insekten, Eier und reife Früchte schmecken.

Die bunte Zeichnung der **Abgottschlange** ist das perfekte Tarnkleid im trockenen Gras oder im abgefallenen Laub des Waldes. Sie ist ein sehr ruhiges Tier und kriecht recht langsam. Sie ist eine geschickte Kletterin. Wenn sie sich in den Baumkronen aufhält, benutzt sie den muskulösen Schwanz als Kletterhilfe. Auch im Wasser fühlt sie sich wohl, wo sie oft ein Bad nimmt. Sie jagt vor allem mittelgroße Nagetiere, die sie fest mit den Kiefern erfasst und sofort eine Schlinge ihres starken Körpers um die Beute zieht. Nach erfolgreicher Jagd verdaut sie in aller Ruhe die Beute einige Tage in einem Versteck unter Baumstämmen oder Wurzeln. Wegen ihrer Sanftmütigkeit und dem Verzehr von Nagetieren ist sie bei den Indianern beliebt, die diese Schlange gern in ihren Behausungen halten. Es ist nichts Außergewöhnliches, eine Abgottschlange auf einem Balken unter dem Dach zu sehen. Sie nimmt fast den Platz eines Haustiers ein. Das Weibchen bringt lebende Jungtiere zur Welt um die es sich nicht weiter kümmert.

Zwischen dem Gran Chaco und Patagonien liegen eintönige Grasebenen, die als **Pampa** bezeichnet werden. Früher bestand die Pampa aus einem viel größeren Gebiet mit einer Fläche von einigen tausend Quadratkilometern, das von Gräsern bewachsen war und nach Westen in eine trockene Offenlandschaft mit dornigen Sträuchern überging. Ein Teil der Pampa hat sich unter dem Einfluss des Menschen verändert. In den feuchten östlichen Gebieten haben die Menschen angefangen, Bäume zu pflanzen und Getreide anzubauen. Die früher mit Gras bewachsene Pampa ersetzen nun bestellte Flächen. Weiter im Westen ändern sich die Verhältnisse. Die Niederschläge werden immer geringer und die dortigen Böden können die Feuchtigkeit nicht lange halten. In diesen Gebieten ist die Pampa noch so wie früher und wird nur als Viehweide genutzt. Nach Regenfällen bilden sich vereinzelt Sümpfe und temporäre salzige Seen. Gerade in diesen Gebieten kann man noch die typischen Bewohner der Pampa antreffen.

Der **Grison** hat eine auffällige Fellzeichnung. Rücken und Scheitel sind bei diesem Tier rauchgrau, während Brust und Bauch dunkel sind. Sein schlanker und beweglicher Körper mit den kurzen Beinen ist perfekt an das Kriechen in Erdhöhlen angepasst, in denen er sich versteckt. Seine Nahrung sucht er ausschließlich auf dem Boden. Selbst bei Gefahr klettert er nicht auf einen Baum. Er jagt verschiedene Kleintiere, frisst aber auch Aasfleisch und heruntergefallene Früchte. Die Grisone tummeln sich oft in kleinen Gruppen, aber eine engere Verbindung zwischen den Tieren besteht nicht. Sie tolerieren sich, können die Gruppe verlassen und sich einer anderen anschließen. Wenn das Weibchen allerdings Junge hat, duldet es die Anwesenheit eines anderen Grisons nicht.

Grison

Großer Pampashase (Mara)
Dolichotis patagonum
Ordnung: Nagetiere
Gewicht: 8–19 kg
Größe: 69–75 cm
Jungtiere: 1–3

Tr, Ts, Sa | 15–23 Jahre

Grison
Gallictis vittata
Ordnung: Raubtiere
Gewicht: 1,4–3,2 kg
Größe: 47–55 cm
Jungtiere: 2–4

Ts, Sa, Ku

Abgottschlange
Boa constrictor
Ordnung: Schuppenkriechtiere
Gewicht: bis zu 20 kg
Größe: 4–5,5 m
Jungtiere: 15–40

Ts, Sa | 12–19 Jahre

Pampaskatze
Oncifelis colocolo
Ordnung: Raubtiere
Gewicht: 3 kg
Größe: 43–70 cm
Jungtiere: 1–3

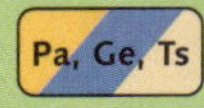 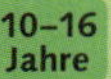

Perlsteißhuhn
Eudromia elegans
Ordnung: Steißhühner
Gewicht: 0,4–0,8 kg
Größe: 37–41 cm
Jungtiere: 5–6

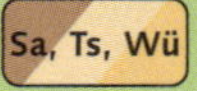

Kaninchenkauz
Athene cunicularia
Ordnung: Eulenvögel
Gewicht: 140–200 g
Größe: 18–20 cm
Jungtiere: 2–11

 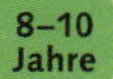

Die weite Pampa und zusammenhängende Schilfgebiete sind das Zuhause der kräftigen **Pampaskatze**. Typisch für sie sind die spitzen Ohren mit den pinselartigen Haaren an der Spitze und das recht lange Fell auf dem Rücken. Im Gegensatz zu waldbewohnenden Katzenarten hat die Pampaskatze eine eher unauffällige Fellzeichnung. In den südlicheren Gebieten ist sie sogar fast einfarbig. Dadurch verliert sie sich optisch vollkommen im hohen Gras und im Dickicht der Sträucher. Sie lebt tagsüber versteckt und geht erst am Abend auf die Jagd; dadurch bekommt man sie kaum zu Gesicht. Weibchen und Männchen leben getrennt. Um die Jungtiere kümmert sich ausschließlich das Weibchen.

Pampaskatze

Südamerika besitzt keine ausgedehnte **Wüste** wie etwa in Afrika die Sahara. Dafür gibt es auf diesem Kontinent das trockenste Gebiet der Erde, die Atacama-Wüste in Nordchile, die sich entlang der westlichen Küste hinzieht. Dort soll es Gegenden geben, in denen noch nie Niederschläge gefallen sind. Der kalte Humboldtstrom des Ostpazifiks kühlt den Wind, der vom Meer aufs Land weht. Die Luft wird in den höheren Lagen erwärmt und dadurch sehr trocken. Sie enthält dann absolut keine Feuchtigkeit mehr. Auch in den Anden in Bolivien gibt es Wüsten. Es sind windige Hochebenen mit kargen Böden, die als **Altiplano** bezeichnet werden. Südlich der Pampa befindet sich die Halbwüste von **Patagonien**, die im Regenschatten der Anden liegt und ebenfalls ein sehr kühles und trockenes Klima hat. Die selten fallenden Niederschläge lassen nur kargen Graswuchs und Strauch- oder Baumbewuchs zu.

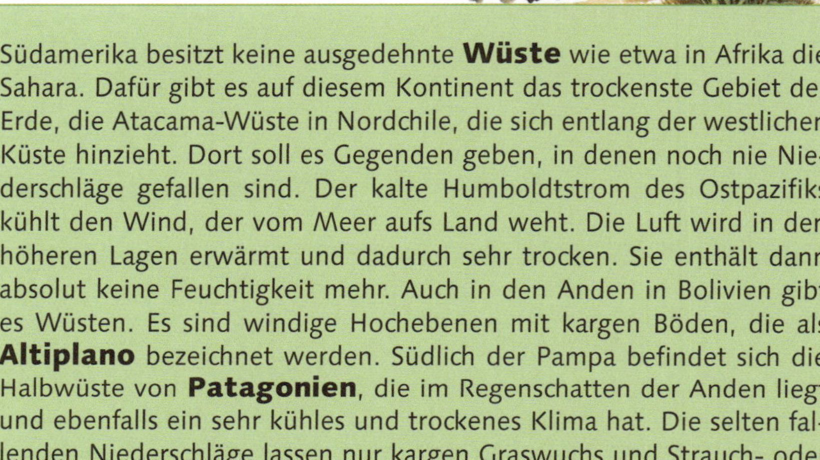

Das **Perlsteißhuhn** hat eine ähnliche Lebensweise wie das Rebhuhn, nur die Geschlechterrollen sind anders verteilt. Da die Weibchen größer sind als die Männchen, nehmen sie auch die dominantere Stellung ein. Es sind die Weibchen, die in der Pampa bestimmte Gebiete besetzen und sie auch verteidigen. Sogar in der Balzzeit haben die Weibchen das Sagen, denn ihre Aufgabe ist es, die Männchen zur Paarung anzulocken und dann die Eier zu legen. Um alles andere kümmern sich die Männchen: Vom Ausgraben des Nestes im Boden zwischen Grasbüscheln oder Sträuchern, bis zum Brüten auf den Eiern und die Aufzucht der Jungtiere – dies alles sind die Aufgaben des Männchens.

Kaninchenkauz

Pampasfuchs

Der **Pampasfuchs** ist ein Tier, das ständig in Bewegung ist. Er sammelt gern verschiedene Sachen und schleppt sie vor seinen Bau oder versteckt sie unter Sträuchern. Auf Grund seines Körperbaus und seines Verhaltens hat er etwas von einem Fuchs und etwas von einem Hund. Außer in der Paarungszeit lebt der Pampasfuchs als Einzelgänger. Den Tag über verbringt er in seinem Bau unter der Erde, den er sich aber nicht selber gräbt, sondern verlassene Bauten von anderen Pampa-Bewohnern benutzt. Abends und nachts macht er sich auf Nahrungssuche, dann jagt er kleine Vögel und Nagetiere. Manchmal stöbert er auch in der Nähe von Siedlungen nach Essensresten.

Pampasfuchs
Pseudalopex gymnocercus
Ordnung: Raubtiere
Gewicht: 4,8–6,5 kg
Größe: 50–85 cm
Jungtiere: 3–6

Pa | 10–14 Jahre

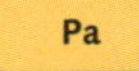 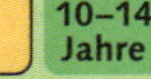

Chile-Flamingo
Phoenicopterus chilensis
Ordnung: Flamingos
Gewicht: 2,3 kg
Größe: 105 cm
Jungtiere: 1

Fl, Ge | 25–30 Jahre

 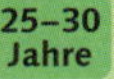

Arapaima
Arapaima gigas
Ordnung: Barschähnliche
Gewicht: 150 kg
Größe: 250 cm
Jungtiere: 180 000

Fl | ca. 15 Jahre

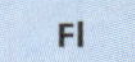 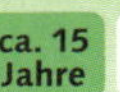 

Der kompakte Körper und der Kopf des **Arapaima** wirken eher plump und sind weniger für schnelles Schwimmen geeignet. Das hat dieser Süßwasserfisch auch nicht nötig. Er lebt in ruhigen, warmen Gewässern und jagt ähnlich wie unser Hecht verschiedene Kleintiere, Fische und sogar kleine Schildkröten. Um die zahlreich gelegten Fischrogen kümmern sich beide Elternteile. Das Männchen baut ein grubenförmiges „Nest" und bewacht den Fischlaich und das Weibchen beobachtet die Umgebung.

Der **Kaninchenkauz** hockt oft vor seiner Höhle und beobachtet die Umgebung. Wenn er sich in Gefahr wähnt, versucht er seinen Feind zu erschrecken, indem er sich aufplustert, von einem Bein auf das andere tritt und mit dem Schnabel wütend klappert. Dabei zwinkert er zornig mit den Augen. Erst am Abend geht er auf die Jagd nach Insekten, Nagetieren und Schlangen, tagsüber „hält er Wache". Die Erdhöhle bewohnt immer nur ein Paar. Entweder gräbt der Kaninchenkauz das Erdloch selber oder er benutzt ein von Nagetieren verlassenes Nest. Das Weibchen legt die Eier in das leicht ausgepolsterte Nest.

Selbst wenn die Jungtiere schon fliegen können, halten sie sich noch bei den Eltern auf und tummeln sich vor ihrer Behausung.

In der scheinbar chaotischen Kolonie der **Chile-Flamingos** herrscht in Wirklichkeit strenge Ordnung. Die einzelnen Vögel halten durch Schreie, Flügelschläge und Kopfbewegungen einen Mindestabstand zueinander ein. Die erwachsenen Vögel waten durch das flache und salzige Wasser, das sie mit ihrem krummen Schnabel nach Kleinstorganismen durchfiltern. Karotin, ein Farbstoff, der in den Krustentieren vorhanden ist, gibt den Federn der Flamingos die rosa Farbe. Das Gefieder der Jungtiere ist bedeutend unauffälliger gefärbt, sie tragen ein rauchgraues Federkleid. Die Jungen bleiben längere Zeit in ihrem Nest aus Schlamm und werden von den Eltern durch vorverdaute Nahrung aus dem Kropf gefüttert.

Chile-Flamingo

Arapaima

Brillenbär
Tremarctos ornatus
Ordnung: Raubtiere
Gewicht: 35–200 kg
Größe: 1,3–2,1 m
Jungtiere: 1–3

 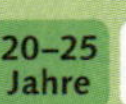 

Tr, Ts, Ge | 20–25 Jahre

Darwin-Nandu
Pterocnemia pennata
Ordnung: Laufvögel
Gewicht: 15–25 kg
Größe: 90–100 cm
Jungtiere: 10–30

Sa, Ge | 10–15 Jahre

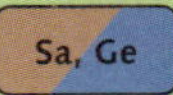 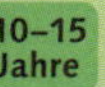

Wildmeerschweinchen
Cavia aperea
Ordnung: Nagetiere
Gewicht: 0,4–0,7 kg
Größe: 16–36 cm
Jungtiere: 1–5

Pa | 6–8 Jahre

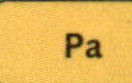 

Meerschweinchen
Cavia porcellus
Ordnung: Nagetiere
Gewicht: 500–800 g
Größe: 20–35 cm
Jungtiere: 1–5

Ku | 8 Jahre

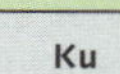 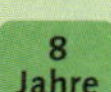

Brillenbär

Wie der **Brillenbär** zu seinem Namen kam, ist an der Zeichnung in seinem Gesicht zu sehen – sie sieht aus wie eine Brille. Man sollte jedoch erwähnen, dass bei jedem Tier diese Gesichtsfärbung unterschiedlich ist. Der Brillenbär bewohnt verschiedene Lebensräume und steigt bis zu einer Höhe von 4200 m über NN auf. Seine Hauptnahrung besteht aus verschiedenen Früchten, Palmensprossen, aber auch Aas lässt er nicht liegen. Manchmal macht er sich auch auf die Jagd nach größeren Säugetieren. Wenn er hinter einem Beutetier her ist, klettert er sogar auf Bäume. Wie alle Bären sind auch die Brillenbären Einzelgänger. Die Aufzucht der Jungtiere übernimmt das Weibchen.

Das bekannte und in Kinderzimmern beliebte **Meerschweinchen** ist der Nachkomme vom **Wildmeerschweinchen**, von dem es sich nur farblich unterscheidet. Das Wildmeerschweinchen ist etwas schlanker und hat ein graubraunes Fell. Es bewohnt Graslandschaften und ernährt sich von Gras und verschiedenen Kräutern. Die Meerschweinchen sind tagaktive Tiere. Ständig „unterhalten" sie sich untereinander durch Schmatzen, Zähneknirschen, Piepsen und Schreien. Sie halten sich gewöhnlich in wechselnden Gruppen auf, in denen es keine Ordnung gibt. Nicht einmal in der Paarungszeit bilden sie engere Verbindungen. Die Jungtiere kommen gut entwickelt zur Welt und werden bald nach der Geburt selbstständig. Die Indianer züchteten Meerschweinchen schon vor 5000 Jahren. Im 16. Jahrhundert kamen diese Tiere durch holländische Seeleute nach Europa. Seither ist das Meerschweinchen wegen seines ruhigen Charakters ein beliebtes Haustier. Es wird in verschiedenen Farbkombinationen und Haarlängen gezüchtet.

In Südamerika leben zwei Arten flugunfähiger Vögel, der Pampastrauß und der kleinere, auffällig gefärbte **Darwin-Nandu**. Sein Zuhause ist die raue, kühle Halbwüste. Er ist sehr anpassungsfähig. Diese Tiere leben in nicht allzu großen Gruppen, die von einem Männchen angeführt werden. Wenn sie in Gefahr sind, fliehen sie mit langen Sprüngen. Mitten im Laufen können sie blitzschnell die Richtung wechseln. Das Nest liegt meist in einer Bodenvertiefung. In dieses Nest legen alle Weibchen aus der Gruppe die Eier. Auf den Eiern sitzt ein Männchen und führt später auch die mit einem gestreiften Gefieder ausgestatteten Jungtiere aus. Die Jungen brauchen mehr Insekten pro Tag als ein erwachsenes Tier.

Darwin-Nandu

Meerschweinchen   *Wildmeerschweinchen*

Guanako

Früher konnte man in Südamerika zahlreiche Herden der eleganten **Guanakos** sehen. Heute gibt es nur noch einige tausend Tiere. Das Guanako bewohnt verschiedene Gebiete in den Anden und steigt bis in eine Höhe von 4000 m über dem Meeresspiegel auf. Es ist so zäh wie ein Kamel und braucht kein Wasser, da ihm die Flüssigkeit aus der Nahrung ausreicht. Die gesellschaftliche Ordnung dieser Tiere ähnelt einem Harem: Ein Männchen lebt mit mehreren Weibchen zusammen. Wenn er diese vor Nebenbuhlern verteidigt, macht er das durch Treten und Spucken.

Guanako
Lama guanicoe
Ordnung: Paarhufer
Gewicht: 100–120 kg
Größe: 1,9–2,2 m
Jungtiere: 1

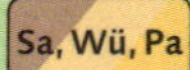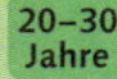

Vikunja
Vicugna vicugna
Ordnung: Paarhufer
Gewicht: 45–65 kg
Größe: 1,2–1,9 m
Jungtiere: 1

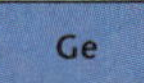

Das auffälligste **Hochgebirge** in Südamerika sind die Anden. Bei einer Länge von 7250 km ist es das längste Gebirge der Erde. Die Anden haben steile Hänge und spitze, kegelförmige Gipfel, von denen viele eine Höhe von 6000 m über NN erreichen. Die Flora wird nicht nur durch deren Höhenlage bestimmt, sondern auch durch den geografischen Breitengrad. Die östlichen Andenhänge sind mit Wald bewachsen, weil sie genug Feuchtigkeit aus der warmen Tropenluft des amazonischen Tieflands erhalten. Die durch die Regenwolken stets feuchten Nebelwälder steigen bis in eine Höhe von 1200 m über NN auf. Im Gegensatz dazu sind die westlichen Hänge der Anden viel kahler und in der gleichen Höhe breitet sich dort die Puna aus. Das ist eine trockene Hochebene mit dornigen Gewächsen (Sukkulenten). Im südlichsten Teil der Anden wird das Klima deutlich kühler, dort kommen in der Gipfelregion Gletscher vor, die bis ins Tal fließen. Südamerika hat noch zwei weitere Gebirgsketten, das Hochland von Guayana im Nordosten und das brasilianische Hochland im Osten, beides Landschaftsformen, die viel älter als die Anden sind.

Das **Vikunja** ist die kleinste und gleichzeitig am meisten vom Aussterben bedrohte Lamaart. Es bewohnt Gebiete in den Anden bis in eine Höhe von 3700 bis 4800 m über NN. Dort grast es die Pflanzen auf den kargen Weiden der tundraartigen Puna ab. Vor der Kälte schützt es sein feines, dichtes Fell, das ihm fast zum Verhängnis geworden wäre. Es wurde so intensiv bejagt, dass es in den 1960er-Jahren fast völlig ausgestorben war. Durch strengen Artenschutz ist es gelungen, dass sich die Anzahl der Vikunjas wieder erholt hat. Gruppen von Familien und kleine Herden bewohnen in der rauen Umgebung Territorien, die von einem Leitmännchen vor Eindringlingen verteidigt werden. Im Revier mit dem Nahrungsangebot halten sich die Herden am Tag auf, wo sie auch oft ihre Jungtiere bekommen. Das Revier, das zum Ausruhen dient, liegt meistens höher und wird von den Vikunjas in der Nacht aufgesucht.

Riesenkolibri
Patagonia gigas
Schleppensylphe
Sappho sparganura
Wundersylphe
Loddigesia mirabilis
Schwertschnabelkolibri
Ensifera ensifera
Ordnung: Kolibris
Gewicht: 2–20 g
Größe: 5,8–21,7 cm
Jungtiere: 2

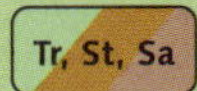 
Tr, St, Sa | 7–10 Jahre

Patagonischer Skunk
Conepatus humboldtii
Ordnung: Raubtiere
Gewicht: 0,7–2,5 kg
Größe: 28–33 cm
Jungtiere: 1–4

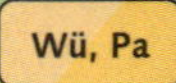 
Wü, Pa | bis 7 Jahre

In der Luft sind die **Kolibris** wahre Meister des Kunstflugs. Sie fliegen Achten, so wie es die Libellen machen. Ein Zyklus wiederholt sich etwa 200-mal in einer Sekunde. So können sie nicht nur von Blüte zu Blüte zu fliegen, sondern auch komplizierte Rückwärts- und Seitwärtsflugfiguren. Den langen Schnabel mit der langen Zunge tauchen sie in die trompetenförmigen Blüten und saugen Nektar, suchen nach Insekten und befruchten gleichzeitig die Blüten. Die Weibchen der Kolibris sind nicht nur bunter, sondern schmücken sich auch noch mit langen Schwanzfedern, die sie vor allem während der Paarungszeit zur Geltung bringen. Auf Ästen befestigen sie ihre winzigen schüsselförmigen Nester, in denen die beiden sehr kleinen Eier kaum Platz haben. Auf den Eiern brütet nur das Weibchen. Der größte Kolobri ist der **Riesenkolibri** und den längsten Schnabel hat der **Schwertschnabelkolibri**.

Der **Patagonische Skunk** fühlt sich besonders in unzugänglichen Felsgebieten mit einer großen Anzahl von Höhlen wohl. Er unterscheidet sich durch die Farbe vom gestreiften Skunk, seine Lebensweise ist aber sehr ähnlich. Gegenüber Angreifern nimmt der Patagonische Skunk die typische Abwehrhaltung ein, hebt den Schwanz und spritzt eine stinkende und reizende Flüssigkeit auf seinen Widersacher. Am Abend geht er auf Nahrungssuche. Er ist ein Allesfresser, das heißt er frisst Kleintiere und Pflanzen, die er mit seinen starken Vorderbeinen ausgräbt.

Die Geier sind in Amerika mit der Gruppe der Neuweltgeier vertreten, zu denen auch die Kondore gehören. Der
Anden-Kondor ist zweifellos der echte König der Anden.
Wie alle Kondore hat er einen kahlen Kopf und Hals. Ein Hautlappen schmückt seine Kehle und eine Art „Helm" seine Stirn.
Dank der langen und breiten Flügel, die eine Spanne von 3 m
haben, kann er mehrere Stunden über den Gipfeln der Gebirge
segeln, ohne je die Flügel zu bewegen. Er nutzt die Luftströmungen, die an den Talhängen aufsteigen. Mit seinen scharfen Augen
und mit seinem feinen Geruchssinn sucht er nach Aas. Nur
in der Balzzeit kann man einzelne Paare zusammen sehen.
Sonst leben sie in Gruppen und übernachten gemeinsam
immer wieder auf der gleichen bevorzugten Stelle. Mit dem
Bau eines Nestes halten sie sich nicht auf. Sie suchen sich in
Felswänden einen geeigneten Platz, wo das Weibchen die
Eier auf den nackten Boden legt.

Anden-Kondor

Anden-Kondor
Vultur gryphus
Ordnung: Neuweltgeier
Gewicht: 8–15 kg
Größe: 100–130 cm
Jungtiere: 1

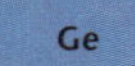
Ge | 45–50 Jahre

Tukotuko
Ctenomys magellanicus
Ordnung: Nagetiere
Gewicht: 400–700 g
Größe: 17–25 cm
Jungtiere: 1–5

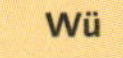
Wü | 3–5 Jahre

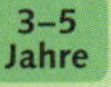

Viele der großen **Flüsse** Südamerikas entspringen in den Anden und
münden in den Atlantischen Ozean an der Ostküste. Zu den größten
und bekanntesten gehören im Norden der Magdalena und der Orinoko, im Süden der Paraná und der Paraguay. Der Amazonas ist das
größte und wasserreichste Flusssystem der Welt. Es breitet sich zwischen den vier genannten Flüssen aus. Da die Flüsse die meiste Zeit
durch Flachland fließen, bilden sie zahlreiche Nebenarme. Während
der Regenzeit steigt das Wasser leicht über die Ufer. Wenn der Was-
serpegel wieder sinkt, bleibt fruchtbarer Schlamm zurück, auf dem
wieder neue Wälder wachsen können. Zahlreiche **Seen** befinden sich
hoch in den Anden. Viele von ihnen haben einen hohen Anteil an
Mineralsalzen und einige davon sind sogar salziger als das Meer. Der
Titicacasee ist der größte und gleichzeitig der höchstgelegene See, auf
dem sogar Schiffsverkehr stattfindet. Im Flachland entstehen Seen aus
den Nebenarmen der Flüsse.

Die sandigen Halbwüsten sind der Lebensraum für 33 Arten der **Tukotukos**.
Das sind Nagetiere, die sich an das Leben in Erdhöhlen angepasst haben.
Der Tukotuko gräbt Höhlen mit Hilfe der starken Krallen an den Vorderpfoten
und den scharfen Schneidezähnen. Er gräbt zwar nicht tief, aber dafür ein
kompliziertes System mit vielen Gängen, Kammern und Luftschächten. In der
Erdhöhle herrscht eine konstante Temperatur von 21 °C. Er benutzt sie nicht
nur als Versteck, sondern auch zur Aufzucht
der Jungtiere, zum Lagern von Wurzeln
und anderen Pflanzenteilen und zur
Kotablagerung. Die Bewohner der
Höhlen verständigen sich durch Rufe,
die sich in der Tat wie „tuko-tuko"
anhören – was letztlich ausschlaggebend
für ihre Namensgebung war.

Andengans
Chloephaga melanoptera
Ordnung: Gänsevögel
Gewicht: 0,7–1,1 kg
Größe: 42–52 cm
Jungtiere: 6–10

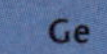

Witwenpfeifgans
Dendrocygna viduata
Ordnung: Gänsevögel
Gewicht: 500–800 g
Größe: 38–48 cm
Jungtiere: 4–13

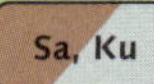 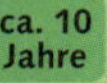

Zitteraal
Electrophorus electricus
Ordnung: Messeraale
Gewicht: bis 20 kg
Größe: 2,5 m
Jungtiere: bis 20 000

 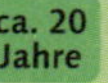

Hoatzin
Opisthocomus hoatzin
Ordnung: Kuckucksvögel
Gewicht: 700–900 g
Größe: 62–70 cm
Jungtiere: 2–4

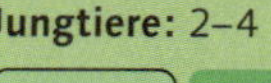 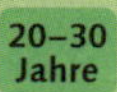

Die **Andengans** kann man, wie der Name schon verrät, in den Anden antreffen. Sie hält sich in einer Höhe von 3000 bis 5000 m über NN auf. Sie ist nicht besonders auf Wasserstellen angewiesen und daher manchmal weit entfernt von Seen oder Weihern zu sehen. Die Eltern führen ihre Jungtiere oft nur für eine kurze Zeit zu einem See. Wenn sie sich in Gefahr wähnt, versucht die Andengans eher wegzulaufen als davonzufliegen. Da die Gebirgsregionen eher arm an Nahrung sind, besetzen die Paare der Andengänse ihre Reviere. Das Männchen verteidigt es gegenüber Eindringlingen.

Zitteraal

Wer einem **Zitteraal** zu nahe kommt, riskiert ein unangenehmes und manchmal auch gefährliches Zusammentreffen: Das Tier wehrt sich nämlich mit einem spürbaren Stromschlag. Die Muskelmasse hat sich zum Teil in elektrische Organe umgewandelt. Sie können elektrische Impulse von bis zu 800 Volt abgeben. Je größer der Fisch, umso leistungsfähiger sind diese Organe. Er benutzt den Strom nicht nur, um seine Beute entweder zu betäuben oder zu töten, sondern auch zur Orientierung. Er hält sich in ruhig fließenden, trüben Gewässern auf.

Nicht nur in Südamerika, sondern auch in Afrika und Madagaskar kann man die **Witwenpfeifgans** antreffen. Diese Vögel halten sich an Orten auf, wo sie alte Bäume mit Höhlen in der Nähe haben. In solchen Baumhöhlen nisten sie gerne. Um eine Witwenpfeifgans zu beobachten, muss man sich an Orte mit stillen Gewässern begeben, die bevorzugt in den Sumpfgebieten der Savannen mit einzeln stehenden Bäumen liegen. Denn dort legen sie die Eier entweder in einen hohlen Baum, oder direkt auf die Erde. Auf den Eiern sitzen im Wechsel beide Elternteile, die auch nach der Aufzucht der Jungen nicht auseinander gehen. Nach der Nistzeit bilden die Gänsepaare zusammen mit den Jungvögeln große Schwärme, die sich auf größeren Wasserflächen aufhalten. Am Tag verzehren die Gänse verschiedene Pflanzenteile und sind auch auf frisch bestellten Feldern anzutreffen.

Witwenpfeifgans

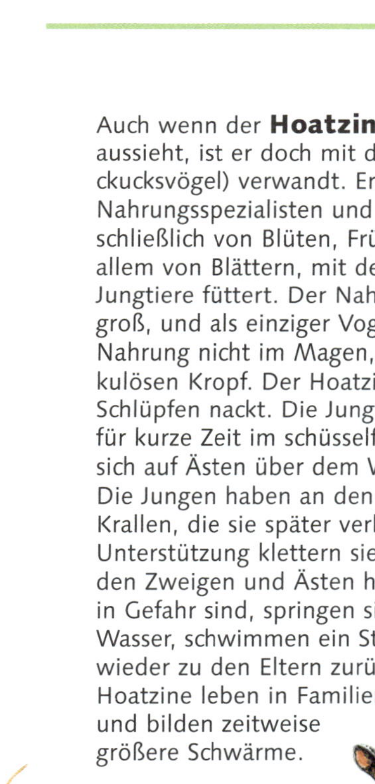

Hoatzin

Auch wenn der **Hoatzin** wie ein Huhn aussieht, ist er doch mit den Turakos (Ku-ckucksvögel) verwandt. Er gehört zu den Nahrungsspezialisten und ernährt sich aus-schließlich von Blüten, Früchten und vor allem von Blättern, mit denen er sogar die Jungtiere füttert. Der Nahrungsbedarf ist groß, und als einziger Vogel verdaut er die Nahrung nicht im Magen, sondern im mus-kulösen Kropf. Der Hoatzin ist nach dem Schlüpfen nackt. Die Jungtiere bleiben nur für kurze Zeit im schüsselförmigen Nest, das sich auf Ästen über dem Wasser befindet. Die Jungen haben an den Flügelbeugen Krallen, die sie später verlieren. Mit deren Unterstützung klettern sie ungeschickt in den Zweigen und Ästen herum. Wenn sie in Gefahr sind, springen sie in das trübe Wasser, schwimmen ein Stück und klettern wieder zu den Eltern zurück. Die Hoatzine leben in Familiengruppen und bilden zeitweise größere Schwärme.

Schwimmbeutelratte
Chironectes minimus
Ordnung: Beutelratten
Gewicht: 600–800 g
Größe: 27–40 cm
Jungtiere: 2–5

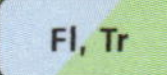
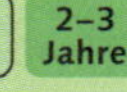

Fl, Tr   2–3 Jahre

Schwimmbeutel-
ratte

Die **Schwimmbeutelratte** bewegt sich zwar schnell und gewandt auf dem Boden, klettert geschickt auf Bäumen, aber im Wasser fühlt sie sich am wohlsten. An den hinteren Pfoten ist sie zum Schwimmen und Tauchen mit Schwimmhäuten ausgestattet. Im Gegensatz zu den Fischottern fängt sie ihre Beute nicht mit der Schnauze, sondern mit den Vorderpfoten. Sie jagt aus-schließlich Wasserlebewesen und bessert den Speiseplan mit Wasserpflanzen und Früchten vom Festland auf. Wie alle Beutelratten ist auch die Schwimmbeutelratte ein Einzelgänger und um die Jungtiere kümmert sich nur das Weibchen. Sie trägt die Nachkommen in einem Beutel, der nach hinten offen ist und mit Hilfe eines Schließmuskels wasserdicht verschlossen werden kann. Auch das Männchen hat einen Beutel, der aber deutlich kleiner ist.

Warme, schlammige Gewässer mit einem geringen Sauerstoffgehalt sind der Lebens-raum des **Südamerikanischen Lungenfischs**. Er hat einen länglichen Körper mit fingerförmigen Miniflossen. Die Atmung erfolgt durch besondere Lungensäcke. Wenn das flache Wasser austrocknet, vergräbt sich der Lungenfisch in den Schlamm. Um den zusammengerollten Körper bildet er eine Schicht aus Schleim und fällt in einen Starrezustand. In der Laichzeit legt das Männchen im Schlamm verschiedene Gräben an, in die das Weibchen die Eier legt. Das Männchen übernimmt dann den Schutz der Eier. Die kleinen Lungenfische atmen am Anfang durch Außenkiemen. Der Lungen-fisch ernährt sich vor allem von Wasserschnecken und anderen wirbellosen Tieren.

**Südamerikanischer
Lungenfisch**
Lepidosiren paradoxa
Ordnung: Lungenfische
Gewicht: bis 45 kg
Größe: 125–175 cm

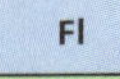
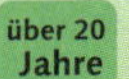

Fl   über 20 Jahre

Südamerikanischer
Lungenfisch

Arrau-Schildkröte
Podocnemis expansa
Ordnung: Schildkröten
Gewicht: 25–35 kg
Größe: 80–100 cm
Jungtiere: 50–150

Große Anakonda
Eunectes murinus
Ordnung: Schuppen-
kriechtiere
Gewicht: 80–150 kg
Größe: 6–9 m
Jungtiere: 30–70

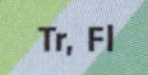 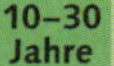

Die **Arrau-Schildkröte** gehört zu den Schienenschildkröten, die den Hals und den Kopf nicht in den Panzer zurückziehen können. Wenn sie in Gefahr sind, neigen sie den Kopf lediglich zur Seite. Die Arrau-Schildkröte bewohnt die Zuflüsse des Orinoko. Sie verbringt fast das ganze Leben im Wasser und ernährt sich hauptsächlich von Pflanzen. Nur in der Paarungszeit ziehen die Schildkröten auf die vielen Inseln inmitten des Hauptflusses, wo sie die Eier im Sandboden vergraben. Die geschlüpften Jungschildkröten müssen sich selbst aus dem Sand befreien und versuchen, das Wasser zu erreichen.

Eine der bekanntesten Schlangen Südamerikas ist die **Große Anakonda**. Sie kann eine Länge von 9 m erreichen und mit ihrem Gewicht bis zu 150 kg ist sie zusammen mit dem asiatischen Netzpython die größte Schlange der Erde. Trotz ihrer gewaltigen Ausmaße ist sie in den tropischen Regenwäldern selten zu beobachten, weil ihre Haut mit Tarnfarben ausgestattet ist. Das ist besonders bei der Jagd von Vorteil, wenn sie regungslos ihrer Beute auflauert. Wenn das Beutetier in Reichweite ist, stürzt sie sich blitzschnell darauf, beißt zu, schlingt mehrere Körperwindungen um das Opfer und erstickt es durch Zusammenziehen der starken Muskeln. Ähnlich wie die Königsschlange, mit der sie verwandt ist, bringt sie lebende Junge zur Welt.

Ein Meister der Tarnung ist auch die **Fransenschildkröte**. Sie trägt einen flachen, schüsselförmigen Panzer, der eine ähnliche Farbe hat wie der Schlammboden stehender Gewässer. Der lange Hals mit dem dreieckigen Kopf hat zahlreiche Auswüchse, die von Haut bedeckt werden und fransenförmig sind. Bei der Jagd lauert sie geduldig im flachen Wasser, wobei nur die Spitze der länglichen Schnauze herausragt. Kleinfische und andere Lebewesen erbeutet die Schildkröte durch eine schnelle Bewegung mit dem Kopf, kleinere Beutetiere saugt sie mit dem Wasser in die geöffnete Schnauze. Das Weibchen legt die Eier am Ufer ab, um sofort wieder ins Wasser zurückzukehren.

Große Anakonda

Fransenschildkröte

Ein bedeutender Teil der Süßwasserbiotope, die auf dem Festland vorkommen, sind **Feuchtgebiete**. Es sind entweder Moore, die sich aus der Verlandung eines stehenden Gewässers entwickelt haben und aus durchnässtem, sauren Torf bestehen, oder es sind regelmäßig überschwemmte Sümpfe in Flussauen. In jedem Fall werden an die Bewohner solcher Gebiete hohe Anforderungen an ihre Anpassungsfähigkeit gestellt. Die Mündungsgebiete und Deltas der großen Flüsse und Ströme weisen meist viele Nebenarme sowie ein weit verzweigtes Altwassersystem auf, das zahlreichen Tierarten als idealer Lebensraum dient. Zu den ausgedehntesten Feuchtgebieten in Südamerika gehören das Amazonasbecken, die Amazonasmündung und das Pantanal – ein Sumpfgebiet, das sich zwischen Bolivien und Brasilien befindet. Etwas anders als die terrestrischen Feuchtgebiete sind die Mangroven, die sich entlang tropischer Meeresküsten erstrecken und durch brackiges, also leicht salziges Wasser gekennzeichnet sind. Charakteristische Pflanzen in diesem Gebiet sind Stelzwurzelbäume; zusammen mit den Tieren, die in den Mangroven leben, müssen sie den täglichen Überschwemmungen von Ebbe und Flut standhalten.

Man kann ihn ohne weiteres mit einem alten Baumstamm verwechseln, wenn am Flussufer ein **Mohrenkaiman** unbeweglich in der Sonne liegt. Obwohl er sich auf dem Festland schnell bewegen kann, verschwindet er bei drohender Gefahr – etwa durch einen Jaguar oder andere Jäger – lieber ins Wasser. Dort stellt er auch seiner Beute nach, die aus Fischen, Säugetieren und Vögeln besteht. In der Paarungszeit sondern die Männchen einen besonderen Duft ab, der die Weibchen anlocken soll. Das Werben um ein Weibchen findet in der Nacht im Wasser statt, wobei sie sich gegenseitig umschwimmen und mit den Kiefern schnappen. Das Weibchen gräbt am Ufer eine Grube für die Eier aus und deckt sie mit Pflanzen ab. Mit großer Aufmerksamkeit hat sie ihre Eier stets im Blick. Im Gegensatz zu den Alligatoren tragen sie ihre ausgeschlüpften Jungtiere jedoch nicht zum Wasser.

Mohrenkaiman

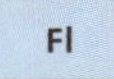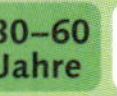

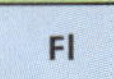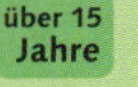

Schmetterlings-buntbarsch
Apistogramma ramirezi
Ordnung: Barschähnliche
Gewicht: 25 g
Größe: 6–7 cm
Jungtiere: 50–70

Fl | 2–3 Jahre

Wasserschwein
Hydrochoerus hydrochaeris
Ordnung: Nagetiere
Gewicht: 50 kg
Größe: 1–1,3 m
Jungtiere: 2–8

Fl, Sa | 8–10 Jahre

Schlangenhalsvogel
Anhinga anhinga
Ordnung: Ruderfüßer
Gewicht: 1,3 kg
Größe: 80–90 cm
Jungtiere: 3–5

Fl

Das größte Nagetier der Erde ist das **Wasserschwein** oder **Capybara**, das an ein übergroßes Meerschweinchen erinnert. Es bewohnt feuchte Wälder und offene Graslandschaften mit zahlreichen Sümpfen und Seen. Am Morgen wärmen sich diese Tiere in der Sonne auf und den Rest des Tages verbringen sie mit dem Abweiden der Wiesen und Wasserpflanzen. Sie halten sich in unterschiedlich großen Gruppen auf. Wenn Gefahr droht, warnen sie sich gegenseitig mit lauten Schreien. Dann verstecken sie sich entweder im Unterholz oder flüchten ins Wasser; notfalls wehren sie sich durch Beißen. Auf der Schnauze haben sie Duftdrüsen, mit denen sie an Ästen ihr Revier markieren. An den Füßen haben sie Schwimmhäute, mit denen sie sich sehr gut im Wasser fortbewegen können.

Beim Schwimmen sieht der **Schlangenhalsvogel** aus, als liefe er auf dem Gewässerboden, da sich nur der Kopf über der Wasseroberfläche befindet. Er jagt unter Wasser, wobei er Fische oder andere Beutetiere mit seinem scharfen Schnabel erlegt. Der S-förmige Hals ist ihm bei der Jagd von Vorteil. Weil der Schlangenhalsvogel kein Wasser abweisendes Gefieder besitzt, muss er sich nach jeder Jagd lange in der Sonne trocknen lassen, wobei er seine Flügel ausbreitet. Er kann gut fliegen und sein Nest baut er auf Bäumen, die am Ufer wachsen. Das Elternpaar wechselt sich beim Bebrüten der Eier und beim Füttern der Jungtiere ab. Die Jungen werden sehr schnell selbstständig.

In der Mitte des 19. Jahrhunderts entdeckten die Mitglieder einer Forschungsexpedition ein seltsames Tier, den **Flachlandtapir**. Er gehört zu einer der vier Tapirarten und ist ein Nachkomme einstmals verbreiteter, primitiver Säugetiere. Der Flachlandtapir hat einen kompakten, kurzhaarigen Körper, auf dem ein Kopf ohne erkennbaren Hals sitzt. Er ist in der Lage, durch das dichteste Unterholz zu laufen. Da er sich den ganzen Tag im gedämpften Licht des Tropenwaldes aufhält, orientiert er sich mit Hilfe seines feinen Geruchssinns. Das lässt sich gut an den beweglichen rüsselförmigen und verlängerten Nasenlöchern erkennen, die mit der Oberlippe verwachsen sind. Mit diesem Rüssel ziehen die Tiere auch schwer erreichbare Zweige, Äste und Blätter zu sich heran, die für sie die Hauptnahrung bilden. Die Tiere leben als Einzelgänger. Das Männchen und das Weibchen treffen sich nur in der Paarungszeit, wo sie sich gegenseitig beschnuppern, um sich herum bewegen und vergnügte Laute von sich geben. Das Weibchen bringt in einem sicheren Versteck die gefleckten Jungtiere zur Welt.

Das **Zwergsultanshuhn** läuft leichtfüßig über die Blätter von Teichrosen, Wasserhyazinthen und anderer Wasserpflanzen. Das ermöglichen ihm die langen Zehen, die sein Gewicht verteilen. Mit dem kurzen Schnabel sucht das Zwergsultanshuhn kleine Lebewesen auf den Blättern oder an der Wasseroberfläche. Auch von Samen und anderen Pflanzen ernährt es sich. Das schwimmende Nest bauen die Eltern, die ihr ganzes Leben gemeinsam verbringen, zwischen die Pflanzen auf die Wasseroberfläche.

Bis auf das smaragdgrüne Gefieder und den Federbusch auf dem Kopf unterscheidet sich unser Eisvogel in der Lebensweise kaum von der des **Amazonasfischers**. Schnell fliegt er flach über dem Wasser und stürzt sich kopfüber auf kleine Fische, die er mit dem scharfen, spitzen Schnabel fängt. Während der Nistzeit gräbt das Paar ein Erdloch am Ufer und im Wechsel sitzen beide auf den Eiern und füttern nach dem Schlüpfen die Jungtiere.

Die Binnengewässer Südamerikas sind regelrecht voll mit Fischen. Mit zu den bekanntesten zählen die berüchtigten **Piranhas**. Ihrem Ruf bleiben sie nichts schuldig, denn ein Schwarm Piranhas kann in kürzester Zeit mit den scharfen Zähnen und dem beweglichen Unterkiefer Tiere von der Größe einer Kuh auffressen. Dennoch suchen sie bevorzugt im Wasser liegendes Aas zum Verzehr auf. Besonders in der Zeit, wenn sie ihre Eier beschützen und wenn sie Junge haben, greifen sie alles an, was ihren Nachkommen gefährlich werden könnte.

Zu den typischen Süßwasserfischen Südamerikas gehören verschiedene barschähnliche Fische, die auch als Zierfische gehalten werden. Alle Arten kümmern sich um ihre Nachkommen. Der **Segelflossler** laicht zwischen Wasserpflanzen und klebt die Eier an deren Blätter. Auch die Eltern des **Schmetterlingsbuntbarsches** beschützen ihren Fischrogen. Die Weibchen befestigen ihn unter Steinen und tragen den Fischlaich von Versteck zu Versteck.

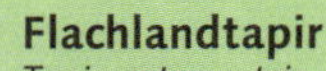

Flachlandtapir
Tapirus terrestris
Ordnung: Unpaarhufer
Gewicht: 110–250 kg
Größe: 1,7–2,5 m
Jungtiere: 1

Tr, Fl, Ku | 15–28 Jahre

Zwergsultanshuhn
Porphyrula martinica
Ordnung: Kranichvögel
Gewicht: 200–380 g
Größe: 30–37 cm
Jungtier: 2–5

Fl | ca. 6 Jahre

Amazonasfischer
Chloroceryle amazona
Ordnung: Rackenvögel
Größe: 20 cm
Jungtiere: 3–6

Fl | bis 15 Jahre

Segelflosser
Pterophyllum scalare
Ordnung: Barschähnliche
Gewicht: 30 g
Größe: 12 cm
Jungtiere: über 1000

Fl | 2 Jahre

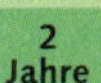

Piranha
Serrasalmus nattereri
Ordnung: Salmlerähnliche
Gewicht: bis 4 kg
Größe: 30 cm
Jungtiere: ca. 4000

Fl | 10 Jahre

Rollschwanzleguan
Leiocephalus carinatus
Ordnung: Schuppen-
kriechtiere
Gewicht: bis 2 kg
Größe: 30 cm
Jungtiere: 1–5

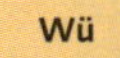 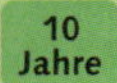

Wü — 10 Jahre

Haiti-Schlitzrüssler
Solenodon paradoxus
Ordnung: Insektenfresser
Gewicht: 700–1000 g
Größe: 280–330 mm
Jungtiere: 1–2

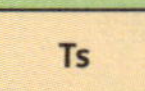  

Ts — 8–11 Jahre

Ritteranolis
Anolis equestris
Ordnung: Schuppen-
kriechtiere
Gewicht: bis 4 kg
Größe: 45–55 cm
Jungtiere: 1–2

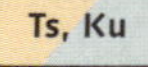 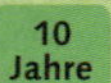

Ts, Ku — 10 Jahre

Der **Rollschwanzleguan** kringelt im Ruhezustand den Schwanz spiralenförmig nach oben; wenn er läuft, trägt er ihn dagegen waagerecht über der
Erde. Mit seinen scharfen Krallen klettert er geschickt auf Sträucher, kleine Bäume
oder Kakteen. Am liebsten jedoch halten sich diese Tiere auf dem Boden auf
und sonnen sich auf einem Felsen. Sie jagen vor allem Insekten, fressen aber
auch gelegentlich Jungtiere von anderen Kriechtieren. Das Weibchen legt die
Eier versteckt zwischen Felsritzen oder es vergräbt sie. Eine besondere Brutpflege praktiziert es nicht.

Der **Haiti-Schlitzrüssler** ist nicht
der einzige Inselbewohner, der von seinen natürlichen Feinden und von Nagetieren, die in seinen Lebensraum gebracht
wurden, bedroht wird. Das auffälligste
Zeichen der Schlitzrüssler ist die längli-
che, spitze und knorpelige Schnauze, die
mit dem Schädel über ein Gelenk verbunden ist. Die Schnauze dient als Werkzeug zum Durchstöbern von Ritzen.
Außerdem benutzt er die Schnauze zum
Festhalten seiner Beute, die er mittels
seiner giftigen Spucke lähmt. Zum Fangen
von Beutetieren setzt er auch die scharfen Krallen ein. Er ist ein nachtaktives
Tier, das sonst ein Leben als Einzelgänger führt. Den Tag verbringt der Schlitzrüssler in einer geeigneten Erdhöhle,
die er zum Teil selbst baut und die bis
zu 25 m lang sein kann. Das Weibchen
baut für die Jungtiere in der Höhle
ein Nest und kümmert sich einige
Monate um sie.

Die Anolise sind amerikanische Eidechsen, die mit den Leguanen verwandt
sind. Sie halten sich nur auf Bäumen auf
und sind in der Lage, die Farbe zu
ändern. Der **Ritteranolis** kann mit
Hilfe seiner breiten Zehen sehr gut
klettern. Er sucht seine Nahrung jedoch
nicht nur im Geäst, sondern auch auf
der Erde. Er jagt Insekten, Frösche und
junge Vögel, lässt sich aber auch gelegentlich reife Früchte schmecken. In der
Zeit der Paarung wollen die Männchen
den Weibchen durch einen Ritualkampf
imponieren, bei dem sie die Schnauze
weit öffnen und den weiß-rosa Kehlsack
aufblasen. Das Weibchen vergräbt nach
der Paarung die Eier im Boden.

Haiti-Schlitzrüssler

Ritteranolis

AFRIKA

Fläche: 30 227 467 km²
Küstenlänge: ca. 30 500 km
Höchster Berg:
Kilimandscharo (5895 m)
Niedrigster Ort: Assalsee
(–156 m)
Längster Fluss: Nil (6671 km)
Größter See: Victoriasee
(68 800 km²)
Größte Insel: Madagaskar
(587 Mio. km²)
Einwohnerzahl:
748 Millionen

Wü – Wüsten und Halbwüsten

Sa – Savannen

Tr – Tropische Regenwälder

Ts – Trockenwälder/Strauchvegetation

Mg – Madagaskar

Ge – Gebirge und Hochgebirge

Der Name des zweitgrößten Kontinents der Erde stammt aus dem Lateinischen: Africa – so nannten die alten Griechen das Gebiet, das von den Berberstämmen der Afrigi bewohnt wurde und das die heutige Gegend um Tunis ist. Wichtig für die Natur Afrikas ist seine Lage auf dem Erdball. Als einziger von allen Kontinenten breitet er sich fast zu gleichen Teilen dies- und jenseits des Äquators aus. Am nördlichen bzw. südlichen Rand befinden sich die im Winter regnerischen Subtropen, dann folgen die trockenheißen Tropen (Sahara im Norden, Namib und Kalahari im Süden) und am Äquator die feuchtheißen Tropen mit den zentralafrikanischen Regenwaldgebieten.

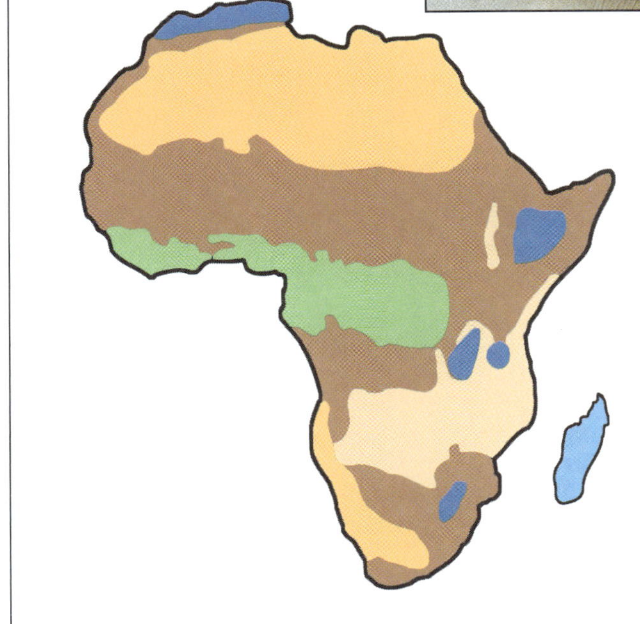

Erdferkel

Die Oberfläche Afrikas erscheint auf den ersten Blick relativ ungegliedert. Das geologische Fundament bildet eine weit reichende Tafel mit zahlreichen Ebenen und Hochebenen, dazwischen sind einzelne Gebirge, deren Ursprünge vulkanisch sind. Die mittlere Höhe bewegt sich um 670 m über NN. Am östlichen Rand der Tafel zieht sich ein großer tektonischer Grabenbruch vom Roten Meer ausgehend quer durch das ganze Land nach Südosten hindurch, das so genannte Ostafrikanische Grabensystem. Es gibt dort zahlreiche tiefe Seen wie den Albert-, Rudolf-, Eduard-, Tanganjika- und Malawisee. An der Südspitze Afrikas liegt das Kapgebirge. Die Klimazonen Afrikas spiegeln sich in der Pflanzen- und Tierwelt wider. In der weiteren Umgebung des Äquators wachsen tropische Regenwälder, die nach Westen, Süden und Osten in Savannen und Wüsten übergehen. Diese drei Biome bedecken über vier Fünftel der Fläche des Kontinents. Früher war Afrika ein Teil des Urkontinents Gondwana, der einst der einzige Großkontinent der südlichen Halbkugel war. Auf die Tatsache, dass auch Südamerika und Indien dazugehörten, weist das gemeinsame Vorkommen einiger fossiler Tier- und Pflanzenarten hin. Nur in Afrika kommen die großen Huftierherden der Savannen vor. Man findet diese sonst nirgendwo auf der Welt. Die besondere Stellung Afrikas festigt die Tatsache, dass sich hier die Wiege der Menschheit befindet. In der ostafrikanischen Savanne, in Südafrika und im Tschad fand man eindeutige Hinweise auf Fossilien, die als Überreste des Frühmenschen identifiziert werden konnten. Die Grenze des Übergangs Affe/Mensch schätzt man heute auf mindestens 5 Mio. Jahre, d. h. auf dieses Alter wird die Gattung „Mensch“ eingestuft.

Während der westliche Teil des Kontinents bis zum südlichen Rand der Sahara zum Paläarktischen Gebiet gehört, bildet der restliche Teil mit Madagaskar das afrikotropische Gebiet. Tiere, die nur in Afrika leben, sind zum Beispiel die Giraffe und bei den Vögeln die Turakos, das sind seltene Kuckucksvögel. Im afrikotropischen Gebiet leben z. B. keine Bären und Hirsche. Stark vertreten sind die Fische in den tiefen Seen des Ostafrikanischen Grabenbruchs. Im Gegensatz dazu ist die Vielfalt der Fauna – außer auf Madagaskar – auf den umliegenden Inseln eher bescheiden. Zu den besonderen Tieren der Küsten Afrikas gehören die Riesenschildkröten. Durch die rasch wachsende Bevölkerung Afrikas sind viele Tierarten in ihrem heutigen Bestand akut bedroht. Besonders die Savannen werden immer stärker besiedelt, wodurch besonders viele Großtierarten verdrängt werden.

Das **Hartmann-Bergzebra** ist eines der zwei Unterarten des Bergzebras. Den Kopf und die Beine wie auch den restlichen Körper überzieht ein auffälliges schwarz-weißes Streifenmuster. Von den übrigen Zebras unterscheidet es sich durch die robuste Figur, den auffälligen Hautsack am Hals und durch die spitzen Ohren. Im Vergleich mit den anderen Arten der Steppenzebras ist das Hartmann-Bergzebra sehr robust. Es grast auf den Steinhängen der Küstengebirgshochebenen, wo es zu großen Temperaturunterschieden kommt. Mit den festen, unten angerauten Hufen steigt es mühelos in dem steinigen Gelände umher. Diese Zebras bilden gewöhnlich Herden mit 10–15 Tieren. Ihr täglicher Gebietsbedarf liegt bei 3–5 km², und wenn die Nahrung knapp wird, ziehen sie weiter. Das Hartmann-Bergzebra gehört nicht zu den vom Aussterben bedrohten Tieren, auch werden sie oft in Gefangenschaft gezüchtet. Das gilt nicht für das Kap-Bergzebra, eine weitere Unterart des Bergzebras. Diese Form der Zebras wurde Anfang des 20. Jahrhunderts fast ausgerottet. Durch das Züchten dieser Tiere auf privaten Farmen ist es gelungen, den Bestand vor dem endgültigen Aussterben zu retten. Heute beträgt die Anzahl ungefähr 1000 Stück.

Der **Afrikanische Elefant** ist das größte Landtier der Erde. Er hat einen leichten Buckel und zwei Finger am Ende des Rüssels. Der Afrikanische Elefant ist außerordentlich stark – er kann ohne Mühe einen Baum samt Wurzeln aus der Erde reißen. Seine riesigen Ohren wirken wie große Kühlkörper zur Regulierung der Körpertemperatur. Außerdem sind die Ohren in der Lage, sehr tiefe Töne im Infraschallbereich zu hören, mit denen sich die Elefanten über große Entfernungen verständigen. Die Herden werden von erfahrenen Männchen angeführt. Die älteren Männchen sind Einzelgänger. Durch die Nachfrage nach Elfenbein, aus denen die 1–3 m langen Stoßzähne bestehen, ist der Bestand dieser Tiere durch Wilderei stark dezimiert worden.

Die **Giraffe** erreicht von allen Tieren die größte Höhe und ihr Kopf befindet sich in einer Höhe von 6 m. Der lange Hals, der sich aus 7 Wirbeln zusammensetzt (wie bei fast allen anderen Wirbeltieren auch), ermöglicht ihr das Abfressen der Blätter in den Baumkronen. Vor allem Akazienblätter gehören zu ihrer Hauptnahrung. Mit der fast einen halben Meter langen Zunge zieht sie sich die Blätter und Sprossen ins Maul. Sie lebt in kleinen Herden oder allein. Außer Löwen, Leoparden und Menschen hat die Giraffe keine Feinde. Durch ihr ausgezeichnetes Sehvermögen ist sie fähig, sich bewegende Objekte auf 1 km Entfernung zu sehen. Sie bekommt ein Junges, das bei der Geburt erst einmal einen Fall aus 2 m Höhe erwartet. Vor langer Zeit lebten Giraffen auch in Nordamerika. Die neun Unterarten unterscheiden sich von einander durch die Farbe und die Form der Flecken.

Das **Impala** (auch: **Schwarznasen-** oder **Schwarzfersenantilope**) gehört zu den schönsten und zahlreichsten Antilopen Afrikas. Die Herden von 100 und mehr Tieren halten sich oft in Gesellschaft von anderen Antilopen und in der Nähe von Wasserstellen auf. Es ist nicht leicht, an Impalas heranzukommen, da sie über ein sehr ausgeprägtes Seh- und Hörvermögen verfügen. Wenn sie in Gefahr sind, flüchten sie – mit über 3 m hohen und doppelt so langen Sprüngen. Die Herde wird von einem starken Männchen angeführt, das seine Position ständig verteidigen muss. Impalas gewöhnen sich schwer an den Menschen, weshalb ihre Haltung in Gefangenschaft schwierig ist.

Giraffe

Impala

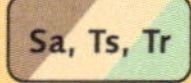
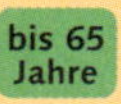

Afrikanischer Elefant
Loxodonta africana
Ordnung: Rüsseltiere
Gewicht: 2,7–7,5 t
Größe: 6–7,5 m
Jungtiere: 1

Sa, Ts, Tr — bis 65 Jahre

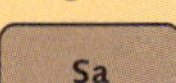
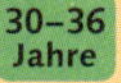

Giraffe
Giraffa camelopardalis
Ordnung: Paarhufer
Gewicht: 450–800 kg
Größe: 3,5–4,8 m
Jungtiere: 1 (2)

Sa — 30–36 Jahre

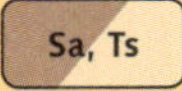
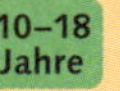

Impala
Aepyceros melampus
Ordnung: Paarhufer
Gewicht: 40–80 kg
Größe: 1,2–1,6 m
Jungtiere: 1

Sa, Ts — 10–18 Jahre

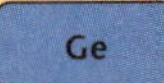
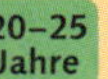

Hartmann-Bergzebra
Equus hartmannae
Ordnung: Unpaarhufer
Gewicht: 230–320 kg
Größe: 2,2–2,6 m
Jungtiere: 1

Ge — 20–25 Jahre

Wildesel
Equus africanus
Ordnung Unpaarhufer
Gewicht: 180–220 kg
Größe: 1,9–2,1 m
Jungtiere: 1

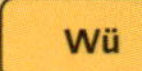
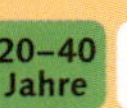

Wü | 20–40 Jahre

Termiten
Isoptera
Ordnung: Termiten
Größe: 2–20 mm, Weibchen bis 14 cm
Jungtiere: einige Millionen

Sa, Tr, Hl

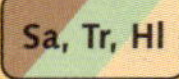

Der afrikanische **Wildesel** ist der Vorfahre des Hausesels. Im Vergleich zum Pferd hat er einen kleineren und zierlicheren Körperbau, eine hellere Farbe, größere Ohren und am Schwanz nur wenige Schweifhaare. Er macht durch typische Laute auf sich aufmerksam. Kaum ein anderes Huftier ist so genügsam und anpassungsfähig wie der Wildesel. Er kommt tagelang ohne Wasser aus und begnügt sich mit zähen Grashalmen oder Zweigen von Sträuchern, die von anderen Pflanzenfressern verschmäht werden. Mit seinen kleinen, festen Hufen kann er auf dem harten Boden der Steinwüste laufen, Sandgebiete dagegen meidet er. Eine Unterart ist der dunkle Somali-Wildesel mit schwarz gestreiften Beinen, den es noch relativ häufig gibt. Der Nubische Wildesel und der nordafrikanische Atlas-Wildesel gelten dagegen als bereits ausgestorben.

Wildesel

Die **Termiten** sind Insekten, die nur in den Tropen und Subtropen vorkommen. Sie bestehen aus zwei Gruppen. Die geschlechtsreife Gruppe wird von den beflügelten Weibchen und Männchen gebildet, während die sterilen Mitglieder der anderen Gruppe, bei denen die Flügel verkümmert sind, die Vermehrung und die Gründung neuer Kolonien sichern. Bei den Weibchen vergrößert sich nach der Befruchtung das Hinterteil. Ihre Fruchtbarkeit ist beachtlich, denn sie können an einem Tag einige tausend Eier legen. Die unbeflügelte und geschlechtslose Gruppe, die aus Soldaten und Arbeitern besteht, kümmert sich um die Ernährung und Verteidigung der Gesellschaft. Soldaten einiger Arten sind mit großen Beißwerkzeugen ausgestattet. Ihre großen Nester, die wie Türme aussehen, bauen sie sowohl unter der Erde als auch auf der Erdoberfläche. Als Baumaterial dienen mineralische Bodenteilchen und Sandkörner, die mit Speichel vermischt zu einer festen Substanz verklebt werden. Die turmförmige Bauweise begünstigt die natürliche Zirkulation der Luft, sodass der Bau immer gut belüftet wird. Die Termiten ernähren sich hauptsächlich von Holz. Das Verdauen von schwer verdaulicher Zellulose in ihrem Darm wird mit Hilfe der symbiotisch in ihnen lebenden Bakterien ermöglicht. Manche Arten züchten in ihren Nestern Pilze. In den Savannen der ganzen Welt leben über 1800 Termitenarten. Viele dieser Arten sind gefürchtete Schädlinge, die Holzgebäude und andere Holzkonstruktionen befallen und zerstören. Die einzelnen Arten unterscheiden sich durch die Art der Lebensweise und Organisation ihrer Staaten voneinander.

Termitennest

Termiten

Der **Schmutzgeier** ist hübscher als andere Geierarten, denn er hat einen zierlicheren Schnabel und Hals und Kopf sind von Federn bedeckt. In Afrika kommt er außer in den tropischen Regenwäldern überall vor. Er frisst praktisch alles. Wenn kein Aas zu finden ist, gibt er sich mit verdorbenen Früchten oder mit Insekten zufrieden, die er im Viehkot sucht. Als Rückzugsgebiet sucht er gerne Felslandschaften auf. Sein Flug führt ihn in Höhen von weit über 1000 m. Die alten Ägypter ehrten die Geier und hielten sie für heilige Vögel. Ihre Abbilder finden sich in zahlreichen Steinskulpturen.

Schmutzgeier

Schmutzgeier
Neophron percnopterus
Ordnung: Greifvögel
Gewicht: 1,5–2,5 kg
Größe: 58–70 cm
Jungtiere: 2

Wüstenfuchs
Vulpes zerda
Ordnung: Raubtiere
Gewicht: 0,8–1,5 kg
Größe: 37–41 cm
Jungtiere: 3–5

Die **Wüste** nimmt mehr als ein Drittel der Fläche Afrikas ein (38 %). Es gibt Sand-, Kies-, Lehm-, Fels- und Salzwüsten. Die größte Wüste der Erde ist die Sahara, die sich auf einer Fläche von 9 Mio. km² ausbreitet. Im Durchschnitt fallen jährlich höchstens 50 mm Niederschlag. Es kommt aber auch vor, dass es in manchen Gebieten mehrere Jahre nicht regnet. Die brennende Sonne erhitzt die Oberfläche bis auf 70 °C. Das Gebiet am südlichen Rand der Sahara, wo in der Regenzeit immerhin 100–500 mm Niederschlag fällt, nennt man Sahel. Eine weitere afrikanische Wüste, die Namib (128 000 km²), erstreckt sich als schmaler Streifen entlang der Atlantikküste Namibias. Halbwüstencharakter haben ebenfalls die Gebiete südlich des Oranje-Flusses, die Karoo genannt werden.

Der **Wüstenfuchs** oder **Fennek** hat alle typischen Merkmale eines Wüstentieres. Besonders auffällig sind seine helle Farbe und die großen Ohren. Sein feines, dichtes Fell passt nur auf den ersten Blick nicht zu der Hitze, die in der Wüste herrscht. Die Nächte sind in diesen Gebieten jedoch sehr kühl. Tagsüber hält sich der Wüstenfuchs in einem flachen Erdloch auf. Der Wüstenfuchs ist mit unserem Fuchs verwandt und gehört auf Grund seiner kurzen Beine mit höchstens 20 cm Länge zu den kleineren Hunderaubtieren. Er ernährt sich hauptsächlich von Insekten und anderen Kleinlebewesen, die er unter der Erde mit Hilfe seines feinen Gehörs ausfindig macht. Auch Eidechsen, Vögel und Nagetiere frisst er sowie reife, abgefallene Früchte, die er in der Nähe der Oasen findet. Er braucht nicht zu trinken: Das nötige Wasser erhält er über die Nahrung oder vom Schwitzwasser, das sich an den Wänden der Erdhöhlen bildet. Der Wüstenfuchs lebt meistens in Paaren oder in Familiensippen.

Wüstenfuchs

Mähnenspringer
Ammotragus lervia
Ordnung: Paarhufer
Gewicht: 40–140 kg
Größe: 1,3–1,7 m
Jungtiere: 1

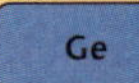 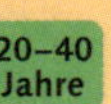 

Wüstenwaran
Varanus griseus
Ordnung: Schuppen-
kriechtiere
Gewicht: bis 3 kg
Größe: 1,2–1,4 m
Jungtiere: 6–24

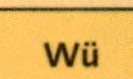 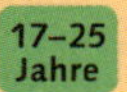

Berberaffe
Macaca sylvanus
Ordnung: Primaten
Gewicht: 4–10 kg
Größe: 55–75 cm
Jungtiere: 1

 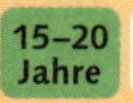 

Am **Mähnenspringer** sieht man, wie der gemeinsame Verwandte der Ziegen und Schafe ungefähr ausgesehen haben könnte. Beide Paarhufer haben im Körperbau und in der Lebensweise Überschneidungen. Die erwachsenen Männchen tragen bis zu 85 cm lange Hörner sowie eine lange Mähne am Hals und an den Vorderbeinen. Bei den Weibchen sind Hörner und Mähne weniger deutlich ausgebildet. Der Mähnenspringer ist ein Meister im Klettern auf steilen Felshängen. Wenn er verfolgt wird, springt er ohne zu zögern von hohen Felsvorsprüngen. Bezüglich Nahrung ist er anspruchslos: Trockenes Gras oder Flechten sind seine Hauptnahrung. Seine Weidegründe sucht der Mähnenspringer erst nach der Dämmerung auf.

Mähnenspringer

Der **Wüstenwaran** ist eine schlanke Echse mit langem Schwanz, länglichem Kopf und einer tief gespaltenen Zunge. Beide Beinpaare sind kräftig entwickelt. Er läuft so schnell, dass es nicht leicht ist, ihn einzuholen. Mit seinen starken Krallen überwindet er Felsen und Geröllhalden. Im sandigen Gelände gräbt er sich tiefe, bis zu 3 m lange Erdhöhlen. Er versteckt sich unter Steinen oder in Erdhöhlen anderer Wüstentiere. Der Wüstenwaran ernährt sich von Nagetieren, Landwassertieren, Eidechsen und Aas. Er fängt auch giftige Schlangen, deren Gift ihm nichts anhaben kann. Wenn er sich bedroht fühlt, bläht er seinen Körper auf und gibt zischende Laute von sich. Er lebt in den trockenen Halbwüsten und Wüsten Nordafrikas und Arabiens.

Der **Berberaffe** ist der einzige Bartaffe, der außerhalb Asiens lebt. In Bezug auf seine klimatische Anpassungsfähigkeit findet man unter den Primaten keine vergleichbare Art. Er lebt in den Gebirgen bis in Höhen von 2000 m über NN, wo es im Sommer immer noch sehr heiß ist und im Winter die Temperatur unter –12 °C sinkt. Sein ungewöhnlich dichtes Fell und der fehlende Schwanz kommen diesem Lebensraum entgegen. Ähnlich wie die Paviane verbringen die Berberaffen mehr Zeit auf Felsen als auf Bäumen. Sie ernähren sich hauptsächlich von Pflanzen, aber auch von Blättern, Früchten, Samen, Gräsern, Wurzeln und Pilzen. Auch Raupen und andere Kleintiere scheinen ihnen zu schmecken. Da er außer in den Gebirgen Nordafrikas auch auf den Felsen Gibraltars lebt, ist der Berberaffe der einzige europäische Affe. Es ist jedoch nicht bekannt, ob er dort schon seit langem lebt oder ob er dort von Menschen ausgesetzt wurde.

Berberaffe

Dromedar
Camelus dromedarius
Ordnung: Paarhufer
Gewicht: 450–650 kg
Größe: bis 3 m
Jungtiere: 1

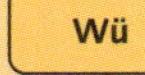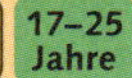

Das **Dromedar** ist ein Nutztier, dessen Vorfahren uns nicht bekannt sind. Sein Vorläufer dürfte eine schon ausgestorbene Art sein. Auch wurde vermutet, dass man es vom zweihöckrigen Kamel herausgezüchtet hat. Diese Möglichkeit ist aber eher unwahrscheinlich. In der Wüste fühlt es sich in seinem Element. Seine Fähigkeit, lange ohne Wasser auszukommen, liegt nicht an dem Fett, das es in dem Höcker als Nahrungsreserve speichern kann, sondern an speziellen Körperfunktionen. Wichtig ist die besondere Fähigkeit, die Größe der roten Blutkörperchen zu ändern. Bei Wassermangel quellen sie auf und im gegensätzlichen Fall werden sie kleiner. So etwas ist von keinem anderen Säugetier bekannt. Das Dromedar ist ein Allesfresser, verzehrt Pflanzen und frisst im Notfall sogar Aas. Mit seinen starken Zähnen kann es sogar Knochen zerkleinern. Das Dromedar ist ein vielseitig einsetzbares Nutztier. Als Lasttier ersetzt es das Pferd oder gibt Milch wie ein Schaf. Die nahrhafte Dromedarmilch enthält 5 % Fett. An manchen Orten lebt es auch als ausgewildertes Tier wie zum Beispiel in Australien, wo es vor langer Zeit eingeführt wurde.

Dromedar

Streifengnu
Connochaetes taurinus
Ordnung: Paarhufer
Gewicht: 170–260 kg
Größe: 1,7–2,4 m
Jungtiere: 1

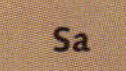
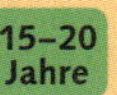

Sa | 15–20 Jahre

Heiliger Pillendreher
Scarabaeus sacer
Ordnung: Käfer
Größe: 3 cm
Jungtiere: einige hundert

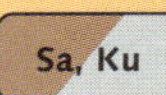
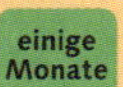

Sa, Ku | einige Monate

Uräusschlange
Naja haje
Ordnung: Schuppenkriechtiere
Gewicht: 4,5–6 kg
Größe: 1,3–2,5 m
Jungtiere: bis zu 33

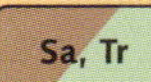

Sa, Tr | bis 23 Jahre

Afrikanische Zibetkatze
Civettictis civetta
Ordnung: Raubtiere
Gewicht: 7–20 kg
Größe: 68–95 cm
Jungtiere: 1–4

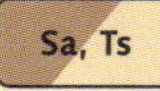
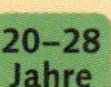

Sa, Ts | 20–28 Jahre

Streifengnu

Das **Streifengnu** gehört zu den größten Antilopen. Es hat einen auffällig gestreckten Kopf und einen buckligen Körper auf dünnen Beinen. Es ist kein ängstliches Tier, denn mit seinen zur Seite gebogenen Hörnern ist es durchaus fähig, Hyänen und Löwen in die Flucht zu schlagen. Die Streifengnus sind Tiere, die entweder in kleinen Gruppen von 10–15 Tieren leben, oder in Herden, wo sie zu tausenden vertreten sind. Sie ziehen je nach Trocken- oder Regenzeit mit anderen Antilopen durch die Savanne auf der Suche nach Weidegründen. Dabei legen sie sehr weite Strecken zurück. Die größte Anzahl an Streifengnus mit über einer Million Tieren lebt im Serengeti-Nationalpark in Tansania.

Die **Uräusschlange**, eine Kobra-Art, kommt in ganz Afrika vor. In ihren Giftdrüsen hat sie ein hochwirksames Gift, das auf das Nervensystem wirkt und die Tätigkeit der Muskeln blockiert. Zum Töten eines Menschen reichen 15–20 mg, wobei in den Giftdrüsen eine zehn- bis fünfzehnfache Menge vorhanden ist. Ihre Hauptnahrung besteht aus kleinen Nagetieren, Fröschen und aus anderen Schlangen. Wenn sie sich bedrängt fühlt, nimmt sie eine Drohhaltung ein, richtet den Vorderkörper auf und spreizt die Halsregion, um größer und gefährlich zu wirken.

Der **Heilige Pillendreher**, auch Skarabäus genannt, ist ein fleißiger Käfer. Sobald er frischen Kot einer Antilope oder eines Elefanten findet, macht er sich an die Arbeit: Er rollt eine Kugel, die größer ist als er selbst, wälzt sie zu einer sicheren Stelle und verzehrt sie dann in Ruhe. Einige größere Kugeln bringt das Männchen in eine unterirdische Höhle, wo die Kugeln von den Weibchen dann noch bearbeitet werden. In die von ihnen präparierten Kugeln legen sie später ihre Eier. Die bald schlüpfenden Larven haben sofort genug Nahrung für ihre Entwicklung. Im alten Ägypten wurde der Heilige Pillendreher als Glücksbringer verehrt. Als Symbol des Sonnengottes wurde er oft auf Denkmälern und Gegenständen dargestellt. Die römischen Soldaten trugen Steinamulette, auf denen dieser Käfer abgebildet war; sie sollten die Krieger vor Verletzungen schützen.

Uräusschlange

Heiliger Pillendreher

Zibetkatze

Die **Afrikanische Zibetkatze** ist die größte von sechs Arten, die außer Afrika noch Südasien bewohnt. Sie hat eine Drüse an der Analöffnung, die ein stark riechendes Moschussekret absondern kann. Dieses Sekret dient als Rohstoff zur Herstellung von Seifen und Parfüms. Die Afrikanische Zibetkatze führt ein unauffälliges, zurückgezogenes Leben. Sie wird meist erst in der Nacht aktiv. Sie ernährt sich nicht nur von Insekten und jungen Antilopen, sondern auch von verschiedenen Früchten und Wurzeln.

Die **Savannen** sind typische, waldlose Ökosysteme Afrikas. Die größten Flächen nehmen sie im Sudan, in Ostafrika und südlich des Sambesi-Flusses ein. Es handelt sich um die Gebiete mit den umfangreichsten Großwildbeständen der Erde. Je nach Klima teilen wir sie in drei verschieden Formen ein: Die Feuchtsavanne im Anschluss an die Regenwälder, dann die Parksavanne und schließlich die Trockensavanne. In den Savannen dauert die Trockenzeit 2–8 Monate. Jährlich fällt zwischen 200 und 1500 mm Regen. Die Grundvegetation wird immer von Gräsern gebildet, die eine Höhe von einem halben Meter und mehr haben können. Auch einzelne Sträucher und Bäume machen das Bild der Savanne aus. Die Savanne bietet das ganze Jahr über vielen Tieren wie den Antilopen und anderen Huftieren ausreichend Nahrung. Die besonders trockenen Savannen mit dichten und dornigen Gesträuchern, die nur gelegentlich von einem allein stehenden Baum unterbrochen werden, nennt man Dornstrauchsavanne. Dieses Gebiet ist die Übergangszone zwischen Trockensavanne und Halbwüste.

Buntbock
Damaliscus pygargus pygargus
Ordnung: Paarhufer
Gewicht: 50–80 kg
Größe: 1,4–1,6 m
Jungtiere: 1

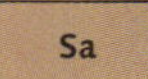   Sa | 10–17 Jahre

Leierantilope
Damaliscus lunatus topi
Ordnung: Paarhufer
Gewicht: 70–170 kg
Größe: 1,5–2,3 m
Jungtiere: 1

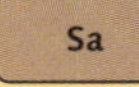 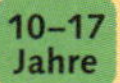 Sa | 10–17 Jahre

Buntbock

Die **Leierantilope** aus Ostafrika gilt als die schnellste Antilope, denn sie ist fähig, mit einer Geschwindigkeit von bis zu 70 km/h zu galoppieren. Insgesamt kennen wir fünf Arten von Leierantilopen und die doppelte Anzahl an Unterarten. Sie haben vieles mit den Streifengnus gemeinsam. Die Tiere treten in zahlreichen Herden auf. Sie haben ein eher plumpes Aussehen. Man erkennt sie an der unbehaarten Schnauze, den leierförmigen Hörnern und dem Schwanz mit der langen schwarzen Schwanzquaste. Sie ernähren sich hauptsächlich von Gräsern. Der **Buntbock** mit einer weißen Zeichnung auf dem Rücken ist eine von zwei Unterarten des südafrikanischen Antilopenwilds. Ähnliche Tiere haben einen weißen Fleck nur auf der Stirn.

Leierantilope

Böhm-Steppenzebra
Equus burchellii boehmi
Ordnung: Unpaarhufer
Gewicht: 220–260 kg
Größe: 2–2,5 m
Jungtiere: 1

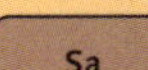 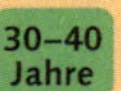

Sa | 30–40 Jahre

Afrikanischer Strauß
Struthio camelus
Ordnung: Straußenvögel
Gewicht: 90–170 kg
Größe: 1,7–2,7 m
Jungtiere: 2–11

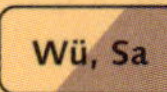 

Wü, Sa | 30–40 Jahre

Elefantenspitzmaus
Elephantulus rozeti
Ordnung: Rüsselspringer
Gewicht: 25–50 g
Größe: 10–12 cm
Jungtiere: 1–2

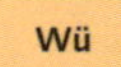 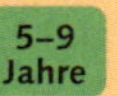

Wü | 5–9 Jahre

Damagazelle
Gazella dama
Ordnung: Paarhufer
Gewicht: 40–75 kg
Größe: 1,4–1,6 m
Jungtiere: 1

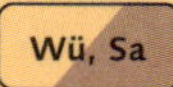 

Wü, Sa | 10–17 Jahre

Böhm-Steppenzebra

Das **Böhm-Steppenzebra** ist eine Unterart des Steppenzebras. Es bewohnt die Gebiete im Norden des Sambesi-Flusses. Es hat gleichmäßige Streifen am Körper und an den Beinen. Auffällig ist der braune Nasenfleck. Außerhalb seines natürlichen Umfeldes wirkt diese Musterung sehr auffällig, aber in der heißen Savannenluft verläuft diese schwarz-weiße Färbung aus größerer Entfernung betrachtet mit dem Hintergrund. Im Vergleich zum Pferd ist das Zebra kein Ausdauerläufer. Es erreicht zwar eine Geschwindigkeit von 50 km/h, aber das Zebra wird schnell müde. Hohe Verluste unter ihren Nachkommen erleiden diese Tiere durch Raubtierangriffe: 50 % fallen den Löwen, Leoparden und Hyänen zum Opfer. Insgesamt kennen wir drei Arten der Zebras, die alle südlich der Sahara leben. Je nach Farbgebung werden sie in verschiedene Unterarten aufgeteilt.

Der **Afrikanische Strauß** ist der größte lebende Vogel der Welt. Mehr als die Hälfte seiner Größe machen die langen Beine mit den zwei starken Zehen aus. Mit seinen verkümmerten Flügeln ist er flugunfähig. Diesen Mangel gleicht er jedoch durch sein enormes Laufvermögen aus. Mit seinen kräftigen Beinen erreicht er bis zu 70 km/h. Er hat ein sehr gutes Sehvermögen. Er lebt in der Trockensavanne. Das nötige Wasser bezieht er aus wasserhaltigen Pflanzen. Die Eier der Strauße wiegen 1,5 kg und der Inhalt entspricht ungefähr 20 Hühnereiern. Um die Jungtiere kümmert sich vorwiegend der Hahn.

Afrikanischer Strauß

Der **Gepard** hat einen schlanken Körper mit langen Beinen,
was ein Merkmal für einen guten Läufer ist. Als einzige Raubkatze jagt er seine Beute per Hetzjagd. Kein Landtier kann
mit ihm konkurrieren, denn sein Höchsttempo erreicht er bei
einer Geschwindigkeit von mehr als 100 km/h. Dieses Tempo
kann er jedoch nicht länger als 150 m lang halten, weshalb auf
zehn Versuche, ein Tier zu erjagen, nur ein Erfolg kommt. Er
verfolgt vor allem Gazellen und junge Antilopen. Von erhöhten
Stellen hält er Ausschau nach seiner Beute. Die Geparden leben
als Einzelgänger, mit Ausnahme der Weibchen mit ihren Jungtieren. Diese halten sich oft bis zum nächsten Wurf bei der Mutter auf. Die Geparden kommen nur noch in Afrika vor. In Südasien wurden sie bereits ausgerottet. In Südafrika gibt es eine
Gepardenart, bei der die Flecken zu Streifen verschmelzen können – den Königsgepard. Eine Zeit lang hielt man ihn für eine
eigene Art, es handelt sich aber wohl um eine Art Mutation.

Die dünnbeinige schlanke **Damagazelle** ist die größte Gazel-
lenart. Wenn sie sich auf die Hinterbeine stellt, kommt sie an
Blätter heran, die 2 m hoch am Baum wachsen. Verschiedene
Pflanzen auf dem Boden bilden jedoch ihre Hauptnahrungsquelle.
Gewöhnlich lebt sie in Gruppen von 15 Tieren. In der Regenzeit vereinen sie sich zu großen Herden mit mehr als 100 Tieren
und ziehen hunderte von Kilometern durch die Savanne.

Die **Elefantenspitzmaus** könnte man für ein Minikänguru
halten, aber ihre verlängerte Nase lässt erahnen, dass die
Ähnlichkeit nur ein Spiel der Natur ist. Auf der anderen Seite
suchen die Biologen immer noch nach einem engen Verwandten
der Elefantenspitzmaus. Sie ist ein flinkes Wesen, das sich
vor allem von Insekten ernährt. Die Elefantenspitzmaus lebt
ausschließlich in Afrika. Diese Tiere warnen ihre Artgenossen vor einer möglichen Gefahr durch lautes
Trommeln mit den Hinterbeinen. Sie bewegen
die Beinchen 20-mal in der Sekunde auf und
ab – das ist so schnell, dass es ein Menschen-
auge nicht erkennen kann.

Gepard
Acinonyx jubatus
Ordnung: Raubtiere
Gewicht: 35–65 kg
Größe: 1,1–1,5 m
Jungtiere: 3–5
Sa, Ts, Wü   5–20 Jahre

Elefantenspitzmaus

Damagazelle

Breitmaulnashorn
Ceratotherium simum
Ordnung: Unpaarhufer
Gewicht: 1,4–3,6 t
Größe: 3,6–4,2 m
Jungtiere: 1

Sa | 40–50 Jahre

Das **Breitmaulnashorn**, das auch als Weißes Nashorn bezeichnet wird, ist die größte Nashornart der Erde. Den Körper bedeckt eine zentimeterdicke „Panzerhaut", die bis auf ein paar Haare kahl ist. Auf den säulenförmigen Beinen mit drei Zehen bewegt es sich scheinbar schwerfällig, ist aber durchaus fähig, schnell zu laufen. Viel läuft es jedoch nicht, denn das Breitmaulnashorn beansprucht kein sehr großes Territorium. Sein breites Maul ermöglicht ihm ein leichtes Abgrasen der Vegetation. Die beiden Hörner haben innen kein Knochengerüst. Das vordere Horn misst über 1,5 m und ist meistens länger als das hintere. Das große Interesse an seinen Hörnern (sie werden in Asien zu „Potenzmittel" zerrieben) ließ die Wilderei auf diese Tiere drastisch zunehmen, was eine dramatische Abnahme der Nashornbestände in Afrika zur Folge hatte. Sie wurden von Wilderern fast ausgerottet.

Afrikanischer Wildhund

Der **Afrikanische Wildhund** gilt als das hübscheste hundeartige Raubtier. Auffällig ist der unangenehme Moschusgeruch, den er verströmt. Er ist sowohl in der Nacht als auch am Tag aktiv. Die Tiere leben in Gruppen zusammen, die sich bis auf 100 Tiere belaufen können. In diesen Rudeln herrscht eine strenge Ordnung. Der schlanke, hoch gewachsene Körperbau lässt gut erkennen, dass es sich bei diesem Wildhund um einen guten und ausdauernden Läufer handelt. Bevor seine Bestände immer mehr abnahmen, war er der „Schrecken der Savanne". Flüchtende Beutetiere verfolgt er ausdauernd mit einer Geschwindigkeit von bis zu 60 km/h. Das strategisch zusammenarbeitende Rudel hat meistens Erfolg – mit einer Quote von fast 70 %. Das Rudel wagt sich sogar an Zebras, Antilopen und andere Huftiere heran. Die Jungtiere kommen in jeder Jahreszeit auf die Welt. Heute schätzt man den Bestand nur noch auf ein paar tausend Tiere. Damit gehört der Afrikanische Wildhund zu den am meisten vom Aussterben bedrohten Hunderaubtieren und afrikanischen Säugetieren zugleich.

Die **Tüpfelhyäne** erinnert eher an einen Hund, aber verwandt ist sie mehr mit den Zibetkatzen. Man kann sie noch überall in Afrika südlich der Sahara antreffen. Als Aasfresser findet sie jederzeit genug Nahrung. Von ihren Beutetieren nutzt sie ziemlich alles: Fleisch, Haut, Hörner, Hufe und Knochen, die sie mit ihren starken Zähnen zerkleinert. Ihre Kiefer entwickeln einen Druck, der kaum von einem anderen Tier erreicht wird. Die Hyänen sind sehr gesellige Tiere; um das Rudel kümmern sich alte, erfahrene Weibchen. Außer der Streifenhyäne und der Schabrackenhyäne lebt in Ostafrika noch eine kleinere Art: der Insekten fressende Erdwolf.

Afrikanischer Wildhund
Lycaon pictus
Ordnung: Raubtiere
Gewicht: bis 35 kg
Größe: 0,8–1,1 m
Jungtiere: 6–10

Tüpfelhyäne
Crocuta crocuta
Ordnung: Raubtiere
Gewicht: 40–86 kg
Größe: 0,9–1,6 m
Jungtiere: 1–3

Kaffernbüffel
Syncerus caffer
Ordnung: Paarhufer
Gewicht: bis 900 kg
Größe: 1,7–3,4 m
Jungtiere: 1

Die **Trockenwälder** mit wenig Jahresniederschlag bedecken ein Gebiet an der Grenze zwischen den Savannen und den tropischen Regenwäldern. Ihre Zusammensetzung, vor allem der Anteil der immergrünen und der Laub abwerfenden Gehölze, ändert sich je nach geografischer Nähe zur Savanne oder zum Regenwald. Die größte Fläche nehmen sie in Südkenia, Tansania, Angola, Sambia, Simbabwe und Malawi ein. Die jährlichen Niederschläge von maximal 1300 mm fallen innerhalb der zwei Regenzeiten, die durch eine halbjährige Trockenzeit voneinander getrennt sind. Die Gräser sind meist niedrig mit frei stehenden Dornsträuchern dazwischen. Überall stehen Termitenbauten. Die Gebirge im Norden Afrikas waren früher mit subtropischen Wäldern bewachsen. In diesen Wäldern fand man Laubbäume wie auch Nadelbäume. Heute sind jedoch fast alle Hänge kahl und werden für Schaf- und Ziegenherden als Weideland genutzt.

Der **Kaffernbüffel** flößt durch seine Größe und die ungewöhnlich großen Hörner, die eine Spanne von fast 1 m haben können, Respekt ein. Wenn er in die Enge getrieben wird, geht er seinen Angreifer mit erhobenem Kopf an und macht vor keinem Hindernis Halt. Sonst ist er eher ruhig. Tagsüber liegt er meist herum. Am Abend gehen die Tiere auf die Weide. Die Zoologen unterscheiden einige Unterarten. Der kleinste und seltene Wald- oder Zwergbüffel lebt in kleinen Gruppen von 12 Tieren. Im Gegensatz zu ihm bildet der in der Savanne weit verbreitete Kaffernbüffel große Herden.

Kaffernbüffel

Löwe
Panthera leo
Ordnung: Raubtiere
Gewicht: bis 230 kg
Größe: 1,4–2,5 m
Jungtiere: 2–4

Sa, Ts | 15–30 Jahre

Der **Löwe** ist die einzige Großkatze, bei der Männchen und Weibchen sehr unterschiedlich aussehen. Das erwachsene Männchen hat eine mächtige Mähne, dem Weibchen fehlt diese Mähne. Löwen leben in Familienhorden, in denen die Weibchen mit ihren Jungtieren die Überzahl bilden. Das Männchen interessiert sich wenig für den Ablauf im Rudel. Richtig aktiv wird es erst, wenn sich ein Nebenbuhler nähert. Falls das laute Brüllen den Rivalen nicht einschüchtert, lässt es sich auf einen erbitterten Kampf ein, bei dem es um Leben und Tod geht. Die Löwenmännchen ertragen nicht einmal fremde Jungtiere in ihrer Nähe. Wenn ein anderes Männchen die Führerschaft übernimmt, werden die Nachkommen seines Vorgängers von ihm getötet. Bei der gemeinsamen Jagd traut sich das meist weibliche Rudel sogar an große Tiere wie zum Beispiel an einen Kaffernbüffel heran. Sie jagen oft in der Nacht, denn tagsüber faulenzen sie lieber. Sie können bei einer Mahlzeit bis zu 35 kg Fleisch fressen und der Verdauungsprozess dauert recht lange. Der Löwe bewohnte früher außer Afrika noch Südasien, wo heute nur noch eine kleine Population übrig geblieben ist. Aber auch in Afrika wurden diese Tiere an vielen Orten schon ausgerottet. Ausgestorben sind bereits der südafrikanische Kaplöwe mit seiner gewaltigen dunklen Mähne und der nordafrikanische Berberlöwe. Die Jungtiere der Löwen kommen in jeder Jahreszeit zur Welt. Das Weibchen ist 4 Monate trächtig. Diese viermonatige Tragezeit ist die längste unter den Großkatzen. In der Nähe der Mutter halten sich die Jungen etwa 3 Monate auf. Dann gewöhnen sie sich langsam daran, dass sie sich nur noch auf sich selbst verlassen können. Nach 15 Monaten sind sie voll ausgewachsen. Geschlechtsreif werden die Jungtiere erst nach 3–4 Jahren, die Weibchen etwas eher als die Männchen.

Das **Warzenschwein** mit seinen großen Warzen im Gesicht ist ohne weiteres in der Lage, sich erfolgreich einem Löwen zu widersetzen. Es verfügt über zwei Paar spitzer Hauer, die eigentlich übergroße Eckzähne sind. Diese ragen aus der Schnauze bogenförmig nach oben. Damit kann es einem Raubtier oder einem unvorsichtigen Jäger tödliche Verletzungen zufügen. Den Aufenthaltsort eines Warzenschweins erkennt man an der aufgewühlten Erde und den Erdhöhlen, in denen es sich versteckt. Sobald es diesen Ort verlässt, nutzen ihn andere Bewohner der Savanne. Die Warzenschweine leben in kleinen Familiengruppen, nur alte Männchen sind gezwungen, einsam im Busch zu leben. Beim Laufen hält das Warzenschwein seinen Schwanz gerade nach oben gestreckt, was sehr lustig aussieht.

Warzenschwein

Die **Oryxantilope** gehört zur Gattung der Spießböcke, was sich auf die Hörner bezieht. Sie machen ihrem Namen alle Ehre, denn sie sind gerade, dünn und am Ende zugespitzt. Sie sind über 1 m lang. Beide Geschlechter tragen Hörner, wobei sie beim Weibchen dünner, aber länger sind. In Rivalenkämpfen werden die Hörner nicht als Waffe eingesetzt, wohl aber gegenüber Angreifern, wie z. B. Hyänen. Diese Antilope ist sehr anspruchslos. Sie lebt an den Rändern der Halbwüsten und Wüsten. Zum Überleben reicht ihr die karge Vegetation, die sie dort findet. Die anführenden Männchen kennzeichnen ihr übersichtliches Territorium mit Kothaufen, die sie über einen längeren Zeitraum immer am gleichen Ort ablegen. Die Oryxantilope kann sehr sparsam mit Wasser umgehen und auch längere Zeit ohne Wasser auskommen. Weitere Unterarten sind der Südafrikanische Oryx, der Ostafrikanische Oryx und die Säbelantilope.

Die **Elenantilope** ist der Derbyantilope sehr ähnlich. Sie sind die beiden größten Antilopen. Außer durch den schwerfälligen Körperbau fällt sie durch ihre massiven Hörner, den Halslappen, die schwache Mähne und den ungewöhnlich langen Schwanz auf. Im Widerrist erreicht sie eine Höhe von 1,6 m. Die Elenantilope hält sich in größeren Gruppen von etwa 50–200 Tieren auf. Manchmal vereinen sie sich zu tausendköpfigen Herden. Sie ernähren sich von Bodengewächsen und Sträuchern. In manchen Ländern, auch außerhalb Afrikas, versucht man, die Elenantilope zu züchten – vor allem wegen des Fleisches und der Milch. Bisher blieben diese Versuche jedoch ohne größeren Erfolg.

Warzenschwein
Phacochoerus aethiopicus
Ordnung: Paarhufer
Gewicht: bis 150 kg
Größe: 1–1,5 m
Jungtiere: 1–8

Sa, Ts | 10–18 Jahre

Oryxantilope
Oryx gazella
Ordnung: Paarhufer
Gewicht: bis 240 kg
Größe: 1,8–2 m
Jungtiere: 1

Wü | 10–20 Jahre

Elenantilope
Taurotragus oryx
Ordnung: Paarhufer
Gewicht: bis 900 kg
Größe: 2–3,4 m
Jungtiere: 1

Sa, Ts | 20–25 Jahre

Oryxantilope

Elenantilope

Riesen-Schuppentier
Manis giganteus
Ordnung: Schuppentiere
Gewicht: 25–35 kg
Größe: 75–100 cm
Jungtiere: 1

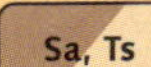 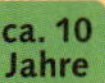
Sa, Ts | ca. 10 Jahre

Bongo
Tragelaphus eurycerus
Ordnung: Paarhufer
Gewicht: 150–220 kg
Größe: 1,7–2,5 m
Jungtiere: 1

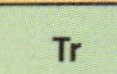 
Tr | 10–20 Jahre

Das **Riesen-Schuppentier** hat harte Schuppen, die außer an Bauch und Nase den ganzen Körper und den Schwanz bedecken. Beim Riesen-Schuppentier erreichen die Schuppen eine Länge von 10 cm. Dieser Panzer dient als Schutz gegen Ameisen und Termiten, von denen es sich ernährt. Mit seinen scharfen Krallen gräbt es die Nester und Bauten auf, und mit der langen Zunge, die mit einer klebrigen Flüssigkeit benetzt ist, fischt es die Insekten sogar aus den engen Gängen heraus.

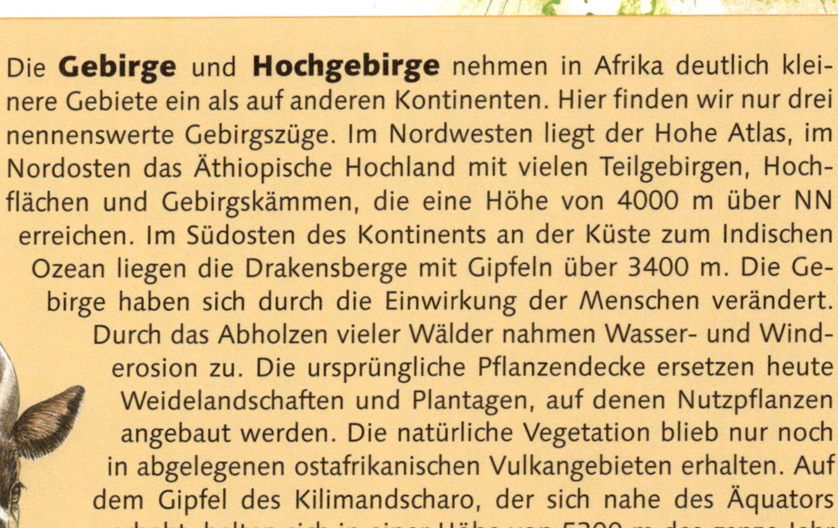
Riesen-Schuppentier

Die **Gebirge** und **Hochgebirge** nehmen in Afrika deutlich kleinere Gebiete ein als auf anderen Kontinenten. Hier finden wir nur drei nennenswerte Gebirgszüge. Im Nordwesten liegt der Hohe Atlas, im Nordosten das Äthiopische Hochland mit vielen Teilgebirgen, Hochflächen und Gebirgskämmen, die eine Höhe von 4000 m über NN erreichen. Im Südosten des Kontinents an der Küste zum Indischen Ozean liegen die Drakensberge mit Gipfeln über 3400 m. Die Gebirge haben sich durch die Einwirkung der Menschen verändert. Durch das Abholzen vieler Wälder nahmen Wasser- und Winderosion zu. Die ursprüngliche Pflanzendecke ersetzen heute Weidelandschaften und Plantagen, auf denen Nutzpflanzen angebaut werden. Die natürliche Vegetation blieb nur noch in abgelegenen ostafrikanischen Vulkangebieten erhalten. Auf dem Gipfel des Kilimandscharo, der sich nahe des Äquators erhebt, halten sich in einer Höhe von 5300 m das ganze Jahr über Schnee und Eis.

Bongo

Der **Bongo** ist eine der schönsten Antilopen der afrikanischen Tropen. Er hat einen muskulösen Körper und beide Geschlechter tragen spiralenförmig gedrehte Hörner. Bei den Männchen sind die Hörner etwas länger (bis 1 m) und stärker. Bei der Auswahl des Lebensraums gibt der Bongo den Regen- und Bergwäldern Vorrang vor der Savanne. Der scheue Bongo lebt wie die meisten Antilopen in Paaren oder kleinen Gruppen. In die offene Landschaft geht er selten und wenn er das tut, macht er es nur in der Nacht. Manchmal hält er sich in Gegenden mit Sümpfen auf. In Kenia steigt er in der Trockenzeit sogar hoch in die Berge auf – über 4000 m über NN. Die Bongos werden erfolgreich in manchen zoologischen Gärten gezüchtet.

Großer Turako

Der **Graupapagei** ist sehr intelligent und kann mit Leichtigkeit sprechen lernen. Er erreicht ein Alter von bis zu 70 Jahren. Der Massenfang und das Abbrennen der Regenwälder hatten zur Folge, dass dieser Papagei an manchen Orten verschwunden ist. Was Nahrung betrifft, ist er anspruchslos, obwohl ihm die Früchte der Olivenpalmen am besten schmecken. Zum Nisten nutzt er eine Höhle im Baum.

Graupapagei

Den **Großen Turako**

gibt es wie 20 weitere verwandte Arten nur in Afrika. Diese Waldvögel sind mit dem Kuckuck verwandt. Neben dem farbigen Gefieder sind sie durch einen starken Schnabel, einen langen Hals und einen auffälligen Kopfschmuck gekennzeichnet. Die kleinen Flügel zeugen davon, dass es sich um keine guten Flieger handelt. Umso wohler fühlen sie sich in den Baumkronen, wo sie geschickt von einem Ast auf den anderen springen. Überall wo sie erscheinen, ertönt lautes Schreien und Rufen. Diese Vögel ernähren sich von Pflanzen und mitunter von Insekten. Sie leben in Schwärmen von zehn Tieren und nisten auf Bäumen.

Beim **Okapi** findet man viele Merkmale der Urwaldgiraffe. Beide Tiere sind in der Tat miteinander verwandt. Neben dem Körperbau mit dem nach hinten abfallenden Rücken sind es die großen Ohren, Augen, Lippen, die lange Zunge, die großen Hufe und vor allem die mit Haut überwachsenen Hörner. Das findet man sonst bei keinem anderen Säugetier. Obwohl das Okapi am Tag aktiv ist, ist es nicht häufig zu beobachten. Den dichten Regenwald verlässt es nämlich nur selten. Es bewohnt ein Gebiet von 2 bis 10 km² und lebt als Einzelgänger. Das Okapi bevorzugt trockene Orte, Sümpfe dagegen meidet es. Es ernährt sich von Sprossen und Blättern. Auch wenn dieses Tier nicht zu den vom Aussterben bedrohten Lebewesen gehört, erreichen die Bestände insgesamt nur etwa 5000 Stück. In Gefangenschaft werden sie nur selten gehalten.

Okapi

Großer Turako
Corytheola cristata
Ordnung: Kuckucksvögel
Gewicht: 0,8–1,2 kg
Größe: 65–75 cm
Jungtiere: 1–3

Graupapagei
Psittacus erithacus
Ordnung: Papageien
Gewicht: 0,4–0,5 kg
Größe: 28–39 cm
Jungtiere: 2–4

Okapi
Okapia johnstoni
Ordnung: Paarhufer
Gewicht: 200–250 kg
Größe: 1,9–2,1 m
Jungtiere: 1

Zebraducker
Cephalophus zebra
Ordnung: Paarhufer
Gewicht: 15–20 kg
Größe: 70–90 cm
Jungtiere: 1

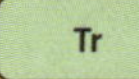

Rote Moorantilope
Kobus leche
Ordnung: Paarhufer
Gewicht: 50–90 kg
Größe: 1,3–1,8 m
Jungtiere: 1–2

Gabunviper
Bitis gabonica
Ordnung: Schuppenkriechtiere
Gewicht: 7–9 kg
Größe: bis 2 m
Jungtiere: bis 60

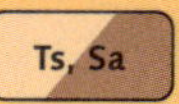

Den **Zebraducker** kann man mit keinem der anderen 18 verwandten Arten verwechseln, weil er auf dem Rücken und an den Seiten 12 bis 15 Streifen hat, die rund 3 cm breit sind. Männchen wie Weibchen tragen starke, kleine, kegelförmige Hörner. Dieses Tier gehört zu den weniger bekannten Duckern, denn es lebt im dichten, fast undurchdringlichen Unterholz der Regenwälder. Der Zebraducker ernährt sich von Sprossen, Blättern und Früchten. Er hat ein ruhiges Wesen. Beide Partner markieren gemeinsam ihr Revier, indem sie Sekret aus den Augendrüsen an Äste und Baumstämme reiben. Damit unterscheidet sich diese Art von anderen Savannenantilopen, bei denen das Markieren des Reviers allein die Aufgabe des Männchens ist. Eine andere Art, die den Regenwald bewohnt, ist der Jentinkducker an der Elfenbeinküste. Diese Art hat einen auffällig roten Kopf und Hals, während der Rest des Körpers weiß ist. Dieses Tier gehört zu den seltensten Säugetieren.

Zebraducker

Die **Rote Moorantilope** gehört gemeinsam mit weiteren Verwandten in die Gruppe der Litschi-Antilopen. Diese Tiere halten sich in der Nähe des Wassers auf und haben deshalb breite und gut entwickelte Hufe, mit denen sie sich auf weichem Untergrund besser bewegen können. Hörner tragen nur die Männchen: Ihr elegant geschwungener Kopfschmuck ist schlank mit groben Kerben und misst höchstens 90 cm. Die Rote Moorantilope kann ohne Wasser nicht leben. Gern verbringt sie mehrere Stunden am Ufer von Flüssen, Seen und Sümpfen. Manchmal steht sie bis zu den Knien im Wasser und frisst Wasserpflanzen. An solchen Orten kann man Herden von über 1000 Tieren beobachten. Im Wasser suchen die Roten Moorantilopen auch Schutz vor Leoparden und anderen Raubtieren. Deshalb entfernen sie sich nie weit vom Ufer.

Der **Leopard** ist eine Großkatze mit einer großflächigen Verbreitung. Er lebt in Regionen von Südafrika bis Asien. Der Leopard kann sehr schnell laufen, weit und hoch springen, gut schwimmen und er klettert auch sehr geschickt bis in die Baumkronen. Seine Beutetiere schleppt er auf einen Baum hoch, um von Hyänen und anderen Feinden beim Verzehr nicht gestört zu werden. Seine Jagdstrategie ist vorwiegend der Überraschungseffekt. Er beobachtet seine Beute aus dem Hinterhalt, dann schleicht er sich an, um aus kurzer Entfernung anzugreifen. Nur jeder fünfte bis zehnte Angriff ist ein Erfolg. Die meisten Leoparden leben allein. Sein Revier kann sich mit dem mehrerer Weibchen überschneiden. Ein Leopard mit schwarzem Fell wird Panter genannt.

Leopard

Der **Oryxweber** gehört zur Gruppe der Webervögel. Es handelt sich um nicht besonders große, gesellige Singvögel. Sie gehören zu den typischen Vögeln der afrikanischen Landschaft. Charakteristisch sind ihre auffälligen, geschlossenen Nester, die sie aus Grashalmen und Blattstängeln zusammenflechten. Meistens sind diese Nester ganz am Ende der Zweige angebracht, um sie vor Schlangen, Affen und anderen Nesträubern zu schützen. Ihr Baustil äußert sich in verschiedenen Formen. Während der Oryxweber sackartige Nester mit langen Eingängen baut, sammeln andere Webervögel viel Heu und Gras und bauen mit ihren Artgenossen riesige Nestgebilde, die aus vielen Einzelnestern bestehen. Die jungen Männchen der Oryxweber sind erst graubraun wie die Weibchen. Es dauert 3 Jahre, bis sie auf ein farbiges Gefieder wechseln. In seiner Heimat gilt dieser Vogel als großer Schädling. Die Schwärme fallen nämlich regelmäßig über die Maisfelder her.

Oryxweber

Die **Gabunviper** hat Giftzähne, die bis zu 5 cm lang sein können. Sie hat einen flachen, großen Kopf, an den sich ein gedrungener Körper, der so dick wie ein menschlicher Arm ist, anschließt. Die Schuppenhaut ist mit bunten, geometrischen Mustern „geschmückt". Auch wenn diese Schlange genug Gift besitzt, um einen Menschen zu töten, lässt sich die Gabunviper nur selten provozieren. Angeblich hält es die Gabunviper ein ganzes Jahr ohne Nahrung aus. In der Natur jagt sie Nagetiere, Vögel, kleine Affen und Kleinraubtiere. Das Weibchen bringt wie andere Schlangen auch lebende Junge zur Welt.

Gabunviper

Leopard
Panthera pardus
Ordnung: Raubtiere
Gewicht: 28–90 kg
Größe: 0,9–1,9 m
Jungtiere: 1–6

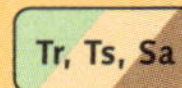 Tr, Ts, Sa  15–20 Jahre 

Oryxweber
Euplectes orix
Ordnung: Sperlingsvögel
Gewicht: 15–30 g
Größe: 14–16 cm
Jungtiere: 2–4

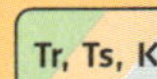 Tr, Ts, Ku 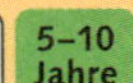 5–10 Jahre

Marabu
Leptoptilos crumeniferus
Ordnung: Stelzvögel
Gewicht: 4–9 kg
Größe: 1,1–1,5 m
Jungtiere: 2–3

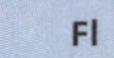 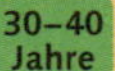
Fl | 30–40 Jahre

Grasantilope
Kobus kob
Ordnung: Paarhufer
Gewicht: 60–120 kg
Größe: 1,7–2,4 m
Jungtiere: 1–2

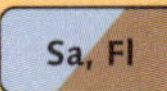 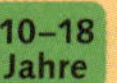
Sa, Fl | 10–18 Jahre

Heiliger Ibis
Threskiornis aethiopicus
Ordnung: Stelzvögel
Gewicht: 1,5 kg
Größe: 86–98 cm
Jungtiere: 2–3

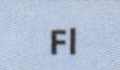 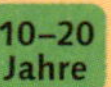
Fl | 10–20 Jahre

Zwergflamingo
Phoeniconaias minor
Ordnung: Flamingos
Gewicht: 1,5–2 kg
Größe: 80–90 cm
Jungtiere: 1

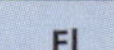 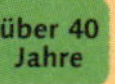
Fl | über 40 Jahre

Der **Marabu** ist ein Stelzvogel mit einem kahlen Kopf, einem Hautsack am Hals und einem 50 cm langen Schnabel. Er ernährt sich von Aasresten und sein Gefieder ist deshalb häufig verschmutzt. Von erhöhten Plätzen aus hält er Ausschau nach geeigneten Nahrungsquellen. Oft verharrt er dort für mehrere Stunden. Kleinere Stücke seiner Beute schlingt er im Ganzen hinunter, größere Happen zerkleinert er mit seinem starken Schnabel. Er nistet gemeinsam mit anderen Artgenossen auf hohen Bäumen und nicht selten in der Nähe von Dörfern. Unter den Großvögeln hat der afrikanische Marabu mit 2,5 m die größte Flügelspanne. Der Rekord liegt allerdings bei etwa 4 m. Während des Fluges hält er den Hals ausgestreckt nach vorn wie unsere Störche.

Marabu

Die tropischen Regenwälder Afrikas sind auch unter der Bezeichnung „Urwälder" bekannt, die sich hauptsächlich im Einzugsbecken des Kongo-Flusses ausbreiten. Von dort aus ziehen sie sich am Golf von Guinea entlang. Von den drei Hauptverbreitungsgebieten auf der Erde sind die tropischen Regenwälder Afrikas am kleinsten. Sie nehmen eine Fläche von fast 7 % des Kontinents ein. Hier herrscht ein immerfeuchtes und heißes Klima mit einer durchschnittlichen Temperatur von 33 °C. Die Niederschläge bewegen sich zwischen 1500 und 4000 mm pro Jahr. Im Regenwald dominieren die Urwaldriesen, die an manchen Orten über 80 m Baumhöhe erreichen. Sie sind mit Orchideen und anderen Pflanzen (Epiphyten) bewachsen. Wer in den unteren Abschnitten viele Sträucher und Lianen erwartet, wird enttäuscht sein. Das Wachstum der Pflanzen ist hier durch Lichtmangel sehr eingeschränkt, weshalb hauptsächlich nur Moose und Farnkräuter gedeihen. Der junge Regenwald ist nur schwer durchdringbar.

Grasantilope

Die **Grasantilope** zählt zu den größten afrikanischen Antilopen, deren starke Hörner leicht gebogen und bis zu 1 m lang sind. Sie liebt feuchte Gebiete, und wenn sie in Gefahr ist, weicht sie rasch in die Uferzonen von Flüssen, Seen und Sümpfen aus, um Schutz zu suchen. Früher nannte man sie Moorantilope. Auf ihrer Haut befinden sich Fettdrüsen, die dafür sorgen, dass ihr Fell immer gut gefettet ist. Die Herden der Grasantilopen setzen sich aus 8–20 Tieren zusammen, in denen sich 2–3 erwachsene Männchen befinden. Sie werden von einem älteren Weibchen angeführt.

Der **Zwergflamingo** lebt in riesigen Kolonien mit tausenden von Vögeln zusammen. Er ist zwar ein guter Schwimmer, hält sich aber höchstens am flachen Ufer auf, wo er mit geneigtem Kopf das Wasser mit seinem gebogenen Schnabel filtert. Aus dem aufgewirbelten Schlamm entnimmt er Algen und kleine Lebewesen. Seine schöne rosa Farbe geht großteils auf die kleinen Krebstierchen zurück, die er frisst. Er baut sich kegelförmige, 30–45 cm hohe Nester. An der Aufzucht und Erziehung der Nachkommen beteiligen sich beide Elternteile.

Zwergflamingo

Heiliger Ibis

Den **Heiligen Ibis** verehrten schon die alten Ägypter. Damals kamen diese Vögel an den unteren Nil, wenn die Überschwemmungen begannen und viel Feuchtigkeit und nährstoffreichen Nilschlamm mit sich brachten. In manchen Pyramiden fand man hunderte mumifizierter Vögel dieser Art. Alle Ibisse haben eine „gekrümmte" Körperhaltung und einen langen, nach unten gebogenen Schnabel. Mit seinem Schnabel sucht der Heilige Ibis im flachen Wasser nach Insekten, Schnecken, Fischen, Fröschen und anderen Kleinlebewesen. Er nistet in zahlreichen Kolonien auf Bäumen und manchmal auch auf dem Boden.

Der **Schuhschnabel** ist ein Einzelgänger. Er lebt sehr zurückgezogen in Sümpfen und im Flachwasserbereich mit reichlich Schilf und Papyrus. Fast den ganzen Tag verbringt er in regungsloser Lauer auf geeignete Beute, die er durch eine schnelle Bewegung mit dem Kopf fängt. Sein großer breiter Schnabel, der am Ende mit einem Hacken versehen

ist, hilft ihm beim Schnappen nach dem Opfer. Wegen seines Körperbaus und seines Schnabelklapperns erinnert der Schuhschnabel an einen Storch. Sein Nest ist ein großer Haufen aus Zweigen und Schilfrohr.

Die auffällige Stimme ist charakteristisch für den **Schreiseeadler**, der südlich der Sahara lebt. Bei der Flügelspanne erreicht dieser Greifvogel fast 2 m. Die Jungvögel haben im Gegensatz zu den ausgewachsenen Tieren keinen weißen, sondern einen graubraunen Kopf. Er kommt hauptsächlich an Binnengewässern und Meeresküsten vor. Er ernährt sich vor allem von lebenden oder toten Fischen, von Vögeln und Nagetieren. An ihren Lieblingsorten halten sich oft mehrere Vögel gemeinsam auf.

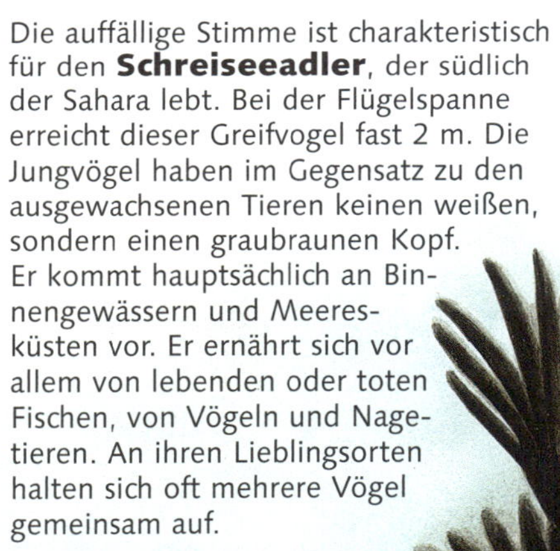

Schreiseeadler

Schuhschnabel

Nilkrokodil
Crocodylus niloticus
Ordnung: Krokodile
Gewicht: bis 1000 kg
Größe: 3–6 m
Jungtiere: bis 90

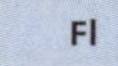 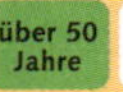 

Graukopfliest
Halcyon leucocephala
Ordnung: Rackenvögel
Gewicht: 35–61 g
Größe: 22 cm
Jungtiere: 2–6

 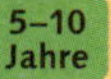

Blaustirnblatthühnchen
Actophilornis africana
Ordnung: Watvögel
Gewicht: 130–260 g
Größe: 23–31 cm
Jungtiere: 4

Fl

Das **Nilkrokodil** ist eines der wenigen Tiere, die sich auch mit einem Flusspferd anlegen. Die Angriffslustigkeit eines großen Krokodils kennt kaum Grenzen. Es gab sogar Fälle, in denen Giraffen und Elefanten angegriffen worden sind. Was es einmal zwischen seinen starken Kiefern hat, kann nicht mehr entkommen. Das Krokodil ist ein entwicklungsgeschichtlich sehr altes Tier, sein Stammbaum reicht viele Millionen Jahre zurück. Trotzdem hat es eine Reihe fortschrittlicher Merkmale. Dazu gehört das vierteilige Herz, ein Zwerchfell und ein gut entwickeltes Gehirn. Es hält sich gern in flachen Gewässern auf. Krokodile legen Eier, die das Weibchen am Ufer vergräbt. Das Krokodil gehört zu den lang lebenden Tieren, die sogar bis zu 100 Jahre alt werden können.

Das **Flusspferd** ist nach zwei Elefantenarten und dem Breitmaulnashorn das schwerste Landtier. Die meiste Zeit seines Lebens verbringt es stehend im flachen Wasser. Wenn es das riesige Maul mit den großen Eckzähnen (die längsten messen einen halben Meter) öffnet, kann man Angst bekommen. Wenn sich die Männchen in Revierkämpfen messen, setzen sie gnadenlos ihre Hauer ein, wobei sie sich mitunter auch verletzen. Die stärksten haben mehrere Weibchen und sind die „Herrscher" in ihrem Gebiet. Anders als das Zwergflusspferd ist das Flusspferd ein geselliges Tier. Man kann häufig viele Tiere zusammen sehen. Pro Tag frisst ein Tier 40–60 kg Grünpflanzen. Das Flusspferd sieht auf den ersten Blick sehr unbeweglich aus, kann aber, besonders wenn es wütend ist, sehr schnell laufen.

Die Wasservögel suchen sich ihre Nahrung auf unterschiedliche Art und Weise. Das **Blaustirnblatthühnchen** sammelt seine Nahrung von der Wasseroberfläche. Der **Goliathreiher** harpuniert seine Beute mit dem scharfen Schnabel und der **Graukopfliest** taucht per Sturzflug tief ins Wasser ein.

Nilkrokodil

Graukopfliest

Blaustirnblatthühnchen

Der **Gorilla** ist der größte aller Menschenaffen. Er hat einen athletischen Körperbau mit gewaltig entwickelten Muskeln an Gliedmaßen und Oberkörper. Ohne Probleme klettern Gorillas auf größere Bäume, auch wenn sie die meiste Zeit auf dem Boden verbringen. Sie sind ausschließlich Vegetarier und ernähren sich von Knospen und Früchten. Der Kopf der Gorillagruppe ist ein erwachsenes Männchen. Wenn es nötig ist, wendet es Kraft an, um sich Respekt zu verschaffen. Dem Menschen gegenüber werden die Gorillas nicht gefährlich. Von drei bekannten Arten ist der Flachlandgorilla der kleinste, der Graue Gorilla aus dem Osten ist der größte. Der Berggorilla, der auch der seltenste ist, bewohnt die Virunga-Vulkangebiete im Grenzgebiet von Kongo und Uganda. Von dieser Art gibt es nur noch 500 Tiere. Die Gorillas werden fast in jedem größeren Zoo gezüchtet.

Gorilla
Gorilla gorilla
Ordnung: Primaten
Gewicht: 100–280 kg
Größe: 1,4–1,8 m
Jungtiere: 1

Tr, Ge | 50–60 Jahre

Flusspferd
Hippopotamus amphibius
Ordnung: Paarhufer
Gewicht: 1,4–3,2 t
Größe: 2,8–3,5 m
Jungtiere: 1

Fl | 40–50 Jahre

Goliathreiher
Ardea goliath
Ordnung: Stelzvögel
Gewicht: 3–4,5 kg
Größe: 1,3–1,4 m
Jungtiere: 2–5

Fl | 15–25 Jahre

Serval
Leptailurus serval
Ordnung: Raubtiere
Gewicht: 8–18 kg
Größe: 0,7–1 m
Jungtiere: 1–4

 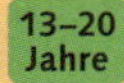

Sa | 13–20 Jahre

Weißschulter-Stummelaffe
Colobus guereza
Ordnung: Primaten
Gewicht: 9–18 kg
Größe: 45–70 cm
Jungtiere: 1

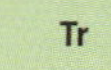 

Tr | 4–7 Jahre

Der **Serval** zählt zu den kleineren Raubkatzen, die sich im Gegensatz zu den Großkatzen nur mit einem Miauen und Schnurren äußern. Die langen Beine ermöglichen ihm einerseits einen guten Überblick im hohen Savannengras, andererseits sind sie ihm bei der Jagd von Nutzen. Neben Nagetieren und Hasen jagt er Vögel. Wenn ein Vogel erst im letzten Moment flüchtet, springt der Serval ihm bis zu einer Höhe von 3 m nach. Er ist äußerst beweglich und kann sich in der Luft um 180° herumdrehen. Der Serval ist ein Einzelgänger und schläft fast den ganzen Tag. Erst in der Nacht macht er sich auf die Jagd.

Serval

Madagaskar ist die viertgrößte Insel der Erde. Hier existiert eine außergewöhnliche Fauna und Flora, die sich von der in Afrika, das nur 340 km entfernt liegt, stark unterscheidet. Madagaskar und Afrika sind durch die Straße von Mosambik voneinander getrennt. Anstatt Antilopenherden, Elefanten, große Raubtiere oder Menschenaffen findet man auf Madagaskar vor allem Halbaffen: Indris, Lemuren, Loris, Koboldmakis und andere. Es ist noch nicht lange her, vielleicht ein paar Jahrhunderte, als auf dieser Insel noch riesige Laufvögel mit 3,5 m Höhe herumliefen. Die heutige Vogelwelt spiegelt den Übergang zwischen Afrika und Asien wider. Eine Erklärung für die besondere Tierwelt dieser Insel liegt wahrscheinlich in ihrer Geschichte begründet. Sie konnte sich viele Millionen Jahre lang in absoluter Isolation entwickeln, da sich die Trennung von Afrika vermutlich vor ca. 180 Millionen Jahren vollzog.

Stummelaffen unterscheiden sich von anderen afrikanischen Affen durch die kleine hervorstehende Nase und den verkümmerten Daumen an den Vorderpfoten. Der **Weißschulter-Stummelaffe** hat eine weiße Mähne auf den Schultern und entlang der Körperflanken, die wie ein Mantel aussieht. In großer Zahl bewohnen diese Tiere die Regenwälder. Flink bewegen sie sich, selbst über weite Entfernungen hinweg, von Ast zu Ast. Sie ernähren sich ausschließlich von Blättern. Zur Verarbeitung der nicht besonders nährstoffreichen Blätter haben diese Affen starke Kauzähne und einen mehrfach geteilten Magen. Zusätzlich unterstützen im Magen vorhandene symbiotische Bakterien den Abbau der schwer verdaulichen Zellulose. Der gefüllte Magen macht ein Viertel ihres Gesamtgewichts aus. Die Jungtiere sind bei ihrer Geburt ganz weiß.

Der seltene **Äthiopische Steinbock** lebt in den Gebirgen Äthiopiens, wo er bis in eine Höhe von 4500 m über NN aufsteigt. Seine starken Hörner erreichen mehr als 1 m Länge. Die in kleinen Herden vorkommenden Tiere bewegen sich in baumlosen, mit Sträuchern bewachsenen Felsgebieten. Oft sind sie mit Antilopen zusammen, die auch an diesen Lebensraum angepasst sind.

Weißschulterstummelaffe

Äthiopischer Steinbock

Der kleinste Halbaffe, der **Mausmaki**, hat einen kleinen, mit einem dichten Fell bedeckten Körper. Ungewöhnlich lang ist sein biegsamer Schwanz, in dem er Fett speichern kann. So wie manche Tiere in unseren Breiten Winterruhe halten, hält der Mausmaki während der heißen, trockenen Sommermonate eine Sommerruhe. Die großen Augen zeigen, dass es sich bei ihm um ein Nachttier handelt. Die meiste Zeit verbringt er in den Baumkronen. Er hat sehr kräftige Beine, mit denen er nicht nur in allen Richtungen klettern, sondern auch weit springen kann. Den Tag verbringt er in Astgabeln oder Nestern, die er sich aus Zweigen, Gras und Laub baut. Seine Nester befinden sich weit oben in den Ästen. Dort zieht er auch seine Jungtiere auf. Er hat einen vielfältigen Nahrungsbedarf, der sich nicht nur aus Insekten, Früchten und Blüten, sondern auch aus Kleintieren, Chamäleons und süßen Holzsäften zusammensetzt.

Mausmaki

Katta

Eine weitere Gruppe von Halbaffen, die auf Madagaskar lebt, sind die Lemuren. Alle 17 bekannten Arten unterscheidet man in Tag- und Nachttiere. Die **Kattas** gehören der ersten Gruppe an: Sie sind die bekanntesten Lemuren und fehlen in keinem größeren Zoo. Sie sind sehr lebhafte Tiere mit einem langen gestreiften Schwanz. Am Unterarm haben sie Duftdrüsen, die ein Sekret absondern. Das leicht gewellte Fell erhalten sie durch „Kämmen" mit den engen Zwischenräumen der Vorderzähne. Der gesellige Katta lebt in einer Gruppe von 20 Tieren. Das Weibchen sichert den Zusammenhalt dieser Tiere, denn die Männchen verschwinden von Zeit zu Zeit aus der Umgebung der Sippe. Der größte und zugleich der schönste Lemur ist der Rote Vari. Er zeichnet sich durch seine vielseitige Färbung aus. Neben der schwarz-weißen Grundfarbe gibt es auch braune, schwarzbraune, rostrote und schwarze Tiere.

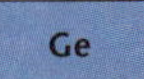
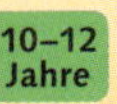

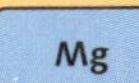
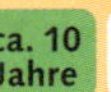

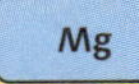
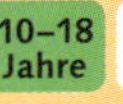

Die **Fossa** ist der größte Fleischfresser Madagaskars, die sowohl Merkmale einer Zibetkatze als auch einer Raubkatze hat. An die Zibetkatze erinnert sie durch den Aufbau der Schnauze und vor allem durch die gut entwickelten Duftdrüsen am After. Der Körperbau, das Gebiss, die Pfoten mit den kurzen Krallen und das Verhalten erinnern eher an eine Raubkatze. Auf dem Boden bewegt sie sich sehr elegant und beim Klettern in den Bäumen nutzt sie den langen muskulösen Schwanz. Sie erjagt sowohl am Boden lebende Tiere wie auch Baumtiere, Vögel und Insekten. In die Dörfer kommt sie, um Geflügel zu erbeuten. Erst in der Dämmerung und während der Nacht wird sie richtig aktiv. Die Fossa kann man auch in unseren zoologischen Gärten beobachten.

Fossa

Der **Streifentanrek** lebt als einer der wenigen Insektenfresser in Kolonien von 10–18 Tieren. Sie bewohnen Erdlabyrinthe, die 1,5 m tief vergraben sind. Auf dem Rücken hat er eine besondere Rassel aus Stacheln. Wenn er sie vibrieren lässt, entstehen Geräusche, die zwar von einem Menschen nicht zu hören sind, aber für Männchen und Jungtiere ist dieses Geräusch ein wichtiges Kommunikationsmittel. Dieses Tier überlebte nur auf Madagaskar, weil es von keinem Nahrungskonkurrenten oder hoch entwickelten Säugetier bedrängt wurde. Die Streifentanreke passten sich an verschiedene Lebensräume an. Wir finden bei ihnen auch Arten, die den Igeln und Maulwürfen ähnlich sind.

Der **Indri** nimmt unter den Halbaffen Madagaskars eine besondere Rolle ein: Er ist der schönste von ihnen. Er hat einen auffälligen Schwanz und die längsten Beine, mit denen er meisterhaft springen kann. Mit einem Sprung kann er problemlos eine Entfernung von 13 m überwinden. Auf beiden Hinterbeinen bewegt er sich auf dem Boden. Im Gegensatz zu den Lemuren gibt der Indri klagende Schreie von sich. Sein Resonanzorgan an der Luftröhre verstärkt seine Stimme noch, sodass er von weitem zu hören ist.

Indri

Fossa
Cryptoprocta ferox
Ordnung: Raubtiere
Gewicht: 7–14 kg
Größe: 60–80 cm
Jungtiere: 2–4

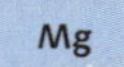 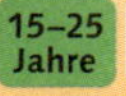 
Mg | 15–25 Jahre

Streifentanrek
Hemicentetes semispinosus
Ordnung: Insektenfresser
Gewicht: 80–280 g
Größe: 16–19 cm
Jungtiere: 2–11

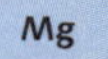 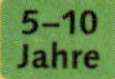
Mg | 5–10 Jahre

Indri
Indri indri
Ordnung: Primaten
Gewicht: 7–10 kg
Größe: 60–90 cm
Jungtiere: 1

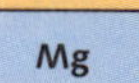 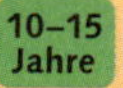 
Mg | 10–15 Jahre

AUSTRALIEN

Fläche: 8 942 252 km²
Küstenlänge: 19 600 km
Höchstes Gebirge:
Mt. Wilhelm (Neuguinea,
4509 m)
Niedrigster Ort: Eyresee
(–12 m)
Längster Fluss: Murray
Darling (3490 km)
Größter See: Eyresee
Größte Insel: Neuguinea
(771 900 km²)
Einwohneranzahl:
30,9 Millionen

Rg – Regenwälder der gemäßigten Zone

Tr – Tropische Regenwälder

Sa – Savannen

Wü – Wüsten und Halbwüsten

Ge – Gebirge und Hochgebirge

Hl – Hartlaubwald

Australien – dieser weit entfernte Kontinent war bis zum 17. Jahrhundert für die Europäer ein völlig unbekanntes Land. Lange Zeit gehörte dieser kleinste Kontinent allein den hier lebenden Tieren und Pflanzen, bis die ersten Menschen, die heutigen Aborigines, vor 50 000–70 000 Jahren aus Asien einwanderten. Das insgesamt flache Relief des Kontinents wird im Südosten, Nordwesten und Westen von zum Teil sehr alten Gebirgen und Hügelketten aufgelockert, während im Zentrum der berühmte Sandstein-Inselberg Ayers Rock (einheimisch: Uluru) liegt. Nur entlang der Nord- und Ostküste Australiens erstreckt sich eine schmale Zone mit tropischen Regenwäldern.

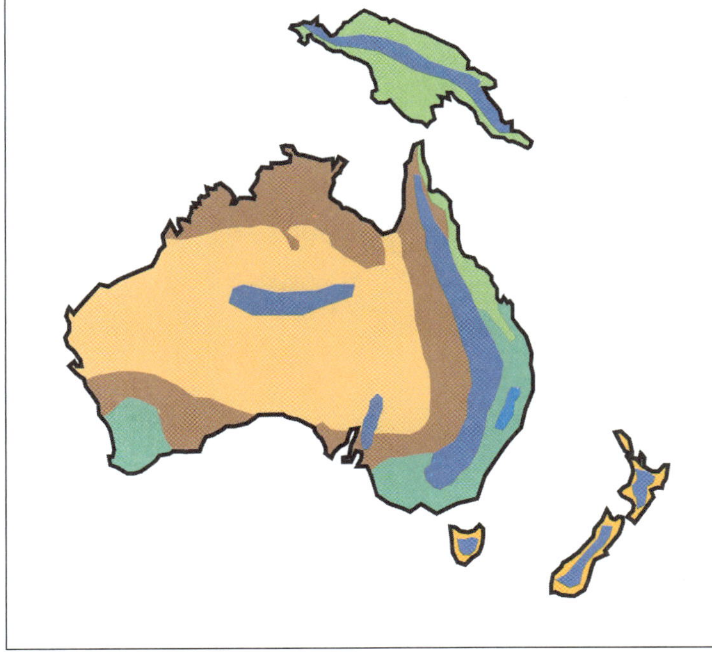

Allfarblori

Australien ist zusammen mit einigen der benachbarten Inseln ein eigenständiges Gebiet. Im Gegensatz zum flachen Australien sind die Inseln Neuguinea, Neuseeland und Tasmanien viel gebirgiger und stärker gegliedert. Vor 150 Millionen Jahren bildete Australien noch einen Teil des ehemaligen Südkontinents Gondwana und war damals über die Antarktis mit Südamerika verbunden. 90 Millionen Jahre später erfolgte die Abspaltung und Australien driftete über den ganzen Indischen Ozean in seine heutige Position.

Weil Australien nicht sehr groß ist, findet man hier nicht so viele und gegensätzliche Klimazonen wie z. B. in Südamerika. Zwei Drittel des Kontinents nehmen öde Wüsten und Halbwüsten ein, von den Australiern als „outback" bezeichnet. Die Ränder dieser Einöden gehen in eine Dornsavanne mit Akazien und niedrigen Eukalyptusbäumen über. Nur in Küstennähe befinden sich feuchte, fruchtbare Savannen und Waldgebiete.

Anders ist die Situation auf den größeren Inseln, die das Festland umgeben. Tasmanien im Süden ist gebirgig und mit ausgedehnten Wäldern mit einer reichen Flora bewachsen. Neuguinea war vor nicht so langer Zeit noch mit dem australischen Festland verbunden, wird jetzt allerdings durch eine 1600 km breite Meerenge von ihm getrennt. Wie eine Wirbelsäule durchzieht ein hohes Gebirge diese Tropeninsel, dessen Hänge sich unter undurchdringlichen Regenwäldern verbergen und nach Süden hin in flaches Sumpfland übergehen. Neuseeland, eine Doppelinsel liegt etwa 2000 km südöstlich von Australien. Neuseeland befindet sich in einer Zone mit aktiven Vulkanen, deren Kratergipfel vergletschert sind. Den vulkanischen Ursprung lassen auch die vielen Geysire, Schlammvulkane und Mineralquellen erkennen.

Durch die lange Isolation während der Kontinentaldrift haben sich auf Australien eine Vielzahl von einzigartigen Pflanzen und Tierarten entwickelt, die es nur dort gibt. Hier wachsen allein über 600 Eukalyptusarten in Sümpfen, Gebirgen und Trockengebieten. Einige Arten sind nur 3 m groß, andere erreichen eine Höhe von 90 m.

Der **Kaiserfisch** gehört zur Gruppe der Korallenfische. Seine Heimat sind die flachen, warmen Gewässer der Korallenriffe. Wie alle Fische dieser Art hat auch er einen hohen, diskusförmigen Körper. Er ist ein Revierfisch, das heißt, die erwachsenen Paare schützen ihr Gebiet, indem sie ständig an seinen Grenzen entlangschwimmen und Störenfriede sofort in die Flucht schlagen. Die erwachsenen Kaiserfische sind oft so boshaft, dass sie sogar die eigenen Nachkommen angreifen. Deshalb verstecken sich die jungen Kaiserfische in den Spalten der Riffe. Am Anfang sehen die Jungtiere wie von einer anderen Art aus, da sie eine ganz andere Farbe haben. Sie sind blau und tragen eine helle Zeichnung aus Kreisen und Bögen.

Kaiserfisch
Pomacanthus imperator
Ordnung: Barschartige
Gewicht: ca. 4 kg
Größe: 40 cm

Warane sind Echsen mit langen Schwänzen und kräftigen Beinen. Beim **Bindenwaran** kommt noch die kontrastreiche Körperzeichnung hinzu, die ihm als Tarnung dient. In dem Gewirr aus Blättern und Zweigen sowie dem Licht- und Schattenspiel des Hartlaubwalds taucht er völlig unter. Er ist nämlich nur am Tag aktiv, wenn er sich seine Nahrung sucht. Der Bindenwaran klettert auf Bäume, um Vogeleier und Jungtiere zu erbeuten. Auf dem Boden jagt er kleine Wirbeltiere sowie giftige Schlangen.

Die größte und prächtigste Taube Australiens ist die **Krontaube**. In ihrer Waldheimat verbringt sie die Nacht auf den Ästen der Bäume. Am Tag sammelt sie auf dem Boden verschiedene Beeren, Samen und Sprossen. Manchmal fliegt sie auf Bäume, um an reifen Früchten zu picken. Ihr Nistplatz befindet sich auch auf den Bäumen. Das Nest aus Zweigen ist ziemlich unordentlich gebaut. Die frisch geschlüpften Jungtiere sind völlig hilflos. Beide Elternteile füttern am Anfang die Kleinen mit einer besonderen quarkartigen Flüssigkeit, die im Kropf entsteht. Diese Flüssigkeit wird Taubenmilch genannt.

Zu den nachtaktiven Bewohnern des dichten Unterholzes und der offenen Landschaften gehört der **Langnasenbeutler**. Mit seiner beweglichen Nase sucht er im Laub nach Insekten, Spinnen, Würmern und gelegentlich nach Beeren. Wenn sich zwei Langnasenbeutler begegnen, kommt es meistens zum Streit. Vor allem die Weibchen dulden keine anderen Weibchen in ihrer Nähe.

Geschickt bewegt sich der große, flugunfähige **Helmkasuar** durch das dichte Unterholz der tropischen Regenwälder. Kopf und Hals sind leuchtend blau gefärbt und mit roten Streifen verziert. Die Jungtiere dagegen sind braun. Sobald die Henne die blaugrünen Eier legt, trennen sich Weibchen und Männchen wieder. Der Hahn sitzt ungefähr 50 Tage auf den Eiern und in dieser Zeit nimmt er keine Nahrung zu sich. Er ist es auch, der anschließend für die Jungtiere sorgt. Die Federn der Jungen sind am Anfang gestreift. Ihr endgültiges Gefieder erhalten sie erst nach 2 Jahren.

Helmkasuar

Bindenwaran

Krontaube

Langnasenbeutler

Helmkasuar
Casuarius casuarius
Ordnung: Laufvögel
Gewicht: 29–56 kg
Größe: 130–170 cm
Jungtiere: 3–5

Tr, Ge | 10 Jahre

Bindenwaran
Varanus varius
Ordnung: Schuppenkriechtiere
Gewicht: ca. 100 kg
Größe: 220 cm
Jungtiere: 10–20

Hl | ca. 30 Jahre

Krontaube
Goura victoriae
Ordnung: Taubenvögel
Gewicht: 2,3 kg
Größe: 66–75 cm
Jungtiere: 1

Tr, Hl | 5–10 Jahre

Langnasenbeutler
Perameles nasuta
Ordnung: Nasenbeutler
Gewicht: 0,8–1,1 kg
Größe: 31–47 cm
Jungtiere: 2–6

Tr, Sa | 3–5 Jahre

Streifenkiwi
Apteryx australis
Ordnung: Laufvögel
Gewicht: 1,5–3 kg
Größe: 50–65 cm
Jungtiere: 1–2

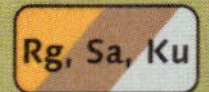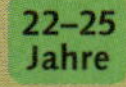
Rg, Sa, Ku | 22–25 Jahre

Parmawallaby
Macropus parma
Ordnung: Beutelsäuger
Gewicht: 2,6–6 kg
Größe: 42,5–53 cm
Jungtiere: 1

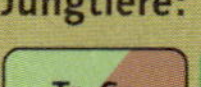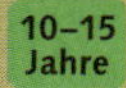
Tr, Sa | 10–15 Jahre

Pinselschwanzbeutler
Phascogale tapoatafa
Ordnung: Beutelsäuger
Gewicht: 110–230 g
Größe: 16–25 cm
Jungtiere: 3–6

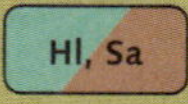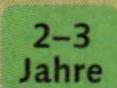
Hl, Sa | 2–3 Jahre

Der **Streifenkiwi** ist ein Bewohner Neuseelands und sehr gut an das Leben im dichten Unterholz angepasst. Mit seinen kräftigen Beinen ist er ein ausdauernder Laufvogel. Seine verkümmerten Flügel sind in dem feinen Gefieder nicht zu sehen. In der Dämmerung orientiert sich dieser Vogel durch seinen Geruchssinn. Mit den Nasenlöchern an der Spitze des langen Schnabels stöbert er im Boden kleinste Insekten oder andere wirbellose Tiere auf. Die Streifenkiwis leben in dauerhafter Paarbindung und andere Vögel werden aus ihrem Revier sofort verjagt. Über weitere Entfernungen halten sie durch lautes Rufen Kontakt zueinander. Das Weibchen legt ungewöhnlich große Eier, auf denen dann für mindestens 2 Monate das Männchen brütet. Die Jungtiere sind nach dem Schlüpfen so gut entwickelt, dass sie sich schon nach 2 Wochen selbst ernähren können.

Streifenkiwi

Als sich vor ungefähr 90 Millionen Jahren Australien vom Rest des südlichen Urkontinents Gondwana abgetrennt hatte, begann es nach Nordosten abzudriften und damit veränderte sich allmählich das Klima. Früher bedeckten Wälder den Kontinent, aber mit zunehmender Trockenheit verschwanden diese Bestände. Die heutigen **tropischen Regenwälder** bilden auf Australien nur einen schmalen Küstengürtel südlich der Halbinsel Cape York sowie auf Arnhem Land an der Nordküste. Neuguinea dagegen ist weitflächig davon bedeckt. Subtropische Wälder sind im Südosten, Süden und Südwesten verbreitet. Regenwälder der gemäßigten Klimazone wachsen auf Tasmanien und auf Neuseeland. Im Gegensatz zu den tropischen Regenwäldern sind die Waldbestände nicht so deutlich gegliedert und das Pflanzenmaterial, das auf den Boden fällt, verrottet viel langsamer. Der Jahresniederschlag bewegt sich um 600 mm, jedoch kommt es in diesen Gebieten zu keiner ausgeprägten Trockenzeit.

Eine der seltensten Känguruarten ist das **Parmawallaby**. Es ist ein sehr scheues Tier, das unauffällig im dichten Unterholz der tropischen Regenwälder oder in den trockenen und feuchten Savannen lebt. Auch wurde es auf der Insel Kawau vor Neuseeland ausgesetzt, wo es sich aber nicht besonders gut entwickelt hat. Im Gegensatz zu anderen Arten meidet das Parmawallaby seinesgleichen. Innerhalb der Familie jedoch besteht zwischen dem Weibchen und den Jungen eine enge Bindung, die nach dem Stillen noch lange andauert. Dieses Känguru ernährt sich von Sprossen, Blättern und Früchten. Bei Gefahr versucht es mit weiten Sprüngen in das Dickicht zu fliehen, wobei es seine Arme fest an den Körper presst, um nicht an Ästen hängen zu bleiben.

Das braun-weiße Fell des **Pinsel-schwanzbeutlers** soll Raubtieren signalisieren, dass er nicht nur unangenehm riecht, sondern auch nicht besonders gut schmeckt. Diese Beutelsäuger sind während ihrer nächtlichen Aktivitäten sehr laut und machen mit verschiedenen Geräuschen auf sich aufmerksam. Geschickt laufen sie über Baumstämme und Äste. Häufig halten sie inne, um mit dem langen Finger auf der Rinde herumzuklopfen. Sobald er hört, dass sich darunter eine Larve bewegt, steckt er den Finger in eine Ritze der Baumrinde und zieht mit der scharfen Kralle seine Beute heraus. Am Tag ruht er sich in einer Baumhöhle oder im Dickicht aus.

Pinselschwanz-beutler

Lumholtz-Baumkänguru

Das **Lumholtz-Baum-känguru** ist ein Tier, das nicht wie die anderen Kängurus lebt. Einst verließ es die grasige Savanne und suchte sich seine ökologische Nische in den Wäldern. Auf den ersten Blick erinnert es an einen Bären oder ein Faultier, aber es ist wesentlich wendiger als diese und springt ohne zu zögern von Ast zu Ast. Es sucht sich auf den Bäumen die süßesten Früchte, Knospen, Blätter und Sprossen. Den langen Schwanz benutzt es zum Steuern und die starken Vorderpfoten mit den langen Krallen dienen zum Festhalten. Die Hinterpfoten sind breit und alle Zehen gleich lang. Das Lumholtz-Baumkänguru ist ein Einzelgänger. Man kann nur das Weibchen mit den Jungtieren gemeinsam beobachten.

Eine der giftigsten Schlangen auf der ganzen Erde ist der **Östliche Taipan**. Er gehört zu den Giftnattern, zu denen auch die Korallenschlangen zählen. Die Gefährlichkeit dieser Schlange zeigt sich durch ihre hohe Beweglichkeit und ausgesprochene Angriffslust, wenn sie gestört wird. Beim Beißen „kaut" sie regelrecht, um die Giftdrüsen gründlich zu entleeren. Der Taipan ist eine lange schlanke Schlange von braungrünlicher Farbe. Am Tag macht er sich auf die Jagd nach kleinen Nagetieren und passt sich dank der Farbe an das trockene Gras der Savanne an. Das Weibchen legt die Eier an einen geeigneten Ort unter einen Baum, einen Stein oder ins Gras und kümmert sich nicht weiter um die Nachkommen.

Der **Große Streifenbeutler** mit seinem auffälligen gesträubten, buschigen Schwanz, der wie eine Bürste aussieht, klettert mit Leichtigkeit auf Bäume. Manchmal verharrt er dort längere Zeit mit dem Kopf nach unten und beobachtet mit seinen etwas vorstehenden Augen die Umgebung. Er hält sich ausschließlich in den Baumkronen auf, wo er nach Nektar und Insekten sucht. Auch kleinere Wirbeltiere erbeutet er. In den Baumhöhlen baut er sein Nest, in dem er seine Jungtiere aufzieht, die den mütterlichen Beutel bereits verlassen haben. Dieses Nest nutzt er auch als Ruhezone. Der Beutel ist ein einfacher Hautsack, der mit langem Fell überzogen ist.

Großer Streifenbeutler

Östlicher Taipan

Allfarblori
Trichoglossus haematodus
Ordnung: Papageien
Gewicht: 75–160 g
Größe: 25–32 cm
Jungtiere: 1–3

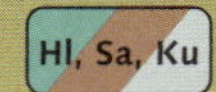 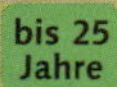

Hl, Sa, Ku | bis 25 Jahre

Graurücken-Leierschwanz
Menura novaehollandiae
Ordnung: Sperlingsvögel
Gewicht: 0,8–1,2 kg
Größe: 74–100 cm
Jungtiere: 1

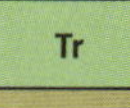 

Tr | 5–10 Jahre

Buschhuhn
Alectura lathami
Ordnung: Hühnervögel
Gewicht: 2,2–2,4 kg
Größe: 60–70 cm
Jungtiere: 15–27

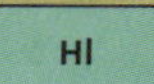

Hl | bis 10 Jahre

Buschhuhn

Dieses Huhn ist das einzige auf der ganzen Erde, das sich seinen eigenen Brutkasten baut. Der Hahn des **Buschhuhns** fängt noch vor der Balzzeit an, ein riesiges Nest aus Pflanzen zu bauen. Es ist 1 m hoch und der Durchmesser beträgt ca. 4 m. Danach kontrolliert er mit seiner empfindlichen Zunge, wie sich das Nest erwärmt. Wenn das Nest 33 °C warm ist, lockt er die Henne an, die die Eier in besondere „Taschen" legt. So können sogar mehrere Hennen ihre Eier in ein Nest ablegen. Der Hahn versucht ständig, durch Hinzufügen oder Wegnehmen von Material die Brutbedingungen zu optimieren. Nach weniger als 2 Monaten schlüpfen die gut entwickelten Küken, die gleich das Nest verlassen. Die kleinen Buschhuhnküken machen sich gleich nach dem Verlassen des Nests daran, ihre eigene Nahrung zu suchen. Sie besteht aus Kleinlebewesen, Samen, Sprossen, Knospen und Beeren.

Graurücken-Leierschwanz

Der **Graurücken-Leierschwanz** sieht zwar aus wie ein Fasan, gehört aber zu den Singvögeln. In der Balzzeit baut das Männchen in seinem Revier mehrere Erdhügel. In der Dämmerung stellt es sich auf einen dieser Hügel und breitet seine breiten Schmuckfedern aus. Diese Federn sind sehr fein und nur die zwei äußeren haben auffällige Farben. Es kippt sie über den Körper, dreht sich dabei und singt. Das Nest ist ein großer Bau mit einem Eingang. Es wird vom Weibchen gebaut, das auch auf dem einzigen Ei brütet. Die Leierschwänze ähneln durch ihre Lebensweise den Hühnervögeln, zumal sie ihre Nahrung auf der Erde suchen. Mit ihren starken Beinen graben sie Bodentiere aus oder durchsuchen die Rinde eines vermodernden Baumstamms. Die Nacht verbringen diese Tiere auf den Ästen in den Baumkronen. Sonst fliegen sie eher ungern.

Loris sind mittelgroße, bunte Papageien, die sich auf das Ablecken von süßem Blütennektar als Nahrung spezialisiert haben. Auch von süßen Früchten fressen sie. Sie haben am Ende der Zunge warzenartige Papillen, die wie eine Bürste funktionieren. Der **Allfarblori** heißt im Englischen „Regenbogenlori" wegen seiner bunten, vielfältigen Färbung. Er kommt in 20 Unterarten vor. Er ist ein lauter und selbstbewusster Vogel, der in Schwärmen aus dem Busch in die Stadt geflogen kommt. Seine Gegner verjagt er durch wildes Schlagen mit den Flügeln und durch wütendes „Auf-der-Stelle-Treten". Männchen und Weibchen bilden ein Paar für das ganze Leben. Sie nisten immer, wenn es genug Nahrung gibt. Als Nest suchen sich die beiden eine geeignete Höhle aus, die sie nur mit ein paar Blättern auslegen. Wechselweise kümmern sie sich um die hilflosen Jungtiere.

Tasmanischer
Teufel

Der **Tasmanische Teufel** oder **Beutelteufel** gehört von der Abstammung her zu den Hyänen. Früher bewohnte er ausgedehnte dichte Waldgebiete Australiens, heute lebt er nur noch auf Tasmanien. Tagsüber versteckt er sich im Unterholz, in Erdlöchern oder in Höhlen. In der Nacht macht er sich auf den Weg, um Aas zu suchen. Die starken Kiefer, die mit großen Zähnen ausgestattet sind, können auch große Knochen zerbeißen. Wenn es nötig ist, versucht er auch zu jagen, wobei er jedoch nicht besonders erfolgreich ist. Er erbeutet nur kleine Säugetiere, Insekten oder Hausgeflügel. Es ist kein Wunder, dass dort, wo sich die Dingos ausgebreitet haben, der Tasmanische Teufel keine Chance zum Überleben hatte. Die meiste Zeit des Jahres lebt dieses Tier allein.

Tasmanischer Teufel
Sarcophilus laniarius
Ordnung: Beutelsäuger
Gewicht: 4,5–12 kg
Größe: 50–80 cm
Jungtiere: 2–4

Hl, Tr | 6–8 Jahre

Australischer Emu
Dromaius novaehollandiae
Ordnung: Laufvögel
Gewicht: 29–58 kg
Größe: 130–170 cm
Jungtiere: 9–20

Hl, Sa, Wü | 5–12 Jahre

Zu den häufigsten und charakteristischsten Bäumen Australiens zählen der Eukalyptusbaum und die Akazie. Als zusammenhängendes Gebiet bezeichnet man sie als **Hartlaubwälder**, die ihren Namen nach den festen Blättern der vorherrschenden Holzgewächse bekamen. Sie wachsen in zwei getrennten Gebieten: An der südwestlichen und südöstlichen Spitze Australiens. Man kann sie ebenfalls im Osten Tasmaniens antreffen. Die Eukalyptusbäume sind immergrüne Bäume, deren Blätter sich so drehen, dass sie das Sonnenlicht mit beiden Seiten aufnehmen können. Das Unterholz der Eukalyptusbäume bilden Sträucher, Knabenkrautfamilien und Schildfarn. In diesen Wäldern kann man gut die unterste Baumetage von den höher liegenden unterscheiden. Die Hartlaubwälder können feucht, aber auch trocken sein. Die Wälder unterscheiden sich voneinander durch die Artenzusammensetzung der Bäume und Sträucher.

In der australischen Wildnis finden wir eine große Anzahl von Vögeln, bei denen sich das Männchen um die Jungtiere kümmert. Zu solchen vorbildlichen Vätern gehört auch der **Australische Emu**. Wie alle Straußenvögel hat auch er kräftige Beine mit drei Zehen, die ihm bei Gefahr die Flucht durch lange Sprünge und schnelles Laufen ermöglichen. In Waldgebieten lebt der Emu in Paaren, im Busch dagegen in kleinen Gruppen. Diese Gruppen sind nie groß. In der Balzzeit rufen sich die Partner durch eine besonders laut tönende Stimme, die man weit hören kann. Schon lange vor dem Brüten nimmt der Hahn sehr viel Nahrung auf. Dann legt die Henne die blaugrünen Eier in das flache Nest und der Hahn setzt sich darauf. Die ganze Brutzeit über verlässt der Hahn das Nest nicht und nimmt auch keine Nahrung zu sich. Die Jungtiere sind länglich gestreift und der Vater begleitet die Kleinen etwa ein halbes Jahr lang.

Australischer
Emu

Koala
Phascolarctos cinereus
Ordnung: Beutelsäuger
Gewicht: 4–15 kg
Größe: 60–85 cm
Jungtiere: 1–2

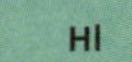
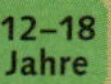

Tüpfelbeutelmarder
Dasyurus viverrinus
Ordnung: Beutelsäuger
Gewicht: 0,6–2 kg
Größe: 28–45 cm
Jungtiere: 5–6

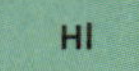

Bennett-Känguru
Wallabia rufogrisea
Ordnung: Beutelsäuger
Gewicht: 11–27 kg
Größe: 66–93 cm
Jungtiere: 1

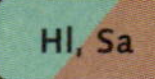
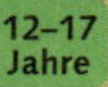

Ebenso wie die Kängurus gehören auch die **Koalas** zu den „lebenden Wahrzeichen" Australiens. Sie sind vorbildlich an das Leben in den Baumkronen der Eukalyptusbäume angepasst, deren Blätter ihre einzige Nahrungsquelle sind. Sie suchen sich nur besondere Eukalyptusarten aus, damit sie nicht zu giftige Blätter zu sich nehmen, denn die Blätter vieler Eukalyptusbäume sind stark mit Giftstoffen angereichert. Diese Nahrung enthält keine großen Nährwerte, weshalb die Tiere pro Tag fast 1 kg davon verzehren müssen. Ähnlich wie bei den Faultieren ist die Lebensweise der Koalas eine sehr langsame. Am Tag schläft der Koala, in der Nacht klettert er in die Baumkronen und frisst Blätter. In der Paarungszeit vertreibt er seine Konkurrenten durch lautes Geschrei. Er paart sich mit mehreren Weibchen, geht aber keine längere Bindung ein. Das Jungtier krabbelt nach der Geburt in den Mutterbeutel und hält sich an den Zitzen fest. Später ernährt es sich von vorverdauten Blättern, die von der Mutter ausgewürgt werden. Nach dem Verlassen des Beutels krallt sich das Jungtier auf dem Rücken der Mutter fest.

Ökologische Nischen, die auf anderen Kontinenten von kleinen Katzen besetzt sind, nehmen in Australien die Beutelmarder ein. Der **Tüpfelbeutelmarder** ist ein hübsches Tier mit ausdrucksvollen Flecken auf dem ganzen Körper. Die kurzen Beine mit den langen Zehen und scharfen Krallen zeugen davon, dass er sich gut in den Bäumen fortbewegen kann. Den Tag verbringt er in einem Versteck und in der Nacht sucht er auf den Bäumen wie auf der Erde nach Aas, verschiedenen wirbellosen Tieren und kleineren Wirbeltieren. Wenn er in der Nähe von Siedlungen ist, zögert er nicht, Hof und Ställe zu durchsuchen. Aber auch von Früchten ernährt er sich. Das Weibchen bringt bis zu 18 Jungtiere zur Welt. Da sich aber in ihrem Beutel nur 6 Zitzen befinden, sterben alle anderen Nachkommen.

Eines der häufigsten mittelgroßen Kängurus ist das **Bennett-Känguru**. Man erkennt es leicht an dem weißen Kragenfleck, dem dichten grauen Fell, das am Hals in einen rostroten „Mantel" übergeht und an den dunklen Zehen. Es hält sich in kleinen Gruppen vor allem in lichten Wäldern auf. Seine Hauptnahrung besteht aus Blättern, Knospen, Sprossen oder Rinde. Wenn die Tiere in Zuckerrohrplantagen einbrechen, hinterlassen sie oft ein zerstörtes Feld. In der Zeit der Paarung kämpfen die Männchen miteinander um das Weibchen, indem sie sich mit den Hinterbeinen treten oder mit den Vorderbeinen boxen.

Koala
Tüpfelbeutelmarder
Bennett-Känguru

Die Laubenvögel sind typische Singvögel des australischen Kontinents und haben eine besondere Art entwickelt, um ihre Partnerinnen anzulocken. Die Männchen vieler Arten bauen zuerst eine Laube, die je nach Art verschiedene Formen hat. Der dunkelblaue **Seidenlaubenvogel** baut einen oben offenen Tunnel mit einem sorgfältig zurechtgemachten Boden. All das schmückt er mit allerlei Gegenständen, die eine blaue Farbe haben und die Innenwände behängt er mit blauen Beeren. Diese Laube dient einzig und allein dem Zweck des Anlockens. Vor der Laube macht der Seidenlaubenvogel mit Tanzfiguren und Sprüngen auf sich aufmerksam. Das eigentliche Nest baut das grünlich braune Weibchen, das sich auch allein um die Nachkommen kümmert. Die meisten Laubenvögel ernähren sich hauptsächlich von Früchten und anderen Pflanzenteilen, aber auch Insekten werden verzehrt.

Seidenlaubenvogel
Ptilonorhynchus violaceus
Ordnung: Sperlingsvögel
Gewicht: 200–220 g
Größe: 27–33 cm
Jungtiere: 1–2

Tr

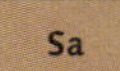
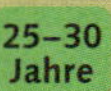

Riesenkänguru
Macropus rufus
Ordnung: Beutelsäuger
Gewicht: 20–95 kg
Größe: 80–160 cm
Jungtiere: 1

Sa | 25–30 Jahre

In großen Teilen des australischen Innenlands bilden Trocken- und Dornsträucher sowie Gräser den **Busch** (engl. scrub). Wir unterscheiden zwischen drei verschiedenen Buschtypen: Im Südwesten, Süden und Südosten Australiens herrscht eine niedrige Eukalyptusvegetation vor, die man als Mallee bezeichnet. Fast undurchdringlich ist die Dornstrauchsavanne der Mulga. Hier dominieren Balsambäume und vor allem stachelige Akazien. Wie beim Eukalyptus haben auch sie immergrüne silbergraue Blätter, die nicht abfallen. Im Sommer sehen sie aus, als wären sie verstaubt. Im Süden in der Nullarbor-Ebene und um den Eyresee existiert der dritte Buschtyp – die Melden. Im Norden Australiens geht die Mulga-Zone in die Trockensavanne über. Das ist ein zusammenhängendes Grasland mit einzelnen Eukalyptusbäumen.

Die **Riesenkängurus** sind die größten ihrer Gattung, die in den australischen Savannen zu den häufigsten Pflanzenfressern gehören. In den afrikanischen Savannen fällt diese Rolle den Antilopen zu. Das Riesenkänguru wird auch Rotes Riesenkänguru genannt. Diese Benennung kommt von der Färbung des Männchens, die Jungtiere und Weibchen sind dagegen grau. Die Kängurus haben sich bestens an das Leben in den Savannen angepasst. Während des Äsens bewegen sie sich auf allen vieren. Wenn sie sich auf der Flucht befinden, springen sie auf den Hinterbeinen, die mit drei Zehen ausgestattet sind. Das Gleichgewicht halten sie mit Hilfe des Schwanzes, mit dem sie sich auch abstützen. Die Riesenkängurus halten sich meist in Gruppen auf. Gemeinsam suchen sie ihre Weidegründe auf und fressen die Gräser. In der Zeit der Paarung kämpfen die Männchen, indem sie mit den Vorderbeinen boxen. Wenn sich Kängurus wehren, treten sie mit den Hinterbeinen; da die Beine sehr kräftig sind, können sie mit den scharfen Krallen gefährliche Verletzungen verursachen.

Riesenkänguru

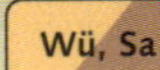

Blauzungenskink
Tiliqua scincoides
Ordnung: Schuppen-kriechtiere
Gewicht: 300–500 g
Größe: bis 60 cm
Jungtiere: 6–25

Wü, Sa | 15–20 Jahre

Die größte Art der Skinke sind in Australien die **Blauzungenskinke**. Alle Skinke haben einen kurzen Schwanz, einen walzenförmigen Körper und einen großen Kopf, der mit glänzenden Schuppen bedeckt ist. Wenn sich der Blauzungenskink in Gefahr befindet, stellt er sich sofort auf die Hinterbeine. Dabei öffnet er das Maul sehr weit und streckt die blaue Zunge heraus. Andere Skinkarten verjagen auf ähnliche Weise ihre Feinde. Wenn das alles nichts hilft, ergreifen sie die Flucht. In seiner trockenen Heimat jagt er wirbellose Tiere, vor allem Schnecken. Das Weibchen bringt seine Jungen lebend zur Welt.

Wellensittich

Der **Wellensittich** gehört zu den beliebtesten Papageienarten, die sich in vielen Haushalten befinden. Die in der freien Natur lebenden Wellensittiche sind meistens grün, viel seltener sind sie gelb. Es sind freundliche, zutrauliche Vögel, die in Schwärmen umherfliegen, um Nahrung und Wasser zu finden. Manchmal kann man tausende Wellensittiche auf einmal sehen. Sie ernähren sich von Samen, Knospen und Beeren. Sie nisten immer nach starken Regenfällen, dann sind die Nistbedingungen ideal. Das Nest bauen sie in Baumhöhlen hinein, die sie mit Rinde und Blättern auspolstern. Die Paare leben für immer zusammen und kümmern sich gemeinsam um die Nachkommen.

Wellensittich
Melopsittacus undulatus
Ordnung: Papageien
Gewicht: 26–30 g
Größe: 17–20 cm
Jungtiere: 4–6

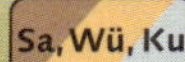

Sa, Wü, Ku | 15–20 Jahre

Australien ist ein außerordentlich trockener Kontinent. Der überwiegende Teil des Landesinnern, von den Australiern auch **Outback** genannt, besteht aus Wüsten und Halbwüsten. Sie sind nicht nur geologisch und morphologisch sehr vielfältig, sondern auch die Pflanzenwelt ist besonders. Die **Sandwüste** bildet eine weite Ebene, in der Dornbüsche mit dunkler Rinde und besonderen Blättern wachsen. Die **Steinwüste** wurde durch Winderosion gebildet. Typisch für diese Wüste sind die flachen Steine. In der Steinwüste gibt es sehr wenig Leben. Die **Gebirgswüste** hat zwischen ihren Felsen grüne Schluchten, in denen Palmen und Eukalyptusbäume wachsen. Die **Wüstenebenen** bilden salzhaltige Becken, die oft unter dem Meeresspiegel liegen. Auf den Salzböden wachsen nur besondere Gräser und niedrige Sträucher. Die **Lehmwüsten** sind flache Gebiete mit Sträuchern und Kräutern, die oft wunderschön blühen.

Prachtrosella
Platycercus eximius
Ordnung: Papageien
Gewicht: 90–120 g
Größe: 29–35 cm
Jungtiere: 4–9

Sa, Ku | 15 Jahre

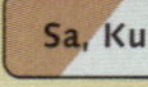

Prachtrosella

Die **Prachtrosella** trägt ihren Namen zu Recht. Dieser Sittich strotzt regelrecht vor Farbenfreude, und wenn er zwischen den Bäumen herumfliegt, sieht er aus wie ein bunter Farbklecks. Die schwarzen Rückenfedern sind mit einem leuchtenden Gelb umrandet. Männchen und Weibchen sind farblich gleich, nur das Weibchen hat an der Unterseite der Flügel weiße Streifen. Früher lebten sie nur in der Savanne, mittlerweile haben sie sich jedoch problemlos an den Menschen gewöhnt und so gehören sie zum Bild der Stadtparks und Gärten. Die einzelnen Paare, die eine enge Verbindung für das ganze Leben eingehen, fliegen außerhalb der Nistzeit in Schwärmen. Von August bis Mai löst sich der Schwarm auf und die einzelnen Paare suchen sich eine geeignete Nesthöhle, die sie gegen Eindringlinge verteidigen. Das Weibchen sitzt auf den Eiern und wird während dieser Zeit vom Männchen gefüttert. Um die Jungtiere kümmern sich beide Elternteile.

Nymphensittich

Beim Anblick eines schlanken **Nymphensittichs** denkt man nicht gerade daran, dass er zur Familie der robusten Kakadus gehört. Nur sein auffälliger Kopfschmuck, den er bei Erregung typisch senkt und wieder aufrichtet, zeigt die Verwandtschaft mit den Kakadus. Die selten anzutreffenden Schwärme werden von Paaren gebildet, die ihr Leben lang zusammen sind. Das Männchen unterscheidet sich vom Weibchen durch den gelben Kopfschmuck und durch sein Gesicht. Der lange Schwanz und die schmalen Flügel weisen sie als gute Flieger aus. Oft bleibt ihnen während der lang anhaltenden Trockenzeit nichts anderes übrig, als mehrere hundert Kilometer weit nach Wasser und Nahrung zu suchen. In offenen Landschaften suchen sie nach Samen und Beeren. Zum Nisten suchen sie sich allein stehende Eukalyptusbäume oder Bäume, die in der Nähe von Wasserstellen stehen. Sie nisten in Baumhöhlen. Zum Brüten wechseln sie sich ab, wobei das Männchen vor allem am Tag brütet.

Im Südosten Australiens kommen bevorzugt kleinere Papageien vor. Der **Schönsittich** ist ein hübscher Vogel mit auffällig grünblauer Farbe. Das Männchen hat außerdem einen roten Fleck auf den Flügeln. Leider kann man diese Vögel in der freien Natur nur noch relativ selten sehen. Zu Anfang des 20. Jahrhunderts wurden sie sogar schon als ausgestorben betrachtet. Die Schönsittiche bewohnen die Übergangsgebiete zwischen Wäldern und offenen Landschaften sowie Weidegebiete. Die Nahrung, vor allem Grassamen, suchen sie sich auf der Erde. Einmal am Tag suchen die Vögel zum Trinken Wasserstellen auf. Sie leben in kleinen Schwärmen, wobei sie sich in der Nistzeit vom Schwarm trennen. Das Nest befindet sich in Höhlen, die 20 m hoch über dem Boden sind. Auf den Eiern sitzt nur das Weibchen; das Männchen kümmert sich anschließend fürsorglich um die Jungen.

Schönsittich

Nymphensittich
Nymphicus hollandicus
Ordnung: Papageien
Gewicht: 80–100g
Größe: 30–33 cm
Jungtiere: 3–7

Sa | 15–20 Jahre

Schönsittich
Neophema pulchella
Ordnung: Papageien
Gewicht: 50–70 g
Größe: 19–21 cm
Jungtiere: 4–6

Sa, Hl | 12 Jahre

Kurzschnabeligel
Tachyglossus aculeatus
Ordnung: Kloakentiere
Gewicht: 2,5–6 kg
Größe: 35–53 cm
Jungtiere: 1

Hl, Sa | bis 50 Jahre

Der **Kurzschnabeligel** ist entwicklungsgeschichtlich betrachtet ein sehr altes Tier, aber durch seine anpassungsfähige Lebensweise überlebte er erfolgreich bis zur heutigen Zeit. Er hält sich ausschließlich auf der Erde auf. Mit seinem typisch wiegenden Gang läuft er relativ schnell und kann auch ausgezeichnet schwimmen. Seinen Feinden geht er passiv aus dem Weg. Er rollt sich nicht wie ein Igel zusammen, sondern vergräbt sich in harte Böden, sodass nur seine harten Stacheln herausragen. Die heiße Mittagszeit verbringt der Kurzschnabeligel unter der Erde – ebenso wie einen Teil der Regenzeit. Die starken Krallen benutzt er auch zur Nahrungsbeschaffung. Er spezialisierte sich auf Ameisen und Termiten, deren Nester er aufgräbt und die Insekten mit der klebrigen Zunge fängt. Sein röhrenförmiges Maul ist zahnlos. Der Kurzschnabeligel ist ein Einzelgänger. Den Tag verbringt er in einem Versteck, während er in der Nacht auf die Jagd geht. Ungewöhnlich ist bei diesen Tieren die Fortpflanzung. Sie gehören zu den Säugetieren, die, ähnlich wie die Kriechtiere, Eier legen. Die Eier werden sofort nach dem Legen in den Beutel der Mutter zum Bebrüten befördert; dieser Beutel bildet sich nur während der Trächtigkeit.

Rosakakadu
Eolophus roseicapillus
Ordnung: Papageien
Gewicht: 300–400 g
Größe: 33–37 cm
Jungtiere: 2–6

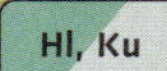

HI, Ku — bis 55 Jahre

Diamantamadine
Emblema guttata
Ordnung: Sperlingsvögel
Größe: 12 cm
Jungtiere: 6–7

Sa

Haarnasenwombat
Lasiorhinus latifrons
Ordnung: Beutelsäuger
Gewicht: 19–32 cm
Größe: 77–94 cm
Jungtiere: 1

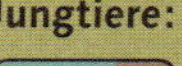

HI, Sa — 10–20 Jahre

Der **Rosakakadu** gehört zu den häufigsten Arten in Australien, den wir ebenso oft wie den Wellensittich antreffen können. Er ist wirklich nicht zu übersehen. Erstens hat er eine auffällige Farbe und zweitens bildet er riesige Schwärme von über 100 Vögeln, die sich ständig mit ihrer krächzenden Stimme anschreien. Sie durchstreifen die Landschaft und suchen auf Bäumen und Sträuchern Früchte und Beeren. Manchmal scharren sie auch Wurzeln aus der Erde. Mit dem starken Schnabel können sie die härtesten Nüsse knacken, um an den Inhalt zu gelangen. Die Schwärme trennen sich nur in der Nistzeit, während der sich die einzelnen Paare eine geeignete Höhle bauen. Das Nest polstern die Rosakakadus mit frischen Blättern aus. Beide Elternteile sitzen auf den Eiern und kümmern sich anschließend um die Nachkommen.

Rosakakadu

Diamantamadine

Die **Diamantamadine** verrät uns durch ihren kegelförmigen Schnabel, dass sie sich hauptsächlich von Samen, Knospen, Sprossen, Beeren und sogar von Insekten ernährt. Sie ist ein relativ kleiner Vogel mit einem kompakten Körper, der im Jugendkleid nicht auffällig gefärbt ist. Das erwachsene Männchen sieht wie das Weibchen aus. Die Balzzeit ist für diesen Vogel der Höhepunkt des Jahres. In seinem Territorium stimmt das Männchen einen gedämpften Gesang an und lockt das Weibchen mit einem besonderen Summen an. Dabei neigt es sich ständig und macht mit einem kleinen Zweig oder Grashalm im Schnabel zusätzlich auf sich aufmerksam. Beide Partner bauen dann ein großes Nest. Es befindet sich auf einem Baum oder Strauch und hat eine kugelförmige Gestalt mit einem Eingang an der Seite.

Der **Haarnasenwombat** sieht aus wie ein kleiner tapsiger Bär. Bei Gefahr kann er jedoch unerwartet schnell weglaufen oder sich in den Boden eingraben. In seinem verzweigten unterirdischen Labyrinth, das aus vielen Kammern und Gängen besteht, verbringt dieses Tier den Tag. Erst wenn es abends kühler wird, macht er sich allein auf Nahrungssuche. Seine Nahrung besteht aus Gräsern und Pflanzenteilen. Durch seinen langsam ablaufenden Stoffwechsel verbraucht er wenig Nahrung. Die Farmer können ihn nicht leiden, weil sich ihr Vieh manchmal in den Erdlöchern der Wombats die Beine verletzt. Die Wombats leben in kleinen Kolonien ohne Regeln und Bindungen. Mitunter kommt es zum Streit, dann beißen sie sich und treten mit den Hinterbeinen. Das Weibchen bringt ein Jungtier nur in der feuchten Jahreszeit zur Welt. Es wird bis zu 7 Monate im Beutel der Mutter getragen. Die Entwicklung des Kleinen dauert lange, feste Nahrung nimmt es erst nach 1 Jahr zu sich.

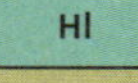

Ameisenbeutler

Der **Ameisenbeutler**, der zu den schönsten Beutelsäugern zählt, bekam seinen Namen durch eine Verwechslung – er ernährt sich eigentlich von Termiten und nicht von Ameisen. Die hohlen Baumstämme der Eukalyptusbäume bieten ihm ein ideales Versteck mit ausreichender Nahrung, denn gerade dort halten sich oft Termiten auf. Der Ameisenbeutler ist der einzige Beutelsäuger, der am Tag unterwegs ist. Er sucht mit seinem feinen Geruchssinn nach Termitennestern, wobei er mit gesträubtem Schwanz, der wie eine Bürste aussieht, das Unterholz durchstöbert. Wenn er ein Nest gefunden hat, gräbt er es frei und fängt die Termiten mit der klebrigen Zunge. Fast das ganze Jahr über hält er sich in seinem Revier auf. Das Weibchen hat keinen Beutel, weshalb die Jungtiere sich an den Zitzen freihängend festsaugen. Später lässt sie die Jungen im Versteck zurück.

Ein bekannter australischer Beutelsäuger ist der **Fuchskusu**. Mit seinen scharfen Krallen und dem Greifschwanz klettert er geschickt in den Baumkronen herum. Die Nähe der Menschen stört ihn nicht besonders, denn häufig ist er in Stadtparks, Gärten und Grünanlagen zu sehen. Diese Tiere sind verschiedenartig gefärbt, von rauchgrau über braun bis aschgrau. Am Tag schläft er in einem geeigneten Versteck, bisweilen sogar auf Dachstühlen. Die Männchen markieren während der Paarungszeit ihr Revier mit einem Sekret aus Brust- und Afterdrüsen. Das Weibchen trägt seine Jungtiere zuerst im Beutel und später auf dem Rücken. Der Fuchskusu ist ein Allesfresser. Er frisst Früchte, Blüten und Sprossen, aber auch Insekten und kleine Wirbeltiere schmecken ihm.

Fuchskusu

Wenn man einer **Dickschwanzbeutelmaus** im Winter begegnet, kann man sie nicht so leicht identifizieren. Anders verhält es sich im Sommer, wenn genug Nahrung vorhanden ist und sie das Fett in ihrem Schwanz speichert. Diese Beuteltiere leben nicht in engen Bindungen, sondern in kleinen Gruppen. Dann sind sie entweder gerade zu einer Nahrungsquelle unterwegs, oder sie wärmen sich gegenseitig, weil es kalt ist. Am Tag verstecken sie sich in Erdhöhlen, während sie nachts auf die Jagd nach Insekten und kleinen Wirbeltieren gehen. Die Dickschwanzbeutelmaus ist ein neugieriges Wesen. Sie untersucht alles, was ihr unbekannt ist und über den Weg läuft, sehr vorsichtig und genau. Die Weibchen sind sehr fruchtbar. Sie können mehrmals hintereinander im Abstand von nur 28 Tagen Jungtiere werfen.

Der **Große Beutelmull** nimmt unter den Beutelsäugern die Rolle ein, die bei uns der Maulwurf hat. Man kann an seinem walzenförmigen Körperbau schon erkennen, dass er unterirdische Gänge graben kann. Dazu benutzt er die großen Grabkrallen an den Vorderbeinen. Weil er jedoch in trockenen Gebieten lebt und die Tunnel nicht tief genug unter der Oberfläche verlaufen, haben diese Gänge keine lange Standfestigkeit. Der Beutelmull gräbt auf der Suche nach Larven und anderem Kleingetier unermüdlich den Boden um. Nur gelegentlich kommt er an die Oberfläche. Zur Paarungszeit hält sich das Weibchen über 2 m tief unter der Erde in einer Nesthöhle auf. Über die Art und Weise der Vermehrung ist nur sehr wenig bekannt. Fest steht, dass die Weibchen einen gut entwickelten, verschließbaren Beutel haben, in dem sich zwei Zitzen befinden.

Dickschwanzbeutelmaus

Großer Beutelmull

Ameisenbeutler
Myrmecobius fasciatus
Ordnung: Beutelsäuger
Gewicht: 175–550 g
Größe: 17,5–27,5 cm
Jungtiere: 2–4

HI | 5–7 Jahre

Fuchskusu
Trichosurus vulpecula
Ordnung: Beutelsäuger
Gewicht: 1,5–4 kg
Größe: 35–40 cm
Jungtiere: 2

HI, Sa, Ku | 3–15 Jahre

Dickschwanzbeutelmaus
Sminthopsis crassicaudata
Ordnung: Beutelsäuger
Gewicht: 10–20 g
Größe: 6–9 cm
Jungtiere: 8–10

HI, Sa, Wü | 1–3 Jahre

Großer Beutelmull
Notoryctes typhlops
Ordnung: Beutelsäuger
Gewicht: 40–70 g
Größe: 12–16 cm
Jungtiere: 1–2

Wü | wenige Jahre

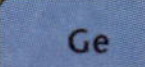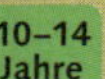

Gelbfuß-Felskänguru
Petrogale xanthopus
Ordnung: Beutelsäuger
Gewicht: 6–8 kg
Größe: 49–65 cm
Jungtiere: 1

Ge | 10–14 Jahre

Dornteufel
Moloch horridus
Ordnung: Schuppenkriechtiere
Gewicht: bis 90 g
Größe: bis 20 cm
Jungtiere: 3–10

Wü | bis 20 Jahre

Inneraustralische Springbeutelmaus
Antechinomys spenceri
Ordnung: Beutelsäuger
Gewicht: 30–50 g
Größe: 9–12 cm
Jungtiere: 2–6

Sa, Wü | 2–3 Jahre

Unter einem Känguru stellen sich die meisten Menschen ein kräftiges Tier vor, das sich auf Grasebenen mit langen Sprüngen fortbewegt. In Wirklichkeit handelt es sich um eine vielfältige Gruppe. Neben den Wallabys, Riesen- und Baumkängurus unterscheidet man unter anderem noch die Felsenkängurus, die in Gebirgsgegenden leben. Das **Gelbfuß-Felskänguru** hat große abgerundete Ohren und oft einen gestreiften Schwanz. Es besitzt zwar große Hinterbeine wie alle Kängurus, aber die Pfoten sind mit einer rauen Haut überzogen und die Zehen sind bis zu den Krallen mit Fell bedeckt. Beides schützt gegen unerwünschtes Ausrutschen auf Fels. Mit dem langen Schwanz steuert es die schwierigen Sprünge zwischen den Steinen. Am Tag verbirgt es sich zwischen den Felsen und erst am späten Nachmittag geht es zum Äsen. Gerne sonnt es sich auch zwischen großen Steinen. Alle Mitglieder der Herde gehen für gewöhnlich immer den gleichen Pfad, der von ihnen im Lauf der Zeit ausgetrampelt wurde.

Gelbfuß-Felskänguru

Der australische Kontinent ist großteils flach. **Gebirge** sind vor allem an der Ost- und Südostküste zu finden. Sie verlaufen in Nord-Süd-Richtung und bilden in ihrer Gesamtheit die Great Dividing Range, das Große Scheidegebirge. Da die höheren Gebirgsteile die feuchte Ozeanluft aus dem Osten abhalten, beeinflussen sie das Klima großer Teile Australiens. Wegen des milden Klimas und der fruchtbaren Böden ist der schmale Küstenstreifen zwischen Gebirge und Pazifik am stärksten besiedelt. Im Zentrum erheben sich zwei weitere Gebirgsstöcke: die Musgrave-Ranges und die Macdonnell-Ranges. Für beide ist die rote Farbe der Sandsteinfelsen charakteristisch. Sie sind deutlich niedriger als andere Gebirge Australiens. Gebirgsreicher sind die Inseln Tasmanien, Neuguinea und Neuseeland. Die beiden Letzteren befinden sich in einer Zone aktiver Vulkane.

Dornteufel

Ein Meister der Tarnung ist der **Dornteufel** der australischen Wüstengebiete. Er wirkt auf den ersten Blick abschreckend, vor allem wegen seiner Stacheln und Dornen, die er auf seinem Körper trägt. Sie bedecken nicht nur Kopf und Körper, sondern auch den Schwanz. Dieser Dornpanzer dient vor allem auch zum Schutz vor Feinden. Der Dornteufel ist eine tagaktive Echse und fast den ganzen Tag verbringt er mit Nahrungssuche. Er ernährt sich hauptsächlich von Ameisen. Wegen seiner Langsamkeit würde er wahrscheinlich auch nichts anderes fangen können. Nicht einmal in der Nacht verkriecht sich der Dornteufel. Er genießt die Verdunstungskälte, die durch die Abkühlung der Luftfeuchtigkeit entsteht. Außerdem scheidet sich Kondenswasser zwischen den Schuppen ab.

Die **Inneraustralische Springbeutelmaus** sieht zunächst wie eine Springmaus aus, bewegt sich aber anders. Sie hüpft nämlich auf allen vieren. Wenn sie sich auf der Flucht befindet, springt sie zwar mit den Hinterbeinen ab, landet aber mit den Vorderpfoten. So wirken ihre Sprünge eher wie die eines Frosches. Diese kleinen Tiere sind sehr neugierig und durchstöbern gern Ritzen und Öffnungen, die sie auf ihren Streifzügen entdecken. Wenn sie sich zur Wehr setzen, beißen sie mutig zu. Sie sind in der Nacht aktiv, wobei sie die Zeit zum Jagen verschiedener wirbelloser Tiere nutzen. Den Tag verbringen sie in Erdhöhlen, die sich etwa 30 cm unter der Oberfläche befinden und 1,5 m lang sind.

Erdsittich

Im Gegensatz zu anderen Papageien meidet der **Erdsittich** Wälder und Bäume. Er hält sich lieber in Graslandschaften mit Sträuchern auf, wo er dank seiner grünen Farbe nicht sonderlich auffällt. Er ist ein Einzelgänger, der fast den ganzen Tag herumläuft, um nach Samen, Beeren und Insekten zu suchen. Selbst bei Gefahr schafft er es kaum, längere Strecken zu fliegen. Lieber versucht er, „zu Fuß" zu entkommen. Der große Nachteil dieser Strategie ist, dass Raubtiere und auch Hauskatzen für diesen Vogel eine große Gefahr sind. Besonders angreifbar sind die Vögel während der Nistzeit. Das Weibchen legt seine Eier unter einem Grasbüschel ab, das sich auf der Erde befindet. Bald nach dem Verlassen des Nestes verlieren die Jungen ihr Flaumkleid.

Im so genannten Mulgagebiet, wo als niedrige Holzgewächse überwiegend Balsambaumgewächse wachsen, leben die **Honigameisen**. Es ist eine recht große Art, die eine dunkle Farbe hat und eine besondere Schuppe, die das Hinterteil mit dem Brustteil verbindet. Das Nest bauen sie ziemlich tief im Sandboden, damit es vor der Sonne geschützt ist. Wie bei den Ameisen üblich, leben auch die Honigameisen in einem Staat, in dem Regeln und Arbeitsteilung herrschen. Die Hauptnahrung dieser Ameisen ist Nektar aus verschiedenen Blüten sowie Honigtau, der von den Blattläusen abgesondert wird. Einige Arbeiter speichern diese nährreichen Lösungen in ihrem Hinterteil und hängen sich an die Speicherkammerdecke im Nest. Die Hinterteile dieser Arbeiterameisen werden allmählich immer dicker und dienen bei Nahrungsmangel, wenn z. B. die Bäume nicht blühen, als Vorratsspeicher für alle Bewohner des Nestes.

In Australien und Neuguinea leben hochgiftige Schlangen, die zur Gruppe der Korallenschlangen gehören. Die **Tigerotter**, eine häufige Schlange an trockenen Standorten, gehört zu den gefährlichsten Schlangen Australiens. Dank ihrer Farbe ist sie in der Umgebung kaum zu sehen. Bei kleinsten Störungen richtet sie sich auf und plustert den Hals auf. Danach stößt sie blitzschnell zu, um den Gegner zu beißen. Das Gift wirkt wie bei vielen dieser Schlangen neurotoxisch, also lähmend. Die Tigerotter jagt Wirbeltiere, vor allem Säugetiere und Echsen. Das Weibchen bringt die Jungtiere lebend zur Welt, die gleich nach der Geburt gut entwickelte Zähne und Giftdrüsen haben.

Tigerotter

Inneraustralische Springbeutelmaus

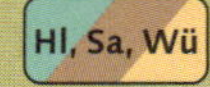

Australische Wasseragame
Physignathus lesueri
Ordnung: Schuppenkriechtiere
Gewicht: ca. 1 kg
Größe: 80–100 cm
Jungtiere: 8–12

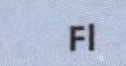 

Fl | 16 Jahre

Schnabeltier
Ornithorhynchus anatinus
Ordnung: Kloakentiere
Gewicht: 0,7–2,4 kg
Größe: 39–60 cm
Jungtiere: 2–3

 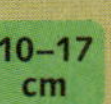 

Fl | 10–17 cm

Australischer Lungenfisch
Neoceratodus forsteri
Ordnung: Lungenfische
Gewicht: 10 kg
Größe: bis zu 175 cm

 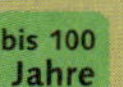

Fl | bis 100 Jahre

Die **Australische Wasseragame** sitzt die meiste Zeit regungslos auf Ästen, die über die Wasseroberfläche hinausragen. Sie ist eine große, auffällig gefärbte Echse, die einen Kamm trägt, der sich vom Hals bis zum Schwanz zieht. Die Farbe des Weibchens ist etwas schwächer. Mit ihren scharfen Krallen kann sie gut klettern, aber auch sehr gut schwimmen und tauchen. Wenn sie sich in Gefahr wähnt, springt sie ins Wasser, um schnell wegzuschwimmen. Falls das nicht möglich ist, flieht sie aufrecht auf den Hinterbeinen. Der lange Schwanz hält das Gleichgewicht. Er ist an den Seiten abgeflacht, und so bewegt sie ihn im Wasser hin und her, ähnlich wie es die Krokodile beim Schwimmen tun. Die Wasseragame ist ein Allesfresser und ernährt sich nicht nur von Beeren und Sprossen, sondern auch von Insekten, Krabben und kleinen Wirbeltieren. Sie lebt als Einzelgänger und in der Regel hält sie sich immer in dem von ihr gewählten Gebiet auf. Das Männchen bewacht eifersüchtig sein Revier: Jeden Eindringling, der seine Ruhe stört, verjagt es durch eine auffordernde Bewegung mit dem Kopf, wobei es das Maul weit öffnet. Das Weibchen gräbt sich eine lange Höhle am Flussufer. Am Ende der Höhle befindet sich eine Kammer, in die es die Eier ablegt. Es bewacht seine Nachkommen etwa 3 Monate.

Australische Wasseragame

Das trockene Australien hat im Vergleich zu anderen Kontinenten keine nennenswerten Süßwasserbiotope. Die meisten **Flüsse** sind kurz und haben keinen Nebenfluss. Das größte Flusssystem befindet sich im Südosten des Landes im Gebiet der Flüsse Darling und Murray. Man muss jedoch erwähnen, dass auch diese großen Flüsse zeitweise austrocknen können. Völlig anders ist es auf Tasmanien und Neuguinea, wo ausreichend viel Niederschlag fällt und die wasserreichen Flüsse Mäander bilden. Während in Australien die **Seen** nicht tief sind und sich nur selten mit Wasser füllen, sind sie auf Tasmanien und Neuguinea tief und klar. Im tropischen Norden Australiens und im Süden von Neuguinea ziehen sich entlang der Küsten **Mangrovensümpfe** mit Luftwurzelbäumen; diese bilden ein undurchdringliches Geflecht und begleiten das Flussufer bis weit ins Landesinnere.

Nur wenige Tiere sind so außergewöhnlich wie das **Schnabeltier**. Es ist ein Verwandter des Kurzschnabeligels, ist aber im Gegensatz zu ihm optimal an das Leben am Wasser angepasst. Sein schlanker Körper ist mit dichtem, wasserundurchlässigem Unterhaar ausgestattet, das immer gut gefettet das Schnabeltier vor Kälte schützt. Während der flache Schwanz und die Hinterbeine als Steuerelemente eingesetzt werden, kommt die eigentliche Kraft zur Fortbewegung von den Vorderbeinen, die mit Schwimmhäuten versehen sind. Wenn sich das Schnabeltier an Land befindet oder sich eine Höhle gräbt, klappt es die Schwimmhäute nach oben. Sehr ungewöhnlich ist bei diesem Tier auch der elastische Schnabel, der eine weiche Oberfläche hat. Er ist regelrecht gespickt mit Nerven und Sinneszellen und dient als Tastorgan bei der Nahrungssuche, wenn das Schnabeltier die Augen geschlossen hat. Es ernährt sich nur von wirbellosen Tieren, die sich auf dem Grund der Gewässer befinden. Das Schnabeltier ist ein Einzelgänger. Die Verantwortung für die Nachkommen liegt beim Weibchen. Es legt kleine lederartige Eier in eine Nesthöhle, die fast 30 m lang sein kann. Die Jungtiere bleiben mindestens 3 Monate im Nest und ernähren sich von der Muttermilch, die sie aus zahlreichen Milchdrüsen saugen.

Wenn die **Glattrücken-Schlangenhalsschildkröte** im Wasser ist und den Kopf heraushält, sieht sie wie eine Schlange aus. Den Hals, der genauso lang wie der Panzer ist, legt sie beim Ausruhen zur Seite. Er ist für sie ein wichtiges Jagdwerkzeug, denn sie ernährt sich hauptsächlich von wirbellosen Wassertieren; aber auch Fische und Frösche kann sie durch eine schnelle Halsbewegung erbeuten. Bei der Jagd taucht sie oft unter. Genauso beweglich wie im Wasser ist sie auch auf dem Festland; dort ist sie manchmal gezwungen, große Entfernungen zurückzulegen, wenn die Gewässer anfangen auszutrocknen. Das Weibchen legt seine Eier in eine Mulde, die es in den Boden gräbt und die sich nicht weit vom Wasser entfernt befindet.

Spaltfußgans

Die **Spaltfußgans** unterscheidet sich von anderen Gänsen durch ihre hohen Beine und den langen Hals. Neben dem schwarz-weißen Federkleid ist der Buckel auf dem Schnabel ein typisches Erkennungszeichen dieser Gänse. Sie sind nicht unbedingt auf Wasser angewiesen und halten sich auch in Sumpfgebieten, in der Nähe der Flüsse und in Lagunengebieten auf. Eine Besonderheit ist jedoch, dass sie nicht ins Wasser gehen. Sie sind Allesfresser, die Pflanzenteile wie Sprossen fressen sowie wirbellose Tiere. In der Nistzeit vereinen sich die einzelnen Paare oder drei Männchen und zwei Weibchen zu Kleingruppen. Um die Eier kümmern sich beide (oder alle fünf). Die Eltern reichen am Anfang den Jungtieren die Nahrung im Schnabel.

Alle Schnabelenten haben einen breiten Schnabel, aber die **Spatelschnabelente** übertrifft sie alle. Diese Ente benutzt ihn als Sieb, mit dem sie Kleinstorganismen, die auf der Wasseroberfläche oder flach im Wasser treiben, herausfischt. Der typische Lebensraum sind für sie flache, stehende Gewässer, die jedoch oft austrocknen. Deshalb ziehen diese Enten oft entlang bestimmter Pfade in Gebiete, wo sie nach der Regenzeit Wasser finden. Die Nistzeit richtet sich ebenfalls nach dem Regen. Das Weibchen legt die Eier in einen hohlen Baum; wenn kein geeigneter zu finden ist, gibt sie sich auch mit einem verlassenen Nest anderer Vögel zufrieden.

Spatelschnabelente

Der **Australische Lungenfisch** ist mit den Lungenfischen in Afrika und Südamerika verwandt. Wie sein Name verrät, kann er zwar wie alle Fische unter Wasser atmen, er besitzt darüber hinaus aber noch ein Lungenorgan, durch das er an der Luft atmen kann. Da die Flüsse, in denen er lebt, oft austrocknen, ist die Lunge für ihn lebensnotwendig. Wenn der Sauerstoffgehalt im Wasser unter eine bestimmte Grenze fällt, schwimmt er an die Oberfläche, um Luft zu holen. Im Gegensatz zu anderen Arten vergräbt sich dieser Lungenfisch nicht im Schlamm. Seine Nahrung sucht er sich in dicht bewachsenen Flachgewässern, wo er Kleinlebewesen frisst, die an Blättern und Stängeln leben. Essbares findet er auch auf dem Grund. Die Weibchen legen den mit einem Schleimüberzug versehenen Rogen ab, aus dem Larven mit Außenkiemen schlüpfen.

Australischer Lungenfisch

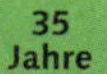

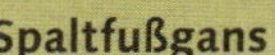

Felsenpinguin
Eudyptes chrysocome
Ordnung: Pinguinvögel
Gewicht: 4,5–7 kg
Größe: 70–75 cm
Jungtiere: 1–2

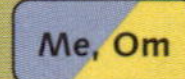 

Me, Om — 15–20 Jahre

Zwergpinguin
Eudyptula minor
Ordnung: Pinguinvögel
Gewicht: 1,1–1,6 kg
Größe: 40–45 cm
Jungtiere: 2

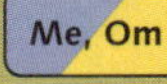 

Me, Om — 7 Jahre

Plattschwanz-Seeschlange
Laticauda laticaudata
Ordnung: Schuppenkriechtiere
Größe: bis zu 100 cm

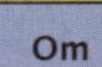 

Om

Die Pinguine sind Vögel, die perfekt an das Leben im Meer angepasst sind. Der Körper ist mit Wasser abweisenden Federn bedeckt, die paddelförmigen Flügel sorgen im Wasser für starken Antrieb und die weit hinten ansetzenden Beine dienen als Steuer. Mit dem scharfen Schnabel halten sie auch die Fische fest. Der **Felsenpinguin** gehört zur Gruppe der Pinguine, die an den Seiten des Kopfes ein Büschel gelber Federn haben. Im Gegensatz zu anderen Arten bewegt sich der Felsenpinguin auch auf dem Festland schnell und wendig. Meisterhaft überwindet er glitschige Felsen. Scheinbar mühelos springt er auf eine rutschige Oberfläche und hält sich mit den scharfen Krallen fest. Er nistet wie alle diese Vögel in Kolonien, die sich oft hoch über der Meeresküste befinden. Das Männchen muss zunächst ein Territorium für seine Partnerin erkämpfen. Am Anfang der Paarungszeit geht es deshalb in der Kolonie recht laut zu und die Luft vibriert regelrecht durch das laute Trompeten der Männchen. Die Pärchen suchen sich einen geeigneten Ort oder graben sich ein flaches Loch, in das vom Weibchen zwei Eier gelegt werden. Das Jungtier, das aus dem zweiten Ei schlüpft, ist meistens stärker und überlebt seine Geschwister.

Der **Zwergpinguin** ist der kleinste dieser Art. In der Nistzeit suchen sich die Eltern eine Stelle zwischen Steinen oder großen Grasbüscheln oder sie graben sich eine Erdhöhle. Nachdem das Weibchen zwei Eier gelegt hat, wechseln sie sich mit dem Bebrüten und später mit dem Füttern der Jungtiere ab. Im Gegensatz zu anderen Arten schaffen sie die Nahrung für ihre Jungtiere ausschließlich nachts herbei.

Die **Plattschwanz-Seeschlange** hat Warnfarben in Schwarz und Blau/Blaugrün. Sie lebt im Meer und gehört verwandtschaftlich zu den Seeschlangen. Der Körper ist seitlich abgeflacht und der Schwanz dient als Paddel. Sie atmet Luft durch Nasenlöcher, die etwas nach oben verschoben und mit einer besonderen Verschlussklappe ausgestattet sind. Die Hauptnahrung besteht aus kleinen Fischen, die sie durch das Gift tötet, das sich in den Vorderzähnen befindet. Nur in der Paarungszeit verlassen sie das Wasser, um sich auf dem Festland zu paaren; danach legt das Weibchen seine Eier am Strand ab.

Zwergpinguin

Plattschwanz-Seeschlange

MEERE – OZEANE

Fläche: 362 Millionen km²
Volumen: 1370 Mio. km³
Mittlere Tiefe: 3795 m
Tiefste Stelle: Marianen-Graben (–11 034 m)
Salzgehalt: 3–46 Promille
Größte Insel: Grönland (2 175 000 km²)
Küstenlänge (ohne Antarktis): ca. 262 000 km
Größtes Nebenmeer: Arabisches Meer (7 456 000 km²)
Kleinstes Nebenmeer: Marmarameer (110 600 km²)

Om – offenes Meer

Mb – Meeresboden

Tf – Tiefsee

Ko – Korallenriffe

Mk – Meeresküsten

In – Inseln

An – Antarktis

Die alten Griechen hatten noch eine sehr begrenzte Vorstellung von der Erde, weil in der Antike die großen Kontinente und die sie umgebenden Meere noch weitgehend unbekannt waren. Unser heutiger Begriff »Ozean« stammt von den Griechen, denn sie gaben den großen Flüssen und Strömen, die um die Erdscheibe flossen, den Namen »Ókeanos«. In ihrer Mythologie lebte der gleichnamige Meeresgott Ókeanos mit seiner Gemahlin Téthys in einem Palast weit im Norden. Aus einem Flugzeug oder einer Raumkapsel sehen wir die Erde heute so: Sie ist ein blauer Planet, auf dem die braunen Kontinente wie riesige Inseln aus den Weiten der Ozeane auftauchen.

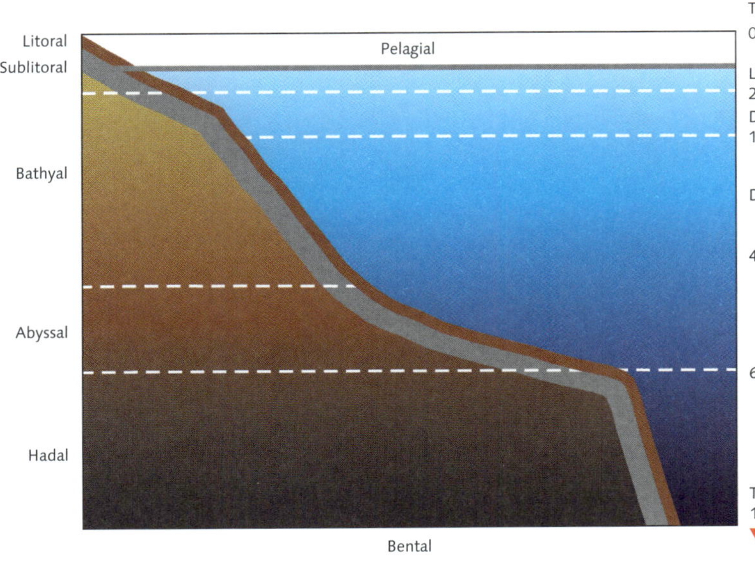

Winkerkrabbe

Die gesamte Meeresoberfläche bedeckt rund 70 % der Erdoberfläche. Unter dem Meeresspiegel verbergen sich etwa 98 % der gesamten Wasservorräte der Erde. Alle Ozeane und ihre Nebenmeere bezeichnen wir auch als Weltmeere. Man unterscheidet vier große Ozeane: den Pazifischen Ozean oder Pazifik (180 Millionen km²), den Atlantischen Ozean oder Atlantik (91 Millionen km²), den Indischen Ozean oder Indik (75 Millionen km²) und den Arktischen Ozean oder Nordpolarmeer (13 Millionen km²). Als Nebenmeer bezeichnet man kleinere Teile am Rand der Ozeane, die oft nicht so tief sind oder durch Teile des Festlands abgeschnürt sind. Während die Temperatur in großen Tiefen immer gleich ist (ca. 4 °C), schwankt sie nahe der Oberfläche (bis in Tiefen von 100 bis 150 m) beträchtlich. Für diese Schwankungen sind Klima, Jahreszeiten und die Meeresströmungen (von nahe 0 °C in den Polarmeeren bis zu 30 °C am Äquator) verantwortlich. In den Gebieten, in denen sich die Temperatur

in regelmäßigen Perioden ändert, kommt es zur Zirkulation. In den Polargebieten sinkt das kalte und dadurch schwerere Wasser ab und wird vom wärmeren, also leichteren Wasser aus den Tropen ersetzt. Dort, wo der kalte Tiefenstrom auf einen Kontinent trifft, steigt er empor und bringt durch den Aufstieg neue Nährstoffe an die Oberfläche. In tropischen Meeren, wo es zu keinem Austausch mit kaltem Tiefenwasser kommt, ist der Nährstoffgehalt des Wassers daher gering. Aus der Sicht eines Landbewohners ist das Meer immer etwas Fernes und Exotisches. Aber in Wirklichkeit berührt „Neptuns Reich" unser Leben viel mehr, als wir es für möglich halten. In erster Linie sind die Meere und Ozeane die Hauptsammelbecken des globalen Wasserkreislaufs. Sie nehmen alles Wasser aus den Flüssen auf, verdunsten es wieder und durch die globalen Windsysteme kehrt es als Wasserdampf in Form von Wolken wieder auf die Kontinente zurück. Diese riesigen zirkulierenden Wassermassen sowie

ihr Erwärmen und Abkühlen beeinflussen das Klima in allen Teilen der Erde. Besonders wichtig für das Weltklima ist die Eigenschaft der Meere, einen Teil des zirkulierenden Kohlendioxids zu binden. Stark vereinfacht besteht das riesige Meeresökosystem aus drei bis vier Ebenen. Die Grundlage aller Nahrungsketten sind mikroskopisch kleine Pflanzen, die Fotosynthese betreiben (z. B. Algen) und denen zum Leben Wasser, gelöste Nährstoffe, Kohlendioxid und Sonnenlicht reichen. Sie bilden das Phytoplankton, das aussieht wie eine Wiese auf dem Meeresboden. Von ihnen ernähren sich verschiedene Kleinst- und Kleinlebewesen, zum Beispiel Einzeller, Krebse und Larven. Dieses Zooplankton ist wiederum die Hauptnahrungsquelle der kleineren Fleisch fressenden Meeresbewohner, aber auch vieler Wale. An der Spitze der Nahrungspyramide stehen große Raubfische wie Haie, Delfine und Tunfische sowie Säugetiere wie die Robben.

Der **Quastenflosser** ist ein Fisch aus der Gruppe der Fleisch- oder Muskelflosser und gehört zu den außergewöhnlichsten Bewohnern des Meeresgrundes. Zu Recht nennt man ihn ein „lebendes Fossil", denn sein Stammbaum reicht bis in die Zeit vor 350 Millionen Jahren zurück. Der Fisch galt eigentlich als ausgestorben, denn bis dahin waren Fische mit einem derartigen Körperbau nur von versteinerten Exemplaren bekannt. Der Bau der Brust- und Bauchflossen ist verwandt mit dem der Lungenfische (die an Land leben können) und der Landwirbeltiere. Außerdem ähnelt das Skelett dem Fossil *Ichthyostega*, welches den Übergang der damaligen Tierwelt vom Wasser- zum Landwirbeltier dokumentiert. Der Quastenflosser blieb deshalb so lange unentdeckt, weil er in einem wenig bekannten Bereich in der Nähe der Komoren-Inseln bei Madagaskar in großer Tiefe vorkommt. Den Tag verbringt er in Höhlen in 200–400 m Tiefe. Die Flossenbewegung gleicht mehr der eines Landtiers als der eines Fisches. Er ist ein Raubfisch.

Der **Schwertwal** oder **Orka** ist der größte Zahnwal. Der Blick in sein Maul mit dem gewaltigen Gebiss verrät sofort, dass er eines der größten Raubtiere ist. Deshalb hat er auch den Beinamen „Killerwal". Er jagt vor allem Robben, Delfine, Pinguine und andere Wasservögel sowie Fische und Haie. Die Jagdstrategie der Schwertwale ähnelt den Löwen, denn sie jagen im Rudel. Sie leben in einer Familienherde von etwa 40 Tieren unter der Führung eines erwachsenen Männchens. Der Schwertwal ist ein guter Ausdauerschwimmer und er kann seine Geschwindigkeit von 10 bis 13 km/h um das 4- bis 5fache erhöhen. Unter der Wasseroberfläche hält er sich nicht lange auf. In der Regel taucht er nach 1–4 Minuten auf. Er ist in allen Ozeanen zu Hause, von den polaren bis zu den tropischen Meeren.

Der **Buckelwal** ist auch als „singender Wal" bekannt. Er gibt lange, fast melodische Töne von sich, die Ähnlichkeit mit elektronischer Musik haben. Manchmal dauert der Gesang nur eine Minute, dann wieder über eine halbe Stunde. Im Wasser setzt sich sein Gesang hunderte von Kilometern weit fort. Ein Mensch kann diese Walgesänge 30 km weit hören. Zur Paarungszeit macht er neben dem Gesang auch akrobatische Kunststücke. Er schlägt mit dem Schwanz oder mit der Brustflosse auf die Wasseroberfläche oder er springt mit Schwung aus dem Wasser heraus und lässt sich geräuschvoll auf die Wasseroberfläche zurückfallen. Die Brustflossen erreichen bis zu 5 m Länge. Sie sind mit verschiedenen großen Warzen bedeckt, die bis zu den Kiefern hinaufziehen. Im Maul befinden sich bis zu 400 Paar Barten zum Aussieben des Meeresplanktons.

Buckelwal

Schwertwal
Orcinus orca
Ordnung: Wale
Gewicht: 4–9 t
Größe: 5–9 m
Jungtiere: 1

Om · 50–80 Jahre

Buckelwal
Megaptera novaeangliae
Ordnung: Wale
Gewicht: 25–45 t
Größe: 11–18 m
Jungtiere: 1

Om · bis 60 Jahre

Quastenflosser
Latimeria chalumnae
Ordnung: Quastenflosser
Gewicht: bis 60 kg
Größe: 1,5–1,8 m

Mb · 20 Jahre

Delfin

Großer Tümmler

Die Kieferknochen der Delfine enthalten wie bei den Schwertwalen zahlreiche Zähne. Seine Hauptnahrung besteht aus Kopffüßern und Fischen. Der **Delfin** und der **Große Tümmler** sind die bekanntesten der 30 Delfinarten, die auch in vielen Delfinarien zu bewundern sind. Mit großer Eleganz bewegen sie sich mit dem Schlag ihrer 1 m breiten Schwanzflosse sowie einer wellenartigen Bewegung des ganzen Körpers durch das Wasser. Sie können eine Geschwindigkeit von über 40 km/h erreichen, wobei sie oft über die Wasseroberfläche hinausspringen. Die Delfine bewegen sich meist in einer Tiefe bis zu 300 m und tauchen alle 1–2 Minuten auf. Sie lieben es, in Gesellschaft zu sein und bilden Gruppen von 10–100 Tieren. Ständig kommunizieren sie mit Klicklauten untereinander. Das Gehör ist ihr am besten entwickeltes Sinnesorgan. Neben den Geräuschen, die das menschliche Ohr wahrnimmt, beherrschen die Delfine außerdem, ähnlich den Fledermäusen, Frequenzen im Bereich des Ultraschalls. Die Klicklaute dienen zur Orientierung und funktionieren wie ein Radar: Die Tiere erzeugen diese Töne mittels Luftsäcken im Nasengang und orten die reflektierten Wellen mit dem Melonengewebe, einer Art Fettmasse im Vorderschädel.

Delfin
Delphinus delphis
Großer Tümmler
Tursiops truncatus
Ordnung: Wale
Gewicht: 75–120/150–200 kg
Größe: 1,7–2,4/2,5–4 m
Jungtiere: 1

Om | 20–40 Jahre

Beluga
Delphinapterus leucas
Ordnung: Wale
Gewicht: 1–1,4 t
Größe: 3–7 m
Jungtiere: 1

Om | 25–40 Jahre

Der **Beluga** oder **Weißwal** bekam verschiedene Kosenamen. Die Fischer nennen ihn die „Meerjungfrau", weil er oft mit dem Kopf über der Wasserfläche senkrecht im Wasser steht. Ein weiterer Spitzname ist „Meereskanarienvogel" weil er unter anderem auch Geräusche wie Trillern von sich gibt. Der Beluga fühlt sich besonders in Gemeinschaft wohl und lebt deshalb meist in Gruppen von 10 Tieren, die von einem Männchen geführt werden. An Orten, die sie sich zum Überwintern suchen, kann man hunderte bis tausende Belugas auf einmal antreffen. Sie halten sich in kühleren Gewässern auf und ernähren sich von Tintenfischen und verschiedenen Fischarten. Von Zeit zu Zeit schwimmen die Belugas auch in größere Flüsse hinein. Einem Beluga gelang es im Jahr 1966 durch den Rhein bis nach Bonn zu schwimmen. Das sind fast 400 Flusskilometer. Die erwachsenen Tiere sind fast weiß. Die Jungtiere sind am Anfang dunkelgrau bis schwarz und später gefleckt. Sie kommen zwar gut entwickelt auf die Welt, aber es dauert fast 2 Jahre, bis die Kleinen selbstständig sind.

Karettschildkröte

Die **Karettschildkröte** ist eine Meeresschildkröte mit einem glatten Panzer. Für ihr Leben im Wasser sind ihre Beine zu Schwimmflossen umgebildet worden. Der Antrieb im Wasser erfolgt vorwiegend mit den Vorderbeinen, während sie mit den Hinterbeinen steuert. Auf das Festland gehen diese Schildkröten nur zur Eiablage. Am Strand verscharrt das Weibchen seine Eier im Sand. Jedes Jahr kehren diese Schildkröten an die gleichen Orte zurück. Ihr länglicher und gebogener Schnabel hat eine beachtliche Kraft, weshalb sie Angreifern unangenehme Verletzungen zufügen können. Zu ihrer Nahrung gehören verschiedene wirbellose Tiere und Pflanzen. Von den vier Arten der Meeresschildkröten sind die Lederschildkröten die größten und wiegen über 500 kg.

Karettschildkröte
Eretmochelys imbricata
Ordnung: Schildkröten
Gewicht: 36–75 kg
Größe: 75–90 cm
Jungtiere: über 200

Om | über 50 Jahre

Weißer Hai
Carcharodon carcharias
Ordnung: Haie und Rochen
Gewicht: bis zu 1,2 t
Größe: 5–8 m
Jungtiere: 30

Om | 20–30 Jahre

Der **Weiße Hai** ist ein Raubfisch. Die starken Kiefer haben zwei Reihen breite, dreieckige, sägezahnartig geformte Zähne und besitzen eine gewaltige Druckkraft. Die Spitzen der Zähne erreichen angeblich einen Druck von 3 t pro cm². Man sagt dem Weißen Hai mehr Angriffe auf den Menschen nach, als es der Wirklichkeit entspricht. Seine natürliche Nahrung besteht aus größeren Fischen, kleineren Haien, Meeresschildkröten, Delfinen und vor allem kranken Tieren. Bei der Jagd taucht er bis in eine Tiefe von 1000 m. Auch ernährt er sich von Abfällen, die von den Menschen ins Meer geworfen wurden. Haie pflanzen sich durch innere Befruchtung fort. Für die Spermienübertragung sorgt ein Teil der Bauchflosse des Männchens, die zum Paarungsorgan umgebildet ist. Einige 100 große Eier, die sich in einer festen Haut befinden, befestigen die Weibchen mit besonderen Fasern an Steinen und Pflanzen oder verankern sie in den Algen. Die Föten entwickeln sich im Verlauf mehrerer Monate. Manche Arten bringen ihre Nachkommen lebend zur Welt, andere legen Eier. Der größte Hai ist der Riesenhai. Er kann bis 18 m lang und 40 t schwer werden. Der 5 m lange Riesenmaulhai hat ein großes Maul mit vielen kleinen Zähnen, die in mehreren Reihen angeordnet sind.

Weißer Hai

Westlicher Sägefisch
Pristis pristis
Ordnung: Haie und Rochen
Gewicht: bis 800 kg
Größe: bis zu 4,5 m
Jungtiere: 25–30

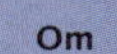 

Mondfisch
Mola mola
Ordnung: Haftkieferfische
Gewicht: bis zu 1,4 t
Größe: 1,5–3 m
Jungtiere: 300 Millionen

Westlicher Sägefisch

Der **Westliche Sägefisch** ist ein haiähnlicher Rochen. Der Körperbau ähnelt den Rochen, hat aber wie die Haie keine Schwimmblase. Wie die Rochen hält sich der Sägefisch lieber nahe am Meeresgrund auf. Der Oberkiefer ist 10–20 cm breit mit spitzen Zähnen, die wie eine Säge aussehen. Diese „Säge" nimmt ein Drittel der gesamten Körperlänge ein. Lange überlegte man, was für eine Aufgabe die sonderbare Säge erfüllen soll. Heute ist man der Auffassung, dass sie der Sägefisch zum Durchwühlen des Meeresgrundes, also zur Nahrungssuche benutzt. Die anfangs in Eiern heranreifenden Jungen entwickeln sich im Mutterleib und werden lebend geboren.

Das **offene Meer**, auch Pelagial oder Ozeangebiet genannt, ist der größte zusammenhängende Lebensraum auf der Erde. Die Weltmeere sind in drei Gebiete eingeteilt: die boreale Zone, die Zone der Mittelbreiten und die tropische Zone. Neben der geografischen Breite und den Klimabedingungen ändern sich die Lebensbedingungen in den Meeren auch mit der Tiefe. Klima, Sonnenlicht und Meeresströmungen beeinflussen nur die Oberfläche bis in eine Tiefe von etwa 200 m. Darunter nimmt das Licht kontinuierlich ab und ab 800 m tritt völlige Dunkelheit ein. Unterhalb der Lichtzone variiert die Wassertemperatur viel weniger als an der Wasseroberfläche.

Der **Mondfisch** ist ein riesiger Fisch mit einer hohen Rückenflosse und einer großen Steißflosse. Die Schwanzflosse ist nur angedeutet. Sein Körper ist seitlich abgeflacht. Er sieht wie ein schwimmender Kopf ohne Körper aus. Als ihn der schwedische Wissenschaftler Carl Linné lateinisch „mola" benannt hat, dachte er an einen Mühlstein. Der Mondfisch hat eine grobe, kahle, schuppenlose und bis 15 cm dicke Haut. Seine Schwimmbewegungen wirken durch die synchron fächelnde Rücken- und Steißflosse sehr elegant. Er taucht nicht in große Tiefen, höchstens 500 m unter die Wasseroberfläche. Oft liegt er beim Schwimmen auf der Seite und sonnt sich an der Wasseroberfläche – wahrscheinlich, um seine Körpertemperatur zu erhöhen und den Verdauungsvorgang anzuregen. Der Mondfisch ernährt sich von den verschiedensten Lebewesen: von kleinen Fischen und Kopffüßern bis zu Algen und Plankton. Das Weibchen kann bis zu 300 Millionen Eier haben!

Der **fliegende Fisch** hat einen schlanken länglichen Rumpf, der mit großen Schuppen bedeckt ist. Das Wichtigste an seinem Körperbau sind die auffällig langen Brustflossen. Mit diesen kann er über der Wasseroberfläche segeln, nachdem er sich mit der Schwanzflosse aus dem Wasser herauskatapultiert hat. In 10 Sekunden „Flugzeit" legt er eine Entfernung von 200 m zurück. Fliegende Fische durchstreifen in kleinen Gruppen dicht unter der Oberfläche das Meer. Sie ernähren sich von Plankton. Insgesamt sind 50 Arten aus den tropischen und subtropischen Ozeanen bekannt. Manche benutzen zum Segeln nicht ihre Brust-, sondern ihre Bauchflossen. In den Küchen Südostasiens gehört dieser Fisch zu den Speisefischen und wird auf den Märkten fast überall verkauft.

Makrele

Atlantischer Hering

Sardine

Kabeljau

In der Fischfangindustrie benutzt man zwei Arten von Netzen: das Zugnetz und das Schleppnetz. Während man beim Zugnetz das eine Ende an einer Boje befestigt und mit dem anderen das Schiff ein Zugmanöver macht, wird das Schleppnetz auf dem Meeresgrund oder frei im Wasser schwebend geschleppt. Schleppnetze sind für viele Meeresbewohner eine große Gefahr, denn außer den Fischen fangen sie noch viele andere Tiere wie Robben, Delfine und Vögel, die keine Chance haben, den Netzen zu entkommen und dadurch ertrinken. Der Fischfang mit Netzen wird vor allem bei den pelagischen Fischarten angewendet. Es gibt zwar nicht viele Arten, die nah an der Oberfläche leben, aber dafür bilden sie zahlreiche Schwärme mit Milliarden von Fischen. Jährlich werden 50–80 Millionen t Fisch gefangen. Zu den häufigsten Fischen gehören der **Atlantische Hering**, die **Sardine**, der **Kabeljau** und die **Makrele**. Auf unsere Märkte kommen diese Fische oft unter ihrem Handelsnamen. Der Hering als Rollmops, die Makrele als Räucherfisch und die Sardinen sind uns aus der Dose in Öl eingelegt bekannt.

Fliegender Fisch
Exocoetus volitans
Ordnung: Hornhechte
Gewicht: 0,5 kg
Größe: 20–40 cm

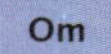
Om

Makrele
Scomber scombrus
Ordnung: Barschartige
Gewicht: 2 kg
Größe: 60 cm
Jungtiere: 450 000

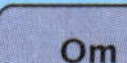
Om 20 Jahre

Atlantischer Hering
Clupea harengus
Ordnung: Heringsartige
Gewicht: 0,5–0,7 kg
Größe: 35–45 cm
Jungtiere: 20 000–50 000

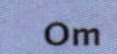
Om 20–25 Jahre

Sardine
Sardina pilchardus
Ordnung: Heringsartige
Gewicht: 0,2–0,5 kg
Größe: 20–30 cm
Jungtiere: 60 000

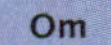
Om 4–14 Jahre

Kabeljau
Gadus morhua
Ordnung: Dorschartige
Gewicht: bis zu 95 kg
Größe: 0,8–1,8 m
Jungtiere: 5 Millionen

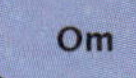
Om 10–25 Jahre

Schildschiffhalter

Schildschiffhalter
Echeneis naucrates
Ordnung: Barschartige
Gewicht: 1–2 kg
Größe: 0,5–1 m

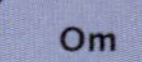

Teufelsrochen
Mobula mobular
Ordnung: Haie und Rochen
Gewicht: 1–2 t
Größe: 2,5 m
Jungtiere: 1–2

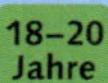

18–20 Jahre

Der Körper des **Schildschiffhalters** ist mit kleinen klebrigen Schuppen bedeckt. Die vordere Rückenflosse hat sich zu einem flachen Saugnapf mit 17–19 quer liegenden Leisten umgebildet. Mit seiner Hilfe saugt sich der Schildschiffhalter an größeren Lebewesen wie Schildkröten, Haien oder Fischen fest und reist über große Entfernungen mit. Als Gegenleistung befreit der Schildschiffhalter seinen Wirt von Parasiten, die auf dessen Haut leben. Manchmal hält er sich auch an fremden Gegenständen wie Schiffen fest. Der Fischlaich der Schildschiffhalter lebt von Plankton; an einen „Träger" saugen sie sich erst fest, wenn sie 3 cm erreicht haben. Sie sind jedoch nicht unbedingt von einem Träger abhängig, sondern können sich auch selbstständig bewegen. Insgesamt sind 8 Arten dieser Tiere bekannt. Während die größten bis zu 1 m lang werden können, erreichen die kleinsten von ihnen höchstens 20 cm.

Der **Teufelsrochen** oder **Riesenmanta** gehört zu den Rochen. Die Brustflossen sind zu spitzen „Flügeln" vergrößert, das breite Maul umrahmen zwei lange Hautlappen, die Hörnern ähneln, und die großen Augen liegen an den Seiten und hinten mündet der Körper in einen peitschenförmigen Schwanz. Das alles unterstreicht noch seine gigantische Größe, die in der Flossenbreite über 6 m erreicht. Für den Menschen sind sie nicht gefährlich. Sie ernähren sich hauptsächlich von Kleinlebewesen und Plankton. Sie fangen ihre Beute in den speziellen Reusen der Kiemenbögen auf, wobei die „Hörner" auf dem Kopf für einen günstigen Wasserzustrom in das geöffnete Maul sorgen. Trotz ihrer Größe sind ihre Bewegungen elegant. Die Brustflossenbewegung gleicht einem Vogelflug. Sie schwimmen damit recht schnell und manchmal springen sie sogar über die Wasseroberfläche, um beim Aufkommen auf das Wasser laut zu platschen. Sie leben in kleineren Gruppen oder in Paaren. Das Weibchen bringt lebende Jungtiere zur Welt. Es gibt mehrere Arten dieser Fische mit Rautenform und peitschenähnlichem Schwanz. In Europa leben Arten, die im Maul mehrere flache Zähne haben. Sie kommen im Ostatlantik, vor der Küste Englands und im nordwestlichen Afrika vor. Zahlreich sind sie auch im Mittelmeer vertreten.

Teufelsrochen

Der **Tintenfisch** gehört zu den Kopffüßern, und diese wiederum in die Ordnung der Weichtiere. Um die Mundregion hat der Tintenfisch zehn Fangarme, zwei längere und acht kurze. Im Inneren des Körpers, der von oben gesehen flach ist und seitlich einen schmalen Flossensaum hat, befindet sich eine Kalkschale, der so genannte Schulp. Wie viele andere Kopffüßer hat auch der Tintenfisch in seinem Eingeweidesack eine Drüse, aus der er einen schmutzig grauen Farbstoff absondert, den er bei Gefahr ins Wasser spritzt. Das Wasser wird dabei trüb und der Tintenfisch hat die Möglichkeit, im Schutz der Farbwolke zu entkommen. Je nach Stimmung ist er in der Lage, seine Farbe zu ändern. Der räuberische Tintenfisch hält sich bevorzugt auf dem Meeresgrund auf, wo er kleine Krustentiere, Fische und Weichtiere jagt. Die Beute tötet er mit seinen schnabelförmigen Kieferzangen. Vor der Paarung kommt es zu besonderen Paarungstänzen, die Weibchen und Männchen zusammen aufführen.

Der **Hammerhai** ist mit seinem 1 m breiten Kopf, an dem seitlich die Augen stehen, ein auffälliger Fisch. Lange Zeit wusste man nicht, wofür diese besondere Kopfform dienen sollte. Erst vor kurzem wurde dieses Geheimnis gelöst. Im Kopf des Hammerhais befinden sich elektrosensorische Organe sowie magnetische Sinnesorgane, mit deren Hilfe er sowohl schwache elektrische als auch magnetische Felder wahrnehmen und nutzen kann. Der große Abstand zwischen den Fühlern am Ende des Hammers wirkt wie eine hochempfindliche Antenne, die sehr kleine Veränderungen in der Intensität der elektrischen und magnetischen Felder auflösen kann. Da der Hammerhai meist in einer Tiefe von 400 bis 500 m lebt, wo er keine Sterne, keine Sonne und keinen Meeresgrund sieht, dienen ihm diese Sinne zur Navigation. Orientierungspunkte sind für ihn die Lavagesteine untermeerischer Vulkane, deren Eisenminerale nach dem Erdmagnetfeld ausgerichtet sind. Zu diesen Vulkangesteinen ziehen jedes Jahr in der Paarungszeit hunderte von Hammerhaien. Sie ernähren sich von großen Kopffüßern und Fischen. Das Weibchen bringt lebende Jungtiere zur Welt. Diese haben am Anfang ihres Lebens eine normale Kopfform, erst später wird der Kopf breiter.

Tintenfisch

Hammerhai

Tintenfisch
Sepia officinalis
Klasse: Kopffüßer
Gewicht: bis 1 kg
Größe: 15–30 cm
Jungtiere: einige Hundert

Om · 1,5–3 Jahre

Hammerhai
Sphyrna zygaena
Ordnung: Haie und Rochen
Gewicht: 200–400 kg
Größe: 2–4 m
Jungtiere: 10–40

Om · 20–30 Jahre

Goldbutt
Platessa platessa
Ordnung: Plattfische
Gewicht: bis 7 kg
Größe: 25–90 cm
Jungtiere: über 300 000

Mb | 5–10 Jahre

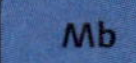
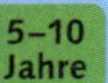

Streifenmuräne
Echidna zebra
Ordnung: Aalartige
Gewicht: 4–8 kg
Größe: bis 1,5 m

Mb, Ko

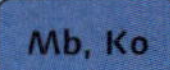

Goldbutt

Der **Goldbutt** bewohnt den sandigen Meeresgrund. Unter den Schollen ist er nicht der Größte, denn der 3,6 m lange und 260 kg schwere Atlantische Heilbutt übertrifft ihn mehrfach. Der an den Seiten abgeflachte Körper entwickelt sich dadurch, dass sich die an beiden Seiten symmetrischen Jungtiere auf die rechte Seite legen und so diese Seite zur unteren Seite wird, die das ganze Leben lang weiß bleibt. Während dieser Umwandlung wandert das Auge auf die obere Seite. Asymmetrie herrscht auch bei der Anordnung der Schuppen und der Flossenpaare vor.
Die Rücken- und die Steißflossen umgeben den Körper wie ein Flossensaum. Beim Schwimmen bewegt sich der Goldbutt mit einer wellenartigen Bewegung des ganzen Körpers voran. Bei starker Brandung und großem Wellengang drückt er sich fest gegen den Meeresgrund. Diese Fische ernähren sich von Kleintieren, die auf dem Meeresgrund leben. Die dünnen Hüllen der Weichtiere zerkleinern sie mit ihren Kiefern, in denen sich Zähne befinden. Insgesamt sind uns 600 Arten dieser Tiere und ihre Verwandten bekannt, die in allen Ozeanen vorkommen.

Der **Meeresboden**, auch Bental genannt, ist ein weitläufiges Gebiet, das deutlich mehr Variationen als das offene Meer aufweist. Je nach Relief wird es in drei Teile aufgeteilt. Die flache Küstenzone reicht nur in eine Tiefe von 50 bis 200 m; es ist derjenige Abschnitt, der von der Küste meerwärts langsam absinkt. Diese Zone wird auch als kontinentaler Schelf bezeichnet. Danach folgt der kontinentale Abhang, wo der Meeresgrund steil nach unten sinkt. Der eigentliche Tiefseeboden ist eine flache, leicht gewellte, ausgedehnte Ebene. Die ökologische Skala des Meeresbodens wird in Litoral, Sublitoral, Bathyal und Abyssal unterschieden. Litoral ist der Teil des Festlandes, der nicht immer vom Wasser bedeckt ist. Sublitoral ist das Gebiet, das sich stets unter Wasser befindet und dabei genug Sonnenlicht hat, um Pflanzen als Standort zu dienen. Bathyal ist das Gebiet der Dämmerungszone, während das Abyssal die Zone ständiger Dunkelheit ist, das 90 % der Gesamtfläche der Ozeane und Meere einnimmt. Die tiefsten Gräben werden auch als Hadal bezeichnet.

Streifenmuräne

Die **Streifenmuräne** hat einen schlangenförmigen, glatten Körper, der von einem Flossensaum umrahmt wird wie bei einem Aal. An gegliederten, felsigen Küsten verbirgt sie sich in den Ritzen der Felswände und lauert auf Beute. Sie ist außergewöhnlich räuberisch und gefräßig und greift alles an, was sich bewegt. Ihr Fleisch wird zwar als Delikatesse bezeichnet, wobei der Genuss auch gefährlich sein kann. Ihr Blut enthält giftige Eiweißstoffe und das Fleisch ist erst genießbar, wenn es ausreichend lange gekocht oder gebraten wird. Wenn nur ein winziger Tropfen ihres Blutes in eine Verletzung gelangt, können schwere Komplikationen wie Magenprobleme, Blutvergiftung und die Ciguatera-Vergiftung (neurotoxische Vergiftung) auftreten. Auch an den europäischen Meeresküsten, vor Nordafrika und im Mittelmeer leben Muränen. In diesen Gebieten sind sie bräunlich und haben gelbliche Flecken auf der Haut. Dort leben sie in den flachen Gewässern bis zu einer Tiefe von 100 m. Die alten Römer züchteten die Muränen in großen Steingefäßen und fütterten sie mit dem Fleisch verurteilter Sklaven. Aus dieser Zeit stammt der Befehl „Ad murenas" (zu den Muränen). Muränen sind auch in Meeresaquarien zu sehen.

Die **Leuchtqualle** gehört zu den Hohltieren und somit zur Gruppe der Meerrosen und Korallen. Ihr Körper ist aus einem durchsichtigen, gallertartigen Stoff, in dem die inneren Organe, vor allem die Verdauungs- und Fortpflanzungsorgane, gut zu erkennen sind. Sie hat kein Gehirn und kein Herz und als Sinnesorgane nur einfache Augen, Chemorezeptoren und die berührungsempfindlichen Nesselzellen. Sie schwimmt frei an der Wasseroberfläche und ernährt sich hauptsächlich von Plankton. Größere Beutetiere betäubt sie mit Hilfe ihrer zahlreichen giftigen Nesselzellen an den Tentakeln. Manche tropischen Quallen können damit schwere Verbrennungen hervorrufen. Das Gift der gefürchteten Seewespe Australiens ist absolut tödlich.

Der **Kleine Drachenkopf** lebt an den wärmeren Küsten europäischer Meere. Er hat einen auffällig großen Kopf, der mit Dornen gespickt ist, ein breites Maul, große Brustflossen und eine auffällige Farbe. Man muss sich vor ihm in Acht nehmen, denn einige Dornen auf den Flossen tragen Giftdrüsen, und ein unachtsamer Tritt auf den Körper kann vor allem bei Kindern sehr schmerzhaft enden. Der Kleine Drachenkopf ist nicht besonders schnell, sondern liegt meistens auf dem Meeresgrund und macht nur eine schnelle Bewegung, wenn sich in seiner Nähe eine geeignete Beute befindet. Er jagt in der Dämmerung und in der Nacht.

Kleiner Drachenkopf

Der **Pfeilschwanzkrebs** trägt einen hufförmigen, stark gegliederten Schutzschild, der am Ende einen langen Schwanz hat. Er lebt auf dem Meeresgrund und mit Hilfe seiner Stacheln seitlich am Hinterteil durchstöbert er den Boden nach Nahrung. Diese besteht aus verschiedenen Würmern. Die Fortpflanzung der Pfeilschwanzkrebse, die zu den Gliederfüßern gehören, beginnt mit einem Larvenstadium. Der Pfeilschwanzkrebs ist entwicklungsgeschichtlich eine der ältesten Tierarten und man kann ihn als „lebendes Fossil" bezeichnen. Sein Bestand ist stark schwankend. Während er in manchen Gebieten noch zahlreich vertreten ist, ist er in stark verschmutzten Gewässern fast ausgestorben. Früher haben die Indianer dieses Tier gejagt, um seine Stacheln für Harpunen und Speere zu benutzen. In der Zeit der Besiedlung Amerikas durch die Europäer dienten die Pfeilschwanzkrebse als billiges Futter für Schweine und Geflügel und als Düngezusatz für den Kompost. Heute ist er oft in Meeresaquarien zu sehen.

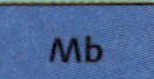

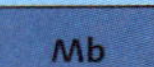

Europäischer Hummer
Homarus gammarus
Klasse: Krebse
Gewicht: bis 8 kg
Größe: bis 60 cm
Jungtiere: 10 000–30 000

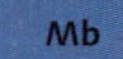 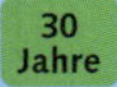

Mb · 30 Jahre

Venuskamm
Murex pecten (10–13 cm)
Fechterschnecke
Strombus gigas (15–30 cm)
Tiger-Kaurischnecke
Cypraea tigris (10 cm)
Tritonshorn
Charonia tritonis (15–45 cm)
Marmorkegelschnecke
Conus marmoreus (10 cm)
giftig
Jakobsmuschel
Pecten maximus (18 cm)
Ordnung: Schnecken
Größe: 10–45 cm
Jungtiere: hunderte bis
tausende

Mb

Der **Europäische Hummer** fällt vor allem
durch seine Größe und seine riesigen Krebsscheren
auf. Die größere der beiden Scheren ist die Öff-
nungsschere, die andere ist die Schneideschere.
Mit ihrer Hilfe kann er Muscheln öffnen, von
denen er sich ernährt. In der Nacht macht er sich
auf die Suche nach Nahrung. Den Tag verbringt
er in verschiedenen Verstecken zwischen Felsen.
Seine Entwicklung dauert recht lange. Aus
den Eiern schlüpfen schwimmende Larven,
die nach etwa 1 Monat zu kleinen
Krebsen werden und auf den Meeresgrund sinken. Die weitere Wachs-
tumsdauer beträgt etwa 2 Jahre,
wobei sich der harte Panzer mehrfach durch Häutung erneuert. Der
Panzer schützt die weichen Körperteile. An der Küste Nordamerikas
lebt der Amerikanische Hummer.

Europäischer Hummer

Schnecken und **Muscheln** leben auf dem Meeresboden.
Ebenso wie die Kopffüßer gehören auch sie zu den Weichtieren,
aber anders als diese schwimmen sie nicht im Meer umher, sondern
bleiben meist an einem Platz. Die Grundbausteine ihres weichen Körpers sind der Eingeweidesack, der muskulöse Fuß und der drüsenreiche
Mantel. Die Drüsen der meisten Arten sondern Calciumcarbonat ab, aus dem
die Kalkgehäuse aufgebaut werden. Schneckenhäuser haben meist eine spira-
lig gedrehte Form, in die sich die Schnecken bei Gefahr verkriechen. Muschel-
schalen bestehen aus zwei Klappen, die durch ein Schloss wie ein Scharnier
zusammengehalten werden. Beide Klappen sind durch starke Muskeln verbunden, durch die die Schale schnell verschlossen werden kann. Die Muschelklappen sind wegen ihrer vielfältigen Formen und Farben beliebte Sammel-
objekte. Von den Meeresmuscheln gibt es etwa 60 000 Arten, von den
Meeresschnecken sogar drei- bis viermal so viele.

Venuskamm

Jakobsmuschel

Marmorkegelschnecke

Tritonshorn

*Tiger-Kauri-
schnecke*

Fechterschnecke

Krake

Das **Langschnäuzige Seepferdchen** zählt, auch wenn es nicht so aussieht, zu den Fischen. Es hat einen zerbrechlichen, seitlich abgeflachten Körper, einen pferdeartigen Kopf mit röhrenförmigem Mund und einen länglichen Kringelschwanz, mit dem es sich an Wasserpflanzen festhalten kann. Es hat einen Rückenflossensaum sowie kleine Brustflossen, deren wirbelnde Bewegungen das Seepferdchen antreiben. In aufrechter Körperhaltung schwimmt es recht langsam durch das Wasser. Einen interessanten Anblick bieten die Seepferdchen während der Paarungszeit. Nach dem Hochzeitsspiel übergeben die Weibchen den Männchen die Fischrogen in einen besonderen Sack am Bauch, in dem sich die Nachkommen ungestört 10–30 Tage entwickeln können. Die Seepferdchen halten sich meistens in flachen Küstengebieten in einer Tiefe von 50 bis 90 cm auf, wo es Algen gibt.

Der **Krake** lebt in Gebieten, in denen der Meeresboden mit Steinen und Felsen bedeckt ist. Oft sind diese Stellen nicht allzu tief. Am Tag versteckt er sich in Felshöhlen oder baut sich selbst ein Versteck aus Steinen, die er zur gewünschten Stelle schleppt. Das Versteck wird für eine längere Zeit bezogen, was an den herumliegenden leeren Schneckenhäusern und Muschelklappen seiner Beutetiere leicht zu erkennen ist. Der Krake bewegt sich einerseits wie ein Säugetier mit seinen Fangarmen auf dem Meeresgrund vorwärts, andererseits durch schnelles Schwimmen. Er stößt einen Wasserstrahl aus dem Eingeweidesack aus und bewegt sich durch die Kraft dieses Strahls fort. Die Nahrung, die er mit den acht Fangarmen fängt, reicht er sich zum Mund und zerknackt sie mit dem Hornschnabel. Auf Krebse lässt er zersetzende Sekrete aus den Speicheldrüsen einwirken, dann saugt er das Innere aus. Die vielen kleinen Saugnäpfe an den Fangbeinen sind wichtig bei der Jagd und im Kampf mit einem Angreifer.

Langschnäuziges Seepferdchen

Überall an den Meeresküsten hört man das laute Geschrei der Möwen. Manchmal fangen sie einen Fisch, oder sie warten darauf, was das Meer an den Strand spült. Vor allem nach der Ebbe finden sie viel Nahrung. In Europa ist die **Silbermöwe** sehr häufig. Ihre Flügelspanne erreicht fast einen halben Meter. Die Vögel sind ausgezeichnete und ausdauernde Flieger, wobei sie weite Entfernungen zurücklegen können. Sie nisten in Kolonien auf Felshängen der Küsten oder im Pflanzengürtel der Ufer. Die Jungtiere tragen bis zum zweiten Lebensjahr ein braunes oder dunkel geflecktes Gefieder. Am Schwarzen Meer bauen sie ihre Nester sogar auf Häuser. Die etwas größere **Mantelmöwe** hat einen großen Schnabel und einen schwarzen „Umhang", der Rücken und Flügel bedeckt. Seit den 1980er-Jahren haben sich in Europa die Möwen in Richtung Inland, vor allem an Seen und Flüssen, verbreitet. Bei den Sturmmöwen sind der Schnabel und die Beine grünlich gelb gefärbt.

Silbermöwe

Mantelmöwe

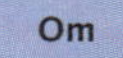

Langschnäuziges Seepferdchen
Hippocampus ramulosus
Ordnung: Seenadelartige
Gewicht: ca. 20 g
Größe: 10–15 cm
Jungtiere: bis 100

Om | 2 Jahre

Krake
Octopus vulgaris
Klasse: Kopffüßer
Gewicht: 2–10 kg
Größe: 90 cm
Jungtiere: 100 000–500 000

Om | 1–4 Jahre

Mantelmöwe
Larus marinus
Silbermöwe
Larus argentatus
Ordnung: Wat- und Möwenvögel
Gewicht: 1,4–2,3/0,7–1,5 kg
Größe: 68–79/55–67 cm
Jungtiere: 3

Mk, In | 30–50 Jahre

Einsiedlerkrebs
Eupagurus prideauxi
Klasse: Krebstiere
Gewicht: 50–150 g
Größe: 10 cm
Jungtiere: einige hundert

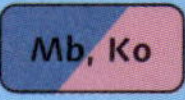

Edelkoralle
Corallium rubrum
Ordnung: Hornkorallen
Gewicht: einige kg
Größe: 20–40 cm
Jungtiere: einige tausend

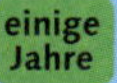

Einsiedlerkrebs

Der **Einsiedlerkrebs** versteckt sein weiches Hinterteil nicht wie der Krebs unter dem Panzer, sondern in einem leeren Schneckenhaus; den Eingang versperrt er mit einer großen Krebsschere. Darin verkeilt er sich so fest, dass man ihn nicht herausziehen kann. Sein Häuschen verlässt er nur dann, wenn es ihm zu eng wird und er sich ein größeres suchen muss. Er bewegt sich relativ langsam, denn zusätzlich zu seinem Häuschen muss er auch noch „Untermieter" mitschleppen. Er lebt nämlich oft in einer Art „Wohngemeinschaft" mit Stachelpolypen zusammen, die auf der Schale siedeln und ihn mit ihren Nesselfäden verteidigen. Wenn er sein Häuschen gegen ein größeres eintauscht, vergisst der Einsiedlerkrebs nicht, seine Mitbewohner mit umzusiedeln.

Die **Korallenriffe** sind die artenreichsten Ökosysteme der Welt. Sie bedecken rund 600 000 km² des Meeresbodens und werden von mehr als 70 000 Lebewesen besiedelt. Korallenstöcke entstehen durch das Wachstum von Polypen, die ihren weichen Körper mit einem Gehäuse aus Kalk schützen. Neue Kolonien wachsen auf den abgestorbenen Resten und bauten im Lauf von Millionen Jahren große Kalkplattformen, Kalkriffe und Inseln auf. In 1 Jahr produzieren die Korallen auf der ganzen Welt geschätzte 40 000–200 000 Tonnen Korallenkalk. Kein anderes Tier kann ihre Bauleistungen übertreffen. Die Korallenriffe existieren ausschließlich in flachen Gewässern von 4–30 m, wo sie genügend Plankton und Sonnenlicht haben. Zum Leben brauchen sie eine warme Wassertemperatur von 20–30 °C, einen Salzgehalt von 27–40 Promille und sauberes Wasser.

Schema der Entwicklung eines Atolls

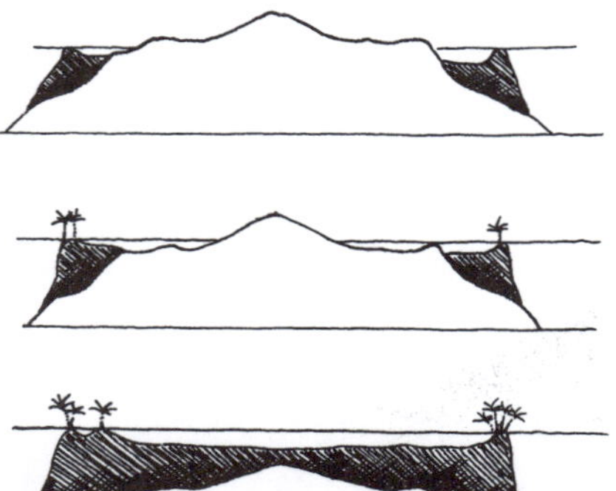

Die **Edelkoralle** ist ein sesshaftes Lebewesen, dessen länglicher Körper großteils aus dem inneren Verdauungshohlraum mit seinen Trennwänden besteht. Die Mundöffnung umgibt einen Kranz beweglicher Fangarme mit Nesselzellen. Diese Korallenart bildet 20–40 cm hohe strauchartige Büschel, deren Zweige einen Durchmesser von 2–4 cm haben. Die Tiere leben in einer Tiefe von 30–200 m. Seltener gehen diese Korallen bis in Tiefen von 300 m hinunter. Das Hornskelett hat eine kräftige rote Farbe.

Korallenriffe werden in drei Typen aufgeteilt. Manche Inseln werden am Rand von Riffen mitunter mehrere Kilometer weit umrahmt und sind für den Schiffsverkehr eine große Gefahr (oben). Die Brandungsriffe sind durch Lagunen vom Ufer getrennt (Mitte). Atolle schließen verschieden flache und große Lagunen ohne zentrale Insel in sich ein (unten).

Edelkoralle

Die **Plättchen-Seeschlange** verbringt ihr ganzes Leben im Meer. Sie schwimmt mit Hilfe des an den Seiten abgeflachten Ruderschwanzes und atmet durch Nasenlöcher, die sich oben an der Schnauze befinden. Die große Lunge dient als Sauerstoffspeicher, mit der sie auch den notwendigen Druckausgleich durchführt. Wenn sie von einer Welle an das Ufer geworfen wird, kann sie nicht ohne fremde Hilfe wieder ins Wasser zurückkehren. Ihr weicher Körper verliert auf dem Festland die Form und die kleinen Bauchschuppen geben ihr keinen Halt beim Kriechen. Hier ist sie völlig hilflos und windet sich ohne Erfolg auf der Stelle. Die Plättchen-Seeschlangen bringen lebende Jungtiere im Wasser zur Welt. Sie ernähren sich von Fischen oder von den vielen Kleinlebewesen der Korallenriffe. Ihr stark wirkendes Gift lähmt Nerven und Muskeln, sodass ein gebissenes Opfer ersticken kann.

Die **Entenmuschel** ist in Wirklichkeit ein Krebstier, das früher irrtümlich für eine Muschel gehalten wurde. Ihr Körper ist von einem Gehäuse aus fünf beweglichen Kalkplättchen bedeckt, aus dem am einen Ende ein langer Ankerfuß herausragt. Die schwimmende Larve setzt sich nicht mit den Beinen, sondern mit den Fühlern auf dem Untergrund in Bewegung. Mit Hilfe von Zementdrüsen „betoniert" sie sich regelrecht am harten Meeresboden fest. Der Körper steht mit dem Kopf nach unten. Durch die ständige Strudelbewegung der zwölf Rankenfüße versorgt sie sich mit sauerstoffreichem Frischwasser und Plankton, von dem sie sich ernährt. Bei Ebbe schließt sie mit den Kalkplättchen ausreichend Wasser ein und wartet auf die Flut. Die Entenmuschel setzt sich nicht nur auf dem Meeresboden fest, sondern auch auf Holzpfählen und auf Schiffsrümpfen. Andere Arten leben als Parasiten auf den Körpern verschiedener Tiere.

Entenmuschel

Miesmuscheln bilden an Küsten, Häfen und Buchten in der Nähe von Städten große Kolonien. Sie leben zu hunderten dicht gedrängt aneinander. Mit ihren Byssusfäden halten sie sich am Meeresboden fest, um von der starken Brandung nicht losgerissen zu werden. Mit den Kiemen filtern sie Wasserorganismen, Schmutzteilchen und sogar infizierende Keime heraus und haben daher für die Säuberung des Wassers eine große Bedeutung. Zugleich sind sie eine wichtige Nahrung für die Küstenbewohner. Die Larven der Miesmuscheln schwimmen etwa 4 Wochen an der Wasseroberfläche.

Die **Auster** hat dicke Klappen. Die Klappe, die zum Meeresboden hinweist, ist meistens stärker als die andere. Austern bilden keine Kolonien und bevorzugen Stellen mit ausreichender Meeresströmung. Sie leben in einer Tiefe von 30 m. Ihr leckeres und nahrhaftes Fleisch ist eine beliebte Delikatesse. Sie werden häufig in Meeresfarmen gezüchtet.

Miesmuscheln

Auster

Plättchen-Seeschlange
Pelamis platurus
Ordnung: Schuppenkriechtiere
Gewicht: 1–3 kg
Größe: 0,6–1 m
Jungtiere: 3–8

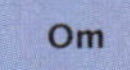 

Entenmuscheln
Lepas anatifera
Klasse: Rankenfüßer
Größe: 30–70 cm
Jungtiere: einige tausend

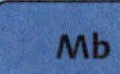 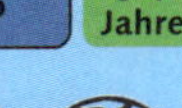

Miesmuschel
Mytilus edulis
Klasse: Muscheln
Gewicht: mehrere Gramm
Größe: 6–8 cm
Jungtiere: 5–12 Millionen

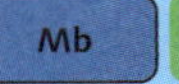

Auster
Ostrea edulis
Klasse: Muscheln
Gewicht: 50–100 g
Größe: 8–10 cm
Jungtiere: bis 3 Millionen

Papierboot
Argonauta argo
Klasse: Kopffüßer
Größe: Männchen 1 cm,
Weibchen 20–30 cm
Jungtiere: etwa 50 000

Om

Igelfisch
Diodon holocanthus
Ordnung: Haftkieferfische
Größe: 60 cm
Jungtiere: 200–300

Mb

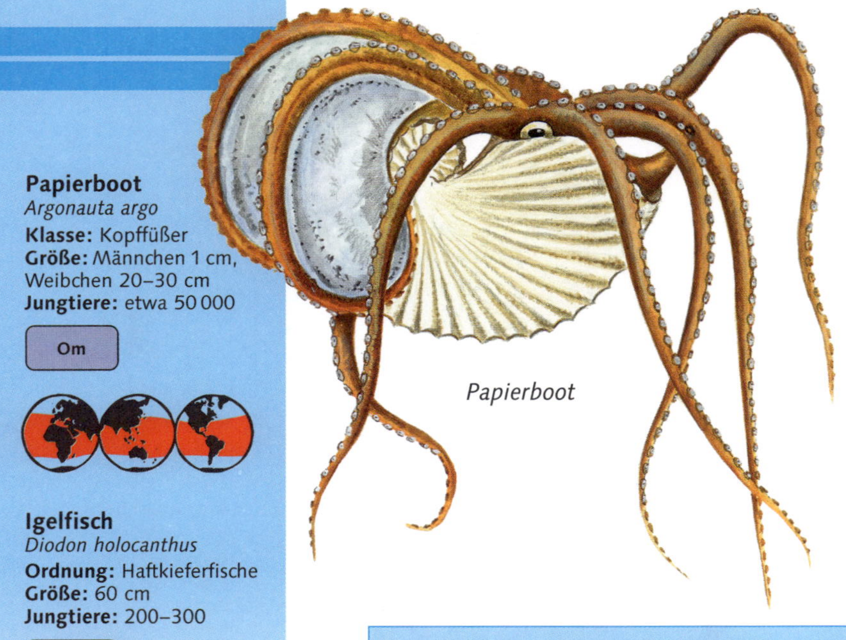

Papierboot

Das **Papierboot** hat wie alle Kraken acht gleich lange Arme. Die Weibchen bilden aus der Flüssigkeit der Schleimdrüsen auf den Armen eine dünne, durchsichtige Hülle, in die sie die Eier legen. Beim Männchen trennt sich während der Paarung ein Arm mit den Spermien ab und wandert in die Mantelhülle des Weibchens.

Die **Meeresküste** ist sehr vielfältig. Während sich an manchen Küsten endlose Sandstrände erstrecken, gibt es an anderen Küsten Schlicklagen, Mangroven, Felsen und hohe Riffe. In der ständig überschwemmten Uferzone zwischen Wasser und Festland, dem Watt (Litoral) kann man die Lebewesen am einfachsten beobachten. Dort lebt eine große Vielfalt von Arten, weil genügend Nahrung, Licht, Sauerstoff und Versteckmöglichkeiten vorhanden sind. An der Meeresküste herrscht teilweise Ebbe und Flut, was durch die gegenseitige Anziehung von Erde, Mond und Sonne entsteht. Ihre Intensität wird von einer Reihe von Faktoren beeinflusst, aber am stärksten hängt sie von der Lage der Himmelskörper zueinander ab. Die größten Schwankungen von bis zu 20 m Tidehub treten an der Fundybay in Kanada auf. An der Nordsee sind es 2–3,5 m. Im Mittelmeerraum ist der Unterschied zwischen Ebbe und Flut dagegen gering (ca. 50 cm).

Igelfisch

Der **Igelfisch** ist ein Bewohner der Korallenriffe. Zusammen mit dem Mondfisch gehört er zu den Haftkieferfischen. Diese Fische können mit den scharfen Zähnen oder mit der Bewegung der Schwimmblase Töne erzeugen. Die Haut ist von starken Dornen überzogen, die durch Umwandlung der Schuppen entstanden sind. Der Igelfisch kann seinen ganzen Körper kugelförmig aufpumpen und schreckt dadurch seine Feinde ab, weil er viel größer aussieht als er eigentlich ist. Diesen enormen Umfang erreicht er durch das Füllen des Magens mit Wasser. Seine großen Augen weisen darauf hin, dass er ein Nachtleben führt. Den Igelfisch kann man auch in Gefangenschaft halten. Er gewöhnt sich so gut an den Menschen, dass er sich aus der bloßen Hand füttern lässt. Im Meer ernährt er sich von Muscheln, Schnecken und Würmern.

Die **Pyjamaschnecke** ist eine Nackt-
kiemenschnecke, die kein Gehäuse
hat. Am liebsten hält sie sich in den
Korallenriffen auf und ernährt
sich von Schwämmen und
Korallenpolypen, deren Nessel-
gifte ihr nicht schaden. Sie
nimmt die Giftstoffe mit
ihrer Haut auf, um Feinde
abzuwehren. Deshalb sollte
man die strauchähnlichen
Fortsätze nicht berühren.

In den Korallenriffen leben unglaublich viele Fische in den verschiedensten
Formen und Farben. Der **Fähnchenfalterfisch** gehört zur Gruppe der
Falterfische. Sie haben einen hohen, an den Seiten abgeflachten Körper mit
einer langen Rückenflosse und mit einem großen Maul. Sie ernähren sich von
Korallenpolypen, die sie aus ihren Verstecken herausziehen. Der **Halfterfisch** ist auch ein flacher Fisch, der dazu noch höher als lang ist. Je länger der
dritte Strahl der Rückenflosse ist, desto höher ist die Rangfolge im Schwarm.
Bei den Jungtieren der Halfterfische ist das Halfter noch nicht ganz entwickelt.
Der **Drückerfisch** hat in der ersten Rückenflosse bewegliche Stacheln, die
er aufrichten und senken kann. Wenn er in ein Versteck schlüpfen will, senkt
er die Rückenflosse, und wenn er sich vor einem Raubfisch schützen muss,
richtet er sie auf. Im hinteren Teil seines Körpers befindet sich eine besondere
Blase, die er aufpumpen kann. Der **Doktorfisch** hat ebenfalls gut entwickelte Stacheln vor der Rückenflosse. Der **Lippfisch** ist ein alles fressender
Fisch, der sich auf sandigem Meeresboden aufhält. Dieser Fisch ist der
größte von den oben beschriebenen Fischen.

Pyjamaschnecke
Chromodoris quadricolor
Ordnung: Nacktkiemer
Gewicht: einige Gramm
Größe: 3–5 cm

Fähnchenfalterfisch
Chaetodon auriga
Halfterfisch
Zanclus cornutus
Doktorfisch
Acanthurus glaucopareius
Lippfisch
Coris aygula
Gewicht: ca. 800 g
Größe: 18–30 cm
Jungtiere: einige tausend

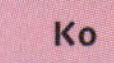
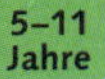

Drückerfisch
Balistes vetula
Ordnung: Kugelfischartige
Gewicht: 700 g
Größe: 50 cm

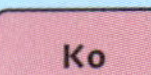

Fähnchenfalterfisch

Drückerfisch

Doktorfisch

Halfterfisch

Lippfisch

Rotfeuerfisch
Pterois volitans
Ordnung: Panzer-
wangenfische
Gewicht: ca. 1 kg
Größe: 38 cm
Jungtiere: 2000–15 000

Käferschnecke
Chiton olivaceus
Klasse: Käferschnecken
Gewicht: wenige Gramm
Größe: 4 cm
Jungtiere: 100–200

Die **Käferschnecke** zählen die Wissenschaftler zu den Urmün-dern („Protostomia") und wie dieser Name schon verrät, handelt es sich bei diesen Tierchen um eine sehr alte Gruppe (Ur-). Das belegt auch ihr Gehäuse aus acht Plättchen, das eine Vorstufe der Muschel- und Schnecken-gehäuse darstellt. Am Tag saugt sich die Käferschnecke an Stei-nen und Felsen fest und hält so-mit auch stärksten Wellen stand. In der Nacht kratzt sie Algen von den Steinen, von denen sie sich ausschließlich ernährt.

Beim Tauchgang in den Korallenriffen ist es wichtig, sich vorsichtig zu ver-halten, denn hier leben Tiere, die ge-fährlich werden können. Ein Beispiel dafür ist der **Rotfeuerfisch**, der mit langen Stacheln ausgestattet ist, die mit Giftdrüsen verbunden sind. Für den Menschen ist ein Stich zwar nicht tödlich, aber sehr schmerzhaft, und es dauert lange, bis die Wunde heilt. Eigentlich dienen die Stacheln nur zur Abwehr von Fressfeinden. Zum Jagen von Krustentieren und kleineren Fischen nutzt er sie nicht. Er nähert sich langsam seinem Opfer, öffnet das große Maul und saugt dann die Beute ein.

Dornenkrone

Die **Europäische Languste** hat am liebsten felsige Küsten mit Öffnungen, Spalten und Höhlen, in denen sie sich am Tag versteckt. In der Nacht macht sie sich auf die Jagd nach Weichtieren und Krustentieren. Sie hat keine Krebssche-ren, sondern Gliedmaßen, die am Ende kräftige Krallen besitzen. Ihr auffällig-stes Merkmal sind jedoch die langen Fühler. In manchen Gebieten ziehen die Langusten vor dem Winter in den Süden, wobei sie bis zu 100 km zurück-legen. Sie wandern auf dem Meeres-boden in mehreren Reihen, bis sie den gewünschten Ort erreicht haben. Über 60 Tiere ziehen auf einmal los. Das Männchen trägt ein halbes Jahr die befruchteten Eier auf seinem Hinterteil. Dann schlüpfen 3 mm lange Larven, die sich in den ersten 2 Monaten an der Wasseroberfläche aufhalten.

Rotfeuerfisch

Die **Dornenkrone** ist ein Seestern. Sie erinnert eher an einen Igel als an einen Seestern, denn ihr Körper ist von kurzen Stacheln übersät. Sie hat ein räuberisches Verhalten und frisst die Korallenpolypen ab. Sie stülpt ihren Magen aus dem Körper heraus und benetzt die Polypenschalen mit Magensäure, die sich dadurch zersetzen und ausgesaugt werden können. Eine Dornenkrone zerstört so nach und nach viele Korallenriffe. Es ist also kein Wunder, dass an den Orten, an denen sie sich zahlreich vermehrt hat, nur noch weiße, abgestorbene Koral-len zu finden sind.

Europäische Languste

Seeratte

Der **Pottwal** gehört zur Unterordnung der Zahnwale. Nach dem Blauwal und dem Finnwal ist der Pottwal das drittgrößte Lebewesen der Erde. Als bester Taucher aller Säugetiere taucht der Pottwal bis zu 2000 m in die Tiefe. Nach dem Einatmen hält er es bis zu 90 Minuten unter Wasser aus. Normalerweise bleibt er eine halbe Stunde unter Wasser, danach muss er für etwa 10–15 Minuten zum Atmen und Ausruhen nach oben. Vor dem Wasserdruck schützen ihn das starke Skelett, die dicke Haut und die mächtige Fettschicht unter der Haut. Als Beute jagt er vor allem große Kopffüßer, Tintenfische und Kraken. Sein Herz hat ein Gewicht von 116 kg, das Gehirn 9,2 kg und ein Zahn 1,5–2 kg. Ein neugeborener Pottwal wiegt 1 t und hat eine Länge von 4 m.

Die **Seeratte** oder **Chimäre** hatte in den altgriechischen Sagen das Aussehen eines Ungeheuers mit Körperteilen eines Löwen, Drachen und einer Ziege. In Wirklichkeit sieht sie harmlos aus. Sie hat einen etwas größeren Kopf, flügelartige Brustflossen an einem länglichen Rumpf und Fäden am Ende des Schwanzes. Die großen Augen weisen darauf hin, dass die Seeratte in größeren Meerestiefen lebt – oft in einer Tiefe von 1700 m. Sie ernährt sich von Lebewesen, die sie auf dem Meeresgrund findet. Sie ist mit den Haien und Rochen verwandt und hat wie diese ein Knorpelskelett. Die Vermehrung findet durch Eier statt. Diese befinden sich in braunen Hüllen, die in den Sand vergraben werden. Die Seeratte stammt von den Urwirbeltieren ab, und ihre Wirbelsäule ist nicht in Wirbel aufgegliedert, sondern besteht durchgehend aus einem Stück. Ihr Stammbaum reicht 350 Millionen Jahre zurück. Bis in die Gegenwart überlebten 21 Arten.

Pottwal

Dornenkrone
Acanthaster planci
Klasse: Seesterne
Gewicht: 50–100 g
Größe: 30–60 cm
Jungtiere: bis zu 100

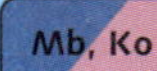

Europäische Languste
Palinurus vulgaris
Klasse: Krebstiere
Gewicht: 8 kg
Größe: 40–45 cm

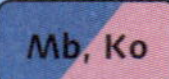

Seeratte
Chimaera monstrosa
Ordnung: Seekatzen
Gewicht: 2–5 kg
Größe: 1–1,5 m
Jungtiere: 2

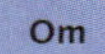

Pottwal
Physeter catodon
Ordnung: Wale
Gewicht: 35–80 t
Größe: 8–23 m
Jungtiere: 1

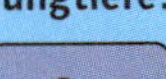

Riesenkalmar
Architeuthis dux
Klasse: Kopffüßer
Gewicht: bis 500 kg
Größe: 6–18 m
Jungtiere: bis zu 1 Million

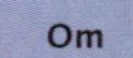 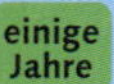

Weichkopf-Grenadier
Malacocephalus laevis
Ordnung: Dorschartige
Gewicht: 2,5 kg
Größe: 1 m
Jungtiere: 60 000

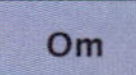 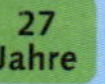

Teufelsangler
Linophryne bicornis
Ordnung: Armflosser
Gewicht: 100–200 g
Größe: 20 cm
Jungtiere: bis 1 Million

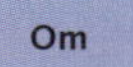

Südlicher See-Elefant
Mirounga leonina
Ordnung: Raubtiere
Gewicht: bis 3000 kg
Größe: 2–9 m
Jungtiere: 1

 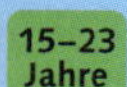

Riesenkalmar

Der **Riesenkalmar** ist der größte Kopffüßer und zugleich das größte wirbellose Tier. Er hat einen tütenförmigen Körper mit 10 Fangarmen am Kopf, von denen die längsten 15 m messen. Alle Fangarme haben 15 cm große Saugnäpfe. Die Augen haben einen Durchmesser von ca. 40 cm. Der Bau der Augen ähnelt dem der Säugetiere. Sie haben eine Pupille und ihr Sehvermögen ist ausgezeichnet. Der Kalmar hat einen hackenförmigen Schnabel, mit dem er die Schalen der Krabben, Krebse und Schnecken öffnet. Auch Muscheln werden geknackt. Die gesamte Beute wird mit der scharfen Raspelzunge zerkleinert. Der Riesenkalmar hat für ein wirbelloses Tier ein ungewöhnlich großes Gehirn. Er schwimmt mit einer Geschwindigkeit von etwa 30 km/h, und zwar rückwärts und ruckartig. Er saugt Wasser ein und stößt es wie aus einer Düse aus. Der Riesenkalmar hält sich in 3000–4000 m Tiefe im Meer auf, wobei er die Nacht nahe der Wasseroberfläche verbringt. Er jagt Fische, Weich- und Krustentiere und andere Lebewesen des Meeres. Er selbst hat kaum Feinde – außer dem Pottwal, mit dem erbitterte Kämpfe ausgetragen werden.

Der **Weichkopf-Grenadier** und weitere 300 ähnliche Arten bilden die zahlreichste Gruppe innerhalb der Tiefseefische. Das „Barthaar" am Unterkiefer deutet an, dass der Weichkopf-Grenadier mit den Dorschen verwandt ist. Ein anderes gemeinsames Merkmal ist die ungewöhnliche Lage der Bauchflosse, die unter oder sogar vor der Brustflosse platziert ist. Der Kopf dieses Fisches ist ungewöhnlich groß. Am Bauch hat er ein besonderes Organ, das im Dunkel der Tiefsee leuchtet; man nennt das in der Fachsprache Biolumineszenz. Fast alle Tiere, die in der lichtlosen Tiefsee leben, haben Leuchtorgane. Sie brauchen sie zur Orientierung, als Lockmittel zum Beutefang oder zur Partnersuche.

Anglerfische sind Bewohner der Tiefsee. Typisch für sie ist der kurze Körper, der entweder von oben oder von der Seite abgeflacht oder kugelförmig ist. Manche haben auch völlig andere Formen. Das Weibchen des **Teufelsanglers** hat auf dem Kopf zwei Hörner. Auf dem Oberkiefer leuchtet ein Köderorgan, mit der es Beute anlockt. Am Unterkiefer befinden sich lange Fühlfäden. Das Männchen ist viel kleiner und lebt nur in der Nähe des Weibchens, an dem es sich festhält. Es wird vom Weibchen ernährt. Bei manchen Arten dieser Fische ist das Weibchen zehnmal so groß wie das Männchen.

Das **Perlboot** oder **Schiffsboot** hat die meisten Fangarme aller Kopffüßer (ca. 90) und eine dünne spiralförmige Schale, die im Inneren in 30 Kammern aufgeteilt ist. In der letzten und größten Kammer steckt der Weichkörper, während die anderen mit Gas gefüllt sind. Durch Regulierung der Gasfüllung kann das Perlboot entweder auf- oder abtauchen oder im Wasser schweben. Meistens hält es sich in einer Tiefe von 100 bis 400 m auf. Dieses Tier ernährt sich von Würmern, Krustentieren und kleinen Fischen.

Perlboot

Teufelsangler

Die Flossenfüßer sind mit den Robben verwandte Raubtiere, die sich an das Leben im Wasser angepasst haben. Ihr Körper ist stromlinienförmig und die Gliedmaßen sind zu Flossen umgebildet. Sie haben ein dichtes Fell. Der größte Flossenfüßer ist der **Südliche See-Elefant**. Neben seiner gewaltigen Körpermasse fällt besonders der wulstige Hautsack auf dem Kopf auf. Im Ruhezustand überragt er seine Schnauze nur um etwa 10 cm, wenn er jedoch stark erregt ist, schwillt der Wulst auf einen halben Meter an. Die See-Elefanten sind hervorragende Taucher. Oft tauchen sie in einer Tiefe von 300 bis 800 m, wo sie Fische und Kopffüßer jagen. Der Bulle wacht eifersüchtig über seinen Harem, der bis zu 20 Weibchen umfassen kann. Das **Walross** ist nur wenig kleiner als der See-Elefant. Es hat Stoßzähne aus Elfenbein, die bis zu 1 m lang werden können. In ihren Revieren herrscht zwischen den einzelnen Tieren eine Rangordnung. Je länger die Stoßzähne, umso höher ist ihre gesellschaftliche Stellung in der Gruppe. Außerdem stützen sich die Walrosse auf den Stoßzähnen ab, wenn sie in der Sonne faulenzen, oder sie benutzen sie beim Erklettern von Felsen oder Eisschollen.

Walross
Odobenus rosmarus
Ordnung: Raubtiere
Gewicht: 900–1500 kg
Größe: 2,2–3,5 m
Jungtiere: 1

Mb, Mk, In — 40 Jahre

Perlboot
Nautilus pompilius
Ordnung: Kopffüßer
Gewicht: 250–450 g
Größe: 16–20 cm

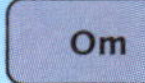 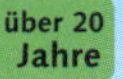 
Om — über 20 Jahre

Südlicher See-Elefant

Walross

Arielfregattvogel
Fregata ariel
Ordnung: Ruderfüßer
Gewicht: 0,6–1 kg
Größe: 71–81 cm
Jungtiere: 1

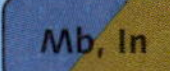 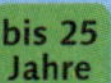

Südamerikanischer Seelöwe
Otaria byronia
Ordnung: Raubtiere
Gewicht: 140–340 kg
Größe: 1,8–2,5 m
Jungtiere: 1

 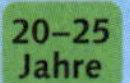

Arielfregattvogel

Der **Arielfregattvogel** verbringt, ohne sich auszuruhen, lange Stunden und manchmal sogar Tage in der Luft. Aber er fühlt sich auch im Wasser wohl. Er hat wie die Kormorane und die Pelikane Ruderfüße, die nach vorne gerichtet sind, und an allen vier Zehen befinden sich Schwimmhäute. Er ernährt sich von Fischen, die er an der Wasseroberfläche jagt oder er überfällt sogar andere Vögel. Typisch für den Arielfregattvogel ist sein sonderbares Balzgehabe. Das Männchen versucht, das Weibchen mit seinem roten Kehlsack zu beeindrucken, indem es ihn aufbläst. Sie nisten auf dem kahlen Boden oder zusammen mit anderen Ruderfüßern in Kolonien auf niedrigen Bäumen. Es gibt insgesamt fünf Arten von Fregattvögeln, die in den Tropen vorkommen. Oft segeln sie in beachtlicher Höhe, ohne die Flügel zu bewegen.

Die erwachsenen Männchen der **Südamerikanischen Seelöwen** haben am Hals eine dichte Mähne. In der Paarungszeit versammeln sich die Tiere an steinigen oder felsigen Ufern, wo sie zu tausenden dicht aneinander liegen. Die leicht erregbaren Männchen wachen eifersüchtig über ihren Harem. Sobald ihnen ein Nebenbuhler zu nahe tritt, kommt es zum Kampf, der von einem lauten Gebrüll begleitet wird, das mehrere Kilometer weit zu hören ist. Sobald das Weibchen nach einjähriger Tragezeit ihr einziges Junges geboren hat, kommt es unmittelbar danach wieder zur Paarung. Bei der Geburt ist das Junge etwa 80 cm lang und wiegt 11–14 kg. Ins Wasser geht es erst nach etwa 2 Monaten. Die Mutter stillt das Jungtier mit ihrer nahrhaften Milch länger als 1 Jahr; dabei kann es vorkommen, dass sie sich gleichzeitig noch um das Jungtier vom vorigen Jahr kümmern muss. Meist halten sich die Seelöwen im Wasser auf und kommen nur zum Sonnen auf das Festland. Sie ernähren sich von dem, was der Ozean bietet. Das können Fische, Kopffüßer und gelegentlich auch Meeresvögel sein. Die Seelöwen sind für ihre Lernfähigkeit und ihre Verspieltheit bekannt. Sie lassen sich gut zähmen und lernen schnell, mit verschiedenen Gegenständen zu jonglieren. In den zoologischen Gärten und im Zirkus sieht man oft den Kalifornischen Seelöwen. Insgesamt gibt es 14 Arten dieser Tiere. Der Südafrikanische Seebär ist der größte und häufigste. Er lebt an der Küste von Afrika und Australien. Die erwachsenen Männchen erreichen ein Gewicht von 350 kg. Das ganze Jahr über halten sie sich an der Fels- oder Steinküste auf, von wo aus sie sich auf die Jagd machen. Die Anzahl dieser Tiere schätzt man auf über 1 Millionen mit steigender Tendenz.

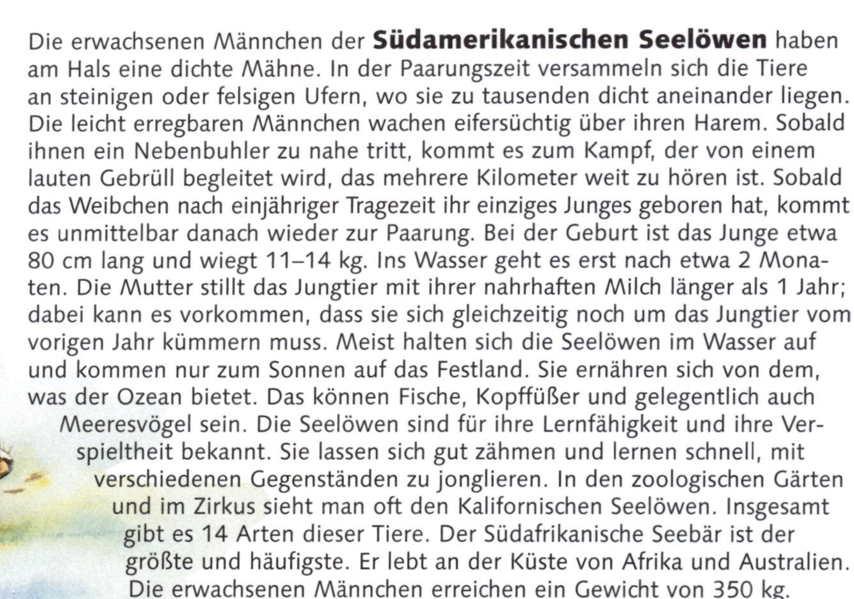
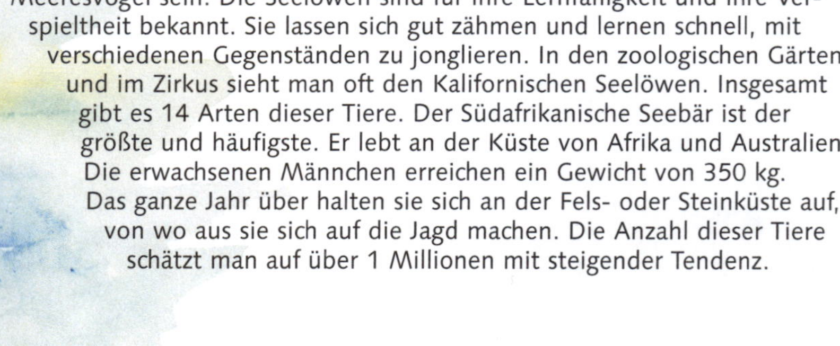

Weißgesicht-Scheidenschnabel

Der **Weißgesicht-Scheidenschnabel** lebt ausschließlich in der Antarktis. Er erinnert ein wenig an eine Taube, hat aber längere schlankere Beine und einen scharfen, seitlich abgeflachten Schnabel, der am Ansatz mit Hornhaut überwachsen ist. Er treibt sich in den Kolonien anderer Vögel oder Pinguine herum und stiehlt Essensreste und frisst manchmal sogar deren Kot. Er lässt sich kaum vertreiben und greift kleine und auch erwachsene Vögel an. Er hockt sich auf ihren Rücken und bringt sie dazu, einen Teil ihrer verdauten Nahrung zu erbrechen oder er stiehlt den Vögeln die Nahrung aus dem Schnabel, während sie ihre Jungtiere füttern. Er vergreift sich sogar an den Eiern der Pinguine. Bei verletzten Tieren picken sie in deren Wunden. Ergänzend fressen sie noch Meeresalgen. Ihr Nest ist nicht leicht zu finden. Sie verstecken es gut unter Steinen oder in Felshöhlen, um die Brut vor Feinden zu schützen.

Weißgesicht-Scheidenschnabel
Chionis alba
Ordnung: Wat- und Möwenvögel
Gewicht: 0,4–0,8 kg
Größe: 40 cm
Jungtiere: 2–3

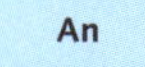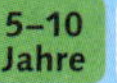
An | 5–10 Jahre

Südkaper
Eubalaena australis
Ordnung: Wale
Gewicht: 50–70 t
Größe: 15–18 m
Jungtiere: 1

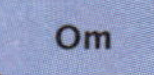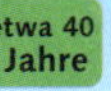
Om | etwa 40 Jahre

Die **Antarktis** ist der lebensfeindlichste Ort der ganzen Erde. Sie ist von allen Seiten von Meer umgeben, entweder vom Atlantischen, Pazifischen oder Indischen Ozean. Ihre Fläche von 14 Millionen km² wird zu 98 % von einer Eisdecke bedeckt, die an manchen Orten über 4000 m dick ist. Die karge, vegetationslose Gesteinsoberfläche erscheint nur an den Küstengebirgen, die sich quer über den Kontinent ziehen. Die höchste Erhebung ist der Mount Vinson (4896 m über NN). Die durchschnittliche Jahrestemperatur der Luft bewegt sich zwischen –10 und –25 °C, starke Winde und Schneestürme verschärfen die klimatischen Bedingungen. Pflanzen gibt es kaum, lediglich Algen und Flechten, von denen nur etwa 100 Arten bekannt sind. An den Küstenstreifen gibt es vereinzelt Moose und es wachsen einige niedrige Gräser. Bäume oder Sträucher wachsen in der Antarktis nicht.

Die großen Wale sind auch am Südpol zu finden. Der **Südkaper** oder **Südliche Glattwal** hat einen großen Kopf, der ein Viertel bis ein Drittel seines Körpers einnimmt. Sein Oberkiefer ist ungewöhnlich gebogen. Vom oberen Teil des Oberkiefers hängen in zwei Reihen 200–300 schmale und lange Barten herab. Mit ihnen filtert er kleine Krustentiere aus dem Wasser. Täglich frisst er bis zu 40 Millionen von diesen Lebewesen. Der Südkaper ist ein Einzelgänger. Langsam schwimmt er mit einer Geschwindigkeit von 6–15 km/h. Ein Tauchgang dauert etwa 5–10 Minuten. Auf dem Meer kann man ihn nicht übersehen: Beim Ausatmen stößt er aus zwei Blaslöchern, die sich oben auf dem Kopf befinden, einen aus Wasser und Luft bestehenden Strahl aus. Die Vermehrungsrate der Wale ist gering. Das Weibchen wird nur einmal in 3–6 Jahren trächtig. Die Anzahl dieser Tiere schätzt man auf etwa 3000 weltweit.

Südkaper

Kaiserpinguin

Wenn man sich ein Bild von der Antarktis macht, gehören auf jeden Fall die riesigen Kolonien der **Kaiserpinguine** dazu. Sie stehen während der Brutzeit, die mitten im Winter ist, 4 Monate lang in eisiger Kälte von −40 bis −60 °C auf den Eisebenen. Verschärft wird diese Kälte noch von Schneestürmen mit Geschwindigkeiten bis 200 km/h. Je kälter es ist, umso enger rücken sie zusammen. Im Sommer legt das Weibchen an Land ein Ei und übergibt es dem Männchen, das es in einen Hautbeutel steckt, um das Ei zu wärmen. Die Weibchen machen sich auf den Weg zum Meer, um Nahrung zu fangen. Sie besteht aus Fischen, Kraken, Sepien und Krustentieren. Wenn das Jungtier schlüpft, ehe das Muttertier von der Jagd zurückgekehrt ist, füttert es das Männchen mit Pinguinmilch, die es im Kropf aufbewahrt. Nach der Rückkehr des Weibchens wechseln sich die Eltern ab und das Männchen geht fischen. Dieser Zyklus wiederholt sich mehrfach, bis sich die Jungtiere versammeln und ihr Flaumgefieder allmählich gegen ein Erwachsenengefieder eintauschen. Dann ziehen sie gemeinsam zum Meer.

Die größte Bedrohung für Pinguine sind die **Seeleoparden**. Sie lauern an Stellen, an denen die Pinguine ins Meer springen oder es verlassen. Den Pinguinen ist dieser Fressfeind wohl bekannt und deshalb verweilen sie vor dem Sprung ins Wasser oft an einer Stelle und zögern. Erst wenn keine Gefahr besteht, springen sie. Die Pinguine machen allerdings nur etwa die Hälfte der Beutetiere des Seeleoparden aus. Der Rest besteht aus Fischen, Krustentieren, jungen Robben und Kopffüßern. Manchmal frisst er sogar Aas. Der Seeleopard hat einen sehr schlanken Körper, weil er eine ungewöhnlich dünne Fettschicht unter der Haut hat. In der Regel führt er ein Leben als Einzelgänger. Manchmal halten sich 5–6 Tiere in einer gemischtgeschlechtlichen Gruppe auf. Unter Wasser geben die Tiere dröhnende Töne von sich, sie dienen wohl der Verständigung unter Artgenossen. Die Gesamtzahl dieser Tiere schätzt man auf etwa eine halbe Million.

Kaiserpinguin
Aptenodytes forsteri
Ordnung: Pinguinvögel
Gewicht: 19–46 kg
Größe: 1,1 m
Jungtiere: 1

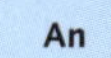 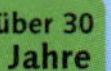 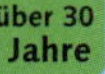
An | über 30 Jahre

Seeleopard
Hydrurga leptonyx
Ordnung: Raubtiere
Gewicht: 270–500 kg
Größe: 2,9–3,8 m
Jungtiere: 1

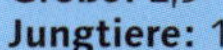  

Wanderalbatros
Diomedea exulans
Ordnung: Röhrennasen
Gewicht: 6–11 kg
Größe: 1–1,3 m
Jungtiere: 1

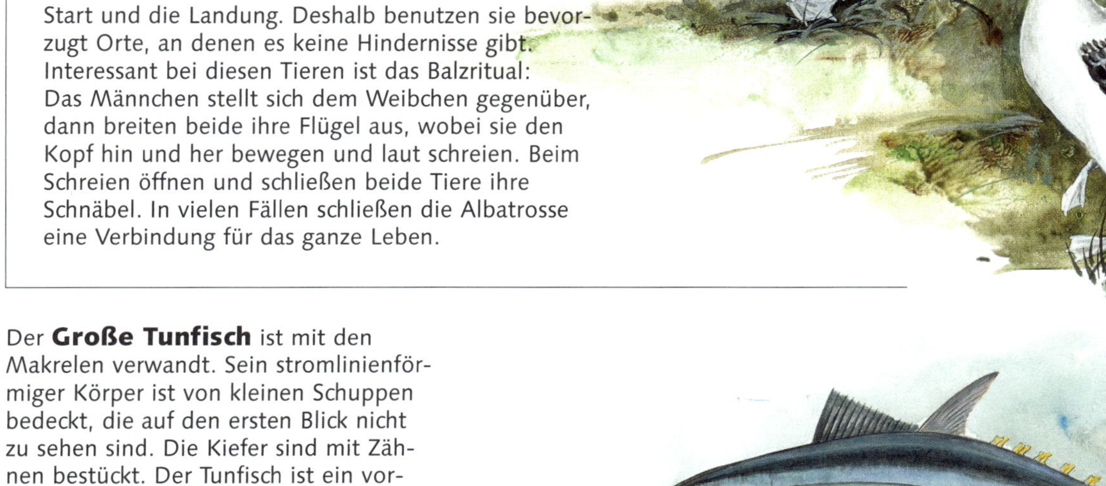

Der **Wanderalbatros** mit einer Flügelspanne von ca. 3,5 m ist der größte aller Meeresvögel. Mit Hilfe günstiger Luftströmungen segelt er über weite Gebiete, ohne mit den Flügeln zu schlagen. Wenn Windstille herrscht und er die Flügel bewegen muss, wird er schnell müde und setzt sich zum Ausruhen auf die Wasseroberfläche. Auf dem Land sind die großen Flügel eher hinderlich. Sie erschweren dem Albatros den Start und die Landung. Deshalb benutzen sie bevorzugt Orte, an denen es keine Hindernisse gibt. Interessant bei diesen Tieren ist das Balzritual: Das Männchen stellt sich dem Weibchen gegenüber, dann breiten beide ihre Flügel aus, wobei sie den Kopf hin und her bewegen und laut schreien. Beim Schreien öffnen und schließen beide Tiere ihre Schnäbel. In vielen Fällen schließen die Albatrosse eine Verbindung für das ganze Leben.

Der **Große Tunfisch** ist mit den Makrelen verwandt. Sein stromlinienförmiger Körper ist von kleinen Schuppen bedeckt, die auf den ersten Blick nicht zu sehen sind. Die Kiefer sind mit Zähnen bestückt. Der Tunfisch ist ein vorzüglicher, ausdauernder Schwimmer. Er ist in der Lage, weite Entfernungen mit hoher Geschwindigkeit zurückzulegen. Zum Ablaichen bevorzugt er Gewässer, die eine Temperatur von mindestens 10 °C haben. In kühlere, nährstoffreiche Gewässer zieht er, um sich Gewicht anzufressen. Seine Nahrung besteht aus verschiedenen Fischen, jungen Tunfischen und Krustentieren. Der Große Tunfisch gehört zu den Fischarten, die industriell gefangen werden. Das hochwertige Fleisch ist schmackhaft und wird oft zu Konserven verarbeitet.

Großer Tunfisch

Südpolarskua

Der **Südpolarskua** geht bei der Nahrungsbeschaffung wie ein Pirat vor. Er attackiert so lange andere Meeresvögel, die zu ihrem Nest zurückkehren, bis sie ihre Beute fallen lassen. Der Südpolarskua greift sich sofort die Beute, um sie selber zu fressen – entweder noch in der Luft oder von der Wasseroberfläche. Auch die Kolonien der Pinguine sind vor seinem Zugriff nicht sicher. Er stiehlt die Eier, greift sich Jungtiere und verletzte Vögel. Wenn sich diese Vögel zu den Nistplätzen anderer Vögel aufmachen, fliegen sie meistens zu zweit. Einer zieht die Aufmerksamkeit auf sich und der andere schlägt zu. Meistens bleiben sie nur am äußeren Rand der Kolonie, in das Innere wagen sie sich nicht. Sie selbst nisten einzeln oder in kleinen Kolonien an der Küste.

Großer Tunfisch
Thunnus thynnus
Ordnung: Barschartige
Gewicht: 15–300 kg
Größe: 2–3 m
Jungtiere: einige tausend

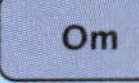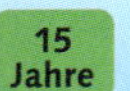

Südpolarskua
Catharacta maccormicki
Ordnung: Wat- und Möwenvögel
Gewicht: 0,9–1,6 kg
Größe: 0,5 m
Jungtiere: 2

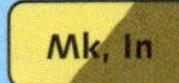

Papageitaucher
Fratercula arctica
Ordnung: Regenpfeifervögel
Gewicht: bis zu 0,5 kg
Größe: 26–36 cm
Jungtiere: 1

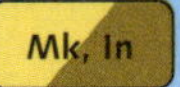 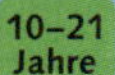
Mk, In | 10–21 Jahre

Seeotter
Enhydra lutris
Ordnung: Raubtiere
Gewicht: 15–45 kg
Größe: 1–1,2 m
Jungtiere: 1–2

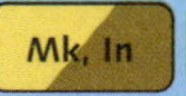 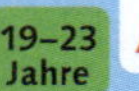 
Mk, In | 19–23 Jahre

Papageitaucher

Der **Papageitaucher** hat einen maskenartigen Kopf, einen untersetzten Körper, kurze Beine und einen kurzen Schwanz. Die Papageitaucher nisten, einer neben dem anderen, in großen Kolonien in der obersten Etage eines Vogelfelsens. Ein Paar hat im Durchschnitt ein Quadratmeter für sich. In grasige Hänge graben sie 1–2 m lange Gänge mit einer Nestkammer am Ende. Sie sind ausschließlich Fischfresser und können auch mehrere Fische auf einmal fangen. Sie tragen ihre Beute quer im Schnabel und bringen sie zum Nest. Auf Anhieb finden sie nach der Jagd das eigene Nest, wobei sie im Anflug kaum langsamer werden und kopfüber landen. Um die Jungtiere kümmern sich beide Elternteile.

Steile Felsküsten sind die bevorzugten Nistplätze der Meeresvögel. Vor allem in den nördlichen, kühleren Gebieten, wo die Ozeane reich an Fischen und Plankton sind, entstehen riesige Kolonien. Hier leben tausende bis hunderttausende von Vögeln, mitunter gehen sie in die Millionen. Man nennt diese Brutkolonien auch Vogelfelsen. Die Nester verteilen sich über den Vogelfelsen wie in einem hohen Wohnhaus, und jede Etage hat ihre typischen Bewohner. Die untersten Stockwerke bewohnen die Trottellummen, die gern am Fuß der Felsenriffe nisten. Knapp darüber finden wir die Tordalke. In der mittleren Etage richten sich die Möwen ein, die von den Stummelkormoranen begleitet werden. Im Dachgeschoss des Vogelfelsens finden wir Basstölpel und Eissturmvögel. Die obersten Abschnitte bewohnen vor allem die Papageitaucher.

Der **Seeotter** ist nicht nur ein guter Schwimmer und Taucher, sondern ruht sich auch im Wasser aus und paart sich dort. Ein dichtes Fell, das auch die Füße bedeckt, schützt ihn vor Kälte. Die im Fell eingeschlossene Luft bildet eine Isolierschicht und ersetzt die Fettschicht, wie sie andere Wassertiere haben. Der Seeotter taucht bis in eine Tiefe von 20 bis 40 m hinunter und kann bis zu 90 Sekunden unter Wasser bleiben. Er frisst vor allem Krabben und Weichtiere. Die harten Schalen dieser Tiere zerkleinert er mit den starken Zähnen oder schlägt sie mit einem Stein auf. Dabei schwimmt er auf dem Rücken und legt sich den Stein auf die Brust. Er fängt auch Fische. Die Seeotter sind Säugetiere, die stark vom Aussterben bedroht sind. Sie wurden wegen ihres Fells bejagt, bis nur noch 1000–2000 Tiere übrig blieben. Erst als sie unter Artenschutz gestellt wurden, erholte sich ihr Bestand wieder bis auf 150 000 Tiere. Nun sind sie erneut durch die Schleppnetze der Fischkutter sowie durch die zunehmende Wasserverschmutzung bedroht.

Seeotter

Die **Galapagos-Riesenschildkröte** lebt auf den Galapagosinseln, die etwa 1000 km vor der Küste Ecuadors im Ostpazifik liegen. Ihr Körper ist von einem großen Panzer umgeben, aus dem nur die säulenförmigen Beine und der Kopf mit dem langen Hals herausschauen. Der Panzer ist im Innern des Körpers an den Wirbeln und am Becken festgewachsen und besteht aus Knochenplatten, die mit einer festen Hornhaut überzogen sind. Die Riesenschildkröten sind tagaktive Tiere. Langsam bewegen sie sich durch die Landschaft und suchen nach saftigen Pflanzen und nach Sümpfen, in denen sie sich gern wälzen. Die Art und Weise, wie sie sich ernähren, spiegelt sich in ihrem Panzer wieder: Auf den Inseln, auf denen sie sich von Blättern und Sprossen der Sträucher ernähren, ist der vordere Rand des Panzers nach oben gerichtet, damit sie besser den Hals herausstrecken können. Auf Inseln, wo sie sich nur von niedrigen Gräsern und Kräutern ernähren, ist die Kopföffnung gerade. Wie alle anderen Schildkröten legt auch die Riesenschildkröte Eier, die sie in den Sand eingräbt. Eine ähnliche Schildkröte lebt auf den Inseln der Seychellen nördlich von Madagaskar.

Die **Meerechse** ist eines der bemerkenswertesten Reptilien – nicht nur wegen ihres Aussehens, das an ein vorzeitliches Meerungeheuer erinnert, sondern auch wegen ihrer Lebensweise. Als einzige Meerechse taucht sie unter die Wasseroberfläche, um Wasserpflanzen und Algen von den Felsen abzuweiden. Damit sie sich im Wasser gut bewegen kann, ist ihr Schwanz an den Seiten abgeflacht und die Zehen sind mit Schwimmhäuten ausgestattet. Sie taucht bis 9 m tief und kann unter Wasser etwa 15 Minuten ausharren. Die Meerechsen leben zusammen in kleinen Gruppen und bewachen aufmerksam ihr Revier, in dem sie leben. Vor allem die erwachsenen Männchen zögern keine Sekunde, sich in einen Rivalenkampf mit einem Eindringling zu stürzen. Ein anderer Küstenbewohner, einer der seltensten Vögel der Welt, ist der **Stummelkormoran**. Er hat kleine verkümmerte Flügel, die etwa 25 cm lang sind und nicht zum Fliegen taugen. Er lebt und nistet an felsigen Küsten und sucht sich seine Nahrung im Meer. Nur auf den Galapagosinseln leben die **Lavamöwen**, die zu etwa 400 Brutpaaren an den Sandstränden nisten.

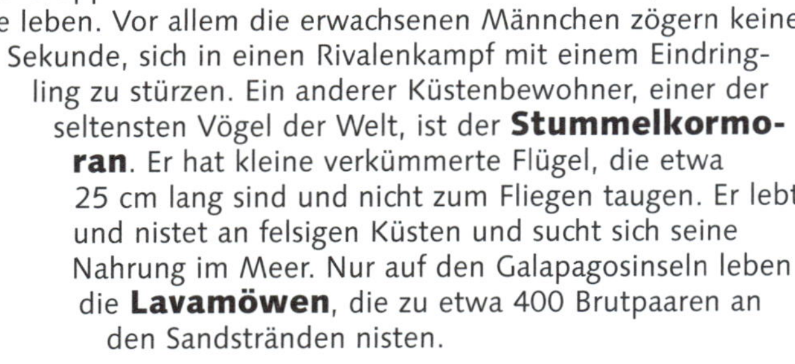

Meerechse

Stummelkormoran

Lavamöwen

Dreizehenmöwe
Rissa tridactyla
Ordnung: Wat- und Möwenvögel
Gewicht: 0,3–0,5 kg
Größe: 38–40 cm
Jungtiere: 1–3

Mk
5–10 Jahre

Eissturmvogel
Fulmarus glacialis
Ordnung: Röhrennasen
Gewicht: 0,7–1 kg
Größe: 45–50 cm
Jungtiere: 1

Om, Mk
bis 34 Jahre

Papageitaucher
Eissturmvogel
Dreizehen-möwe
Trottellumme
Basstölpel
Tordalk
Papageitaucher

Der **Tordalk** besetzt immer, knapp über der Brandungsgrenze, die unteren Etagen eines Vogelfelsens. Seine Eier legt er in kleine Felsspalten oder kleine Felsenhöhlen.

Die **Trottellummen** bewohnen auf unserm Vogelfelsen die erste und zweite Etage. Sie suchen sich Felsen, deren Gesims gerade ist und legen auf den kahlen Boden ein Ei. Das Ei weist eine Birnenform auf; das hat den Vorteil, dass es nicht so leicht wegrollen kann. Das Brüten dauert etwa 1 Monat und wird von beiden Elternteilen übernommen. Die Trottellummen und ihre Verwandten ernähren sich aus dem offenen Meer. In einer Tiefe von 10 bis 15 m fangen sie vor allem Fische, manchmal Krevetten, Krabben, Krustentiere, Weichtiere und Meereswürmer. Unter Wasser schlagen sie kräftig mit den Flügeln, untersuchen den Meeresboden und drehen Steine um. Mit ihrer Beute tauchen sie an die Wasseroberfläche.

In den mittleren Abschnitten eines Vogelfelsens lassen sich die Möwen nieder, vor allem die **Dreizehenmöwen**. An den Beinen sind die hinteren Zehen verkümmert. Sie bauen hübsche, akkurate Nester. Diese bestehen aus Moos, Gras und Erde, die von innen mit Lehm oder Erde bestrichen und mit Kot an die glatten Felshänge befestigt werden. Das braucht Platz und deshalb suchen sie sich größere Absätze und breite Terrassen. In den Kolonien stehlen sich die Paare gegenseitig das Baumaterial, was ständig lautes Geschrei zur Folge hat.

An der Spitze des Vogelfelsens wohnen zwei weitere besondere Mieter: Der **Basstölpel** und der **Eissturmvogel**. Beide sind sehr gute Flieger und nisten auf flachen, höher gelegenen grasigen Flächen. Außergewöhnlich beim Basstölpel ist seine Art zu jagen. Über dem Meer fliegend hält er Ausschau nach einem Fisch und wenn er etwas entdeckt, stürzt er sich aus einer Höhe von 10–30 m im Sturzflug ins Wasser, wobei er die Flügel eng an seinen Körper drückt und für eine Weile unter der Wasseroberfläche verschwindet. Der Eissturmvogel ist einer der häufigsten Meeresvögel in den nördlichen Breiten. Mit seinen breiten Flügeln, die eine Spanne von über 1 m haben, kann er stundenlang segeln und nutzt dabei den Wind und die Luftströmungen

aus. Auch er gehört zu den Meeresvögeln, die sich hauptsächlich von Fischen ernähren.

Der **Seeringelwurm** gehört zu den Borstenwürmern, die vor allem die Wattküsten der Meere besiedeln. Er dringt auch in die Brackwassergebiete der Flussmündungen vor. Er gräbt sich Gänge mit mehreren Ausgängen in den weichen Boden, deren Wände er mit Speichel befestigt. Sein langer Körper ist in ca. 100 Segmente aufgeteilt, die mit paarweise angeordneten Stummelfüßchen bestückt sind. Mit ihnen bewegt sich der Seeringelwurm recht langsam vorwärts.

Mit ihrer rechten Schere imponiert die männliche **Winkerkrabbe** den Weibchen und benutzt sie auch in Rivalenkämpfen. Die meisten dieser Krabben – es gibt etwa 100 Verwandte dieser Art – geben verschiedene Geräusche von sich. Sie reiben die Krebsscheren aneinander oder gegen ihren Panzer, wobei sie nebenbei gegen den Boden trommeln. Die Winkerkrabben leben in großen Kolonien von über 100 Tieren. Wenn sie nach der Ebbe aus ihren Verstecken krabbeln, ist es, als wäre eine kleine achtbeinige Armee am Ausrücken. Die Flut warten sie in ihren Höhlen ab, wobei sie vorher den Eingang mit Schlamm und Sand abdichten. Auch in großen Ansammlungen halten sie – vor allem die Männchen – Abstand voneinander. Dringt ein Männchen in das Revier eines anderen ein, kommt es sofort zum Kampf, bei dem sie sich mit den Krebsscheren beharken. Zu Verletzungen kommt es wegen des schützenden Panzers kaum.

Seeringelwurm

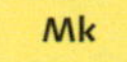

Tordalk
Alca torda
Ordnung: Wat- und Möwenvögel
Gewicht: 0,5–0,9 kg
Größe: 37–47 cm
Jungtiere: 1

Mk | 6–10 Jahre

Trottellumme
Uria aalge
Ordnung: Wat- und Möwenvögel
Gewicht: 0,9–1,1 kg
Größe: 38–43 cm
Jungtiere: 1

Mk | 6–10 Jahre

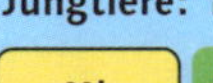

Basstölpel
Sula bassana
Ordnung: Ruderfüßer
Gewicht: 2,3–3,6 kg
Größe: 78–100 cm
Jungtiere: 1

Mk | bis 25 Jahre

Seeringelwurm
Nereis diversicolor
Klasse: Vielborster
Gewicht: einige Gramm
Größe: 6–12 cm
Jungtiere: 1000–10 000

Mb | 1–3 Jahre

Winkerkrabbe
Uca tangeri
Klasse: Krebstiere
Gewicht: mehrere Gramm
Größe: 4–5 cm
Jungtiere: einige tausend

MK | 1–3 Jahre

Blauwal

Blauwal
Balaenoptera musculus
Ordnung: Wale
Gewicht: 80–140 (190) t
Größe: 19–27 m
Jungtiere: 1

Om · bis 110 Jahre

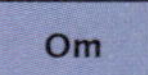

Schwertfisch
Xiphias gladius
Ordnung: Barschartige
Gewicht: bis 500 kg
Größe: 1–6 m
Jungtiere: 16 Millionen

Om · 5–10 Jahre

Der **Blauwal** ist das größte Lebewesen der Erde. Den Namen hat man aus dem englischen „blue whale" übernommen. Von anderen Walen unterscheidet er sich durch die langen tiefen Kerben, die vom Kinn ausgehend über den Bauch verlaufen. Der Oberkiefer ist leicht gebogen und die Rückenflosse ist etwas nach hinten versetzt. Andere Wale besitzen keine Rückenflosse. Er ist ein Wanderer in den Weltmeeren: Im Sommer hält er sich in den Gewässern der Antarktis auf, um sich mit Krill zu mästen; die restlichen 8 Monate verbringt er in tropischen Meeren. In diesen nährstoffarmen Gewässern zehrt er von den Reserven, die er sich zuvor angefressen hat.

Die **Tiefsee** ist trotz hoch entwickelter Technik immer noch das am wenigsten erforschte Gebiet der Erde. Wissenschaftler haben früher dieses Gebiet für „tot", also ohne Leben erklärt, aber sie mussten ihre Meinung ändern. Mit zunehmender Tiefe nimmt die Anzahl an Lebewesen zwar ab, aber selbst in den Tiefseegräben mit 8–11 km Tiefe leben Tiere. Diese Tiere müssen mit außergewöhnlichen Bedingungen wie ewiger Dunkelheit, riesigem Druck (bis zu 1 t/cm²), kalten Temperaturen (um die 4 °C), sauerstoffarmem Wasser und mit einem geringen Nahrungsangebot zurechtkommen. Das Leben in diesen Tiefen hat auch seine Vorteile. Es ist ein Gebiet, das von den Jahreszeiten, von Ebbe und Flut, von einem großen Wellengang und von den Meeresströmungen nicht beeinflusst wird. Auch die Verschmutzung des Wassers ist hier viel geringer.

Der Oberkiefer des
Schwertfisches
läuft am Ende spitz zusammen. Sein Körper ist von einer rauen Haut überzogen, die sich aus winzigen Hautzähnen zusammensetzt. Nur die Jungtiere haben noch zurückgebildete Schuppen. Der Schwertfisch hält sich in allen warmen Meeren auf. Bei der Jagd nach Makrelen und Heringen taucht er in eine Tiefe von 800 m. Der Zweck seines Schwertes konnte bis heute nicht eindeutig geklärt werden. Da er Schwarmfische jagt, könnte es dazu dienen, den Schwarm leichter zu durchstoßen. Das Schwert ist so fest, dass der Fisch theoretisch dazu in der Lage wäre, ein mehrere Zentimeter dickes Holzboot zu durchstoßen.

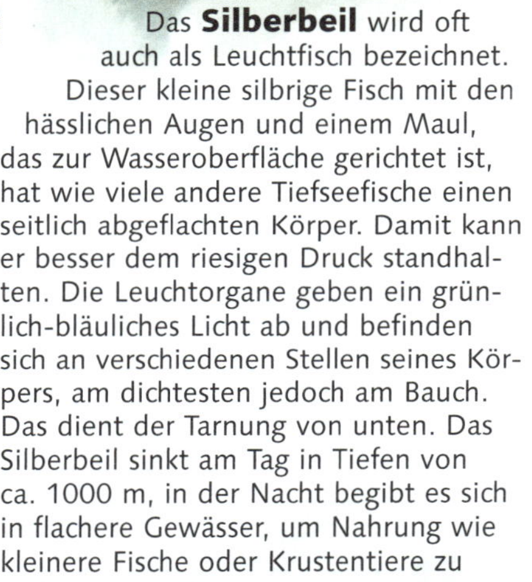

Tiefseeanglerfisch

Einige **Tiefseeanglerfische** benutzen verschiedene Tricks, um Beute anzulocken. Beim Tiefseeanglerfisch ist der erste Strahl der Rückenflosse extrem in die Länge gezogen. Dieser Strahl ist viermal länger als der Fisch selbst. An seinem Ende befindet sich eine Verdickung, welche die Funktion eines ausgelegten Köders an einer Angelschnur übernimmt. Andere Anglerfische haben am Ende der „Angelschnur" eine Lichtquelle und wenn sich ein Beutetier nähert und neugierig an die Lichtquelle heranschwimmt, erkennt der Anglerfisch sein Opfer an den Flossenbewegungen und schnappt mit seinem großen Maul zu. Manche Anglerfische tragen den Leuchtköder sogar in ihrem Maul.

Das **Silberbeil** wird oft auch als Leuchtfisch bezeichnet. Dieser kleine silbrige Fisch mit den hässlichen Augen und einem Maul, das zur Wasseroberfläche gerichtet ist, hat wie viele andere Tiefseefische einen seitlich abgeflachten Körper. Damit kann er besser dem riesigen Druck standhalten. Die Leuchtorgane geben ein grünlich-bläuliches Licht ab und befinden sich an verschiedenen Stellen seines Körpers, am dichtesten jedoch am Bauch. Das dient der Tarnung von unten. Das Silberbeil sinkt am Tag in Tiefen von ca. 1000 m, in der Nacht begibt es sich in flachere Gewässer, um Nahrung wie kleinere Fische oder Krustentiere zu suchen.

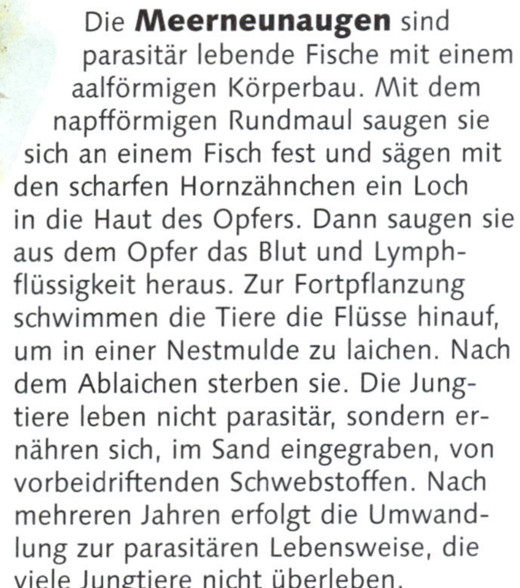

Silberbeil

Meerneunauge

Die **Meerneunaugen** sind parasitär lebende Fische mit einem aalförmigen Körperbau. Mit dem napfförmigen Rundmaul saugen sie sich an einem Fisch fest und sägen mit den scharfen Hornzähnchen ein Loch in die Haut des Opfers. Dann saugen sie aus dem Opfer das Blut und Lymphflüssigkeit heraus. Zur Fortpflanzung schwimmen die Tiere die Flüsse hinauf, um in einer Nestmulde zu laichen. Nach dem Ablaichen sterben sie. Die Jungtiere leben nicht parasitär, sondern ernähren sich, im Sand eingegraben, von vorbeidriftenden Schwebstoffen. Nach mehreren Jahren erfolgt die Umwandlung zur parasitären Lebensweise, die viele Jungtiere nicht überleben.

Tiefseeanglerfisch
Gigantactis macronema
Ordnung: Armflosser
Gewicht: 50–70 g
Größe: 10–15 cm
Jungtiere: hunderte

Om

Silberbeil
Argyropelecus olfersi
Ordnung: Laternenfischartige
Gewicht: 30–50 g
Größe: 7–9 cm
Jungtiere: einige tausend

Om

Meerneunauge
Petromyzonmarinus
Ordnung: Neunaugen
Gewicht: 1–3 kg
Größe: 0,5–1,2 m
Jungtiere: einige tausend

Om, Fl   4–10 Jahre

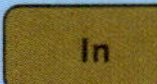

Galapagostaube
Zenaida galapagoensis
Ordnung: Taubenvögel
Gewicht: 50–60 g
Größe: 20 cm
Jungtiere: 2

Spechtfink

Großer Grundfink

Die Galapagosinseln sind für Naturwissenschaftler ein faszinierendes Fleckchen Erde. Die vulkanische Herkunft der Gesteine und die isolierte Lage (mehr als 1000 km vom Festland entfernt) bieten interessante Voraussetzungen für viele geologische, botanische und zoologische Forschungen. Das erkannte auch schon Charles Darwin, der hier die Inspiration und Grundlagen seiner Evolutionstheorie fand. Modellhaft war für seine Forschungen besonders die Gruppe der Sperlingsvögel; man nannte sie später auch die „Galapagosfinken". Alle 14 Arten stammen von einem einzigen Vorfahren oder Schwarm ab, der vielleicht durch einen Sturm auf die Insel gekommen war. Die unterschiedliche Art und Weise der Ernährung kann man zum Beispiel an den verschiedenen Formen der Schnäbel erkennen. Bei dem **Großen Grundfinken**, der Samen und Früchte frisst, ist der Schnabel stark, damit er die Kerne aufhacken kann. Im Gegensatz zu ihm hat der **Spechtfink** einen dünnen Schnabel, da er sich von verborgenen Insekten ernährt. Dieser Vogel hat sogar gelernt, seinen Schnabel als Arbeitswerkzeug zu benutzen. Wenn er ein Insekt in einer Kerbe entdeckt und es nicht herausfischen kann, versucht er mit einem Kakteendorn, das Insekt herauszukitzeln. Organismen, die nur in einem bestimmten Gebiet wachsen oder leben, nennt man endemisch. Auf den Galapagosinseln gehört die **Galapagostaube** zu dieser Gruppe. Sie ist viel kleiner als unsere Haustaube und ernährt sich hauptsächlich von Samen, Insekten und Kakteenfleisch. Sie nistet in Felshöhlen oder in verlassenen Nestern anderer Vögel. Von 57 Arten der auf Galapagos heimischen Vögel sind fast die Hälfte endemisch, sie leben also nur hier.

Galapagostaube

Großer Grundfink
Geospiza magnirostris
Spechtfink
Camarhynchus pallidus
Ordnung: Sperlingsvögel
Gewicht: ca. 30 g
Größe: 12–15 cm
Jungtiere: 4

Bei den **Inseln** unterscheidet man der Lage nach zwei Haupttypen: Die kontinentalen Inseln liegen auf dem Schelf in der Nähe des Festlands, von dem sie sich vor nicht langer Zeit getrennt haben. Die letzte große Trennung erfolgte nach der jüngsten Eiszeit: Nachdem das Eis weltweit abgeschmolzen war, stieg der Meeresspiegel um ca. 80 m an. Die Tiere ähneln mehr oder weniger denen des benachbarten Festlands. Die isolierten Ozeaninseln haben für gewöhnlich einen vulkanischen oder biologischen (durch Korallentätigkeit) Ursprung. Die Anzahl der Tiere, die hier vom Festland abstammen, ist sehr klein, denn diese Inseln sind nur auf dem Luftweg (Insekten, Spinnen, Vögel und Fledermäuse) oder durch schwimmende Tiere erreichbar. Die größte Insel nach Grönland ist Neuguinea (785 000 km²), dann Borneo (737 000 km²), Madagaskar (587 000 km²), die Baffininsel (476 000 km²) und Sumatra (473 000 km²). Inseln, die eine ähnliche Entstehung vorzuweisen haben, nennt man Inselgruppe, z. B. Große und Kleine Sundainsel, die Philippinen, die Großen und Kleinen Antillen, die Kanarischen Inseln usw.